Frank von Olszewski

Wie ich zu den Kranken kam

Erinnerungen eines Älteren Teil 2

1970 bis 1990

D1731484

Verlag Neue Literatur
2012

Bibliografische Information der Deutschen Nationalbibliothek
Die Deutsche Nationalbibliothek verzeichnet diese Publikation in der Deutschen Nationalbibliografie; detaillierte bibliografische Daten sind im Internet
über http://dnb.d-nb.de abrufbar.

© by Verlag Neue Literatur
www. verlag-neue-literatur. com

Gesamtherstellung: Satzart Plauen
Printed in Germany

ISBN 978-3-940085-58-0

Wir sollten nie vergessen, daß die
Gegenwart allein real und gewiss ist,
hingegen die Zukunft fast immer anders ausfällt,
als wir denken.

Arthur Schopenhauer

Es ist nicht genug, zu wissen, man muss auch anwenden,
es ist nicht genug, zu wollen, man muss auch tun!

Johann Wolfgang von Goethe

Dies Büchlein ist all jenen Frauen und Männern gewidmet, die in lang anhaltenden ideologisch wie materiell-technisch schwierigen Zeiten für die Kranken gearbeitet und gelebt haben.

An die soll erinnert werden, die Kraft und Zeit in Fülle investierten, Wissen und Einfühlsamkeit aufbrachten, um zu helfen, zu lindern und zu heilen. Dafür haben sie keine Mühen gescheut und waren sich nicht immer des Dankes gewiss. Die Erinnerungen an die Arbeit sämtlicher Schwestern und Pfleger, Ärztinnen und Ärzte, ja aller Mitarbeiter des Gesundheitswesens in der ehemaligen DDR, mögen durch vorliegendes Büchlein ein wenig transparenter werden!

Gleichzeitig sei es auch für all jene gedacht, die unter heutigen Vorzeichen in dieser Nachfolge stehen und gern wissen wollen, wie es damals war!

LIEBE ENKEL, INTERESSIERTE LESERINNEN UND LESER!

Nun lässt man sich also auf ein zweites Buch des gleichen Autors ein. Gut! So will ich Sie, liebe Leserinnen und Leser, nicht enttäuschen!

Im ersten Band habe ich über mein Dasein und manche Ereignisse und Beobachtungen von 1945 bis 1970 berichtet. Natürlich setzte sich das Leben aber auch nach 1970 fort. So soll ein weiterer Zeitabschnitt beleuchtet werden, der diesmal nur zwanzig Jahre umfasst. Wenngleich dies keine große Spanne ist, wurde sie jedoch sehr intensiv – in beruflicher wie persönlicher Hinsicht – gelebt.

Beim Zusammenstellen des Erzählten habe ich mich abermals auf meine Erinnerungen verlassen und das Erlebte in einzelnen Abschnitten reflektiert. Sollten bisweilen Menschen und Orte, Ereignisse und Gestalten betrachtet werden, gilt auch hier, wie im ersten Buch, der subjektive Charakter des Lebensberichtes – es handelt sich um keine wissenschaftliche Analyse.

Das Leben in ebenjenen beiden Dekaden verlief immer noch unter denselben politischen Vorzeichen: hier die DDR, dort die Bundesrepublik, hier die Warschauer Vertragsstaaten, dort die NATO. Über Eisenach flogen weiterhin die Karavellen von West-Berlin nach Frankfurt am Main, ohne dass man teilhaben konnte. Wenn um 20 Uhr die *Tagesschau* auf Sendung ging, ergriff ein Großteil der DDR-Bürger nach wie vor die Flucht in den Westen. Beide Staaten und Bündnisse zeichneten sich überdies beharrlich durch ihre antipodenhaften Charaktereigenschaften aus. Wie es schien, beide unverrückbar in den jeweiligen Grundsätzen. Immerhin waren sie, neben der wirtschaftlichen Positionierung, in ihren militärischen Blöcken fest gebunden – die Bundesrepublik in der NATO, die DDR im Warschauer Pakt. Das sollte bis zum Herbst 1989 und dem Jahr 1990 so bleiben. Die schmerzhafte Teilung Deutschlands, die man im Eisenacher Land, das ja immer noch Grenzgebiet war, sehr deutlich zu spüren bekam, bestimmte fortwährend das Leben. Gelangten Besucher aus den USA, aus Italien, England oder woanders her aus dem »Westen« zu uns, so blieben das lediglich kurze, wenngleich interessante und solitäre Ereignisse. Auch hochgebildete Besuchergruppen aus Polen, Rumänien oder Ungarn besuchten die Wartburg.

Bei Letzteren merkte man deutlich, dass sie zwar auch aus sogenannten sozialistischen Ländern kamen, aber bessere Informationsmöglichkeiten als wir besaßen. Menschen aus den USA, England, Frankreich, Italien und anderen Staaten waren unsere Gäste. Manche verstanden unsere Klagen über die sperrende Grenzsituation, andere mochten sich nicht näher damit befassen.

Ich erinnere mich an drei amerikanische Pastoren in einer meiner Führungen auf der Wartburg, die aus dem nächsten Umfeld von Martin Luther King stammten. Die haben uns sehr gut verstanden, wenn wir Unfreiheit beschrieben und meinten!

In manchem anderen Besuchergespräch bekam ich leider den Eindruck, dass sich selbst die Bürger der Bundesrepublik wie auch manche in der DDR irgendwie mit der Teilung Deutschlands abgefunden hatten. Die Wirkungen der 1968er-Jahre waren bereits zu konstatieren. Die veränderten Auffassungen von westlicher Freiheit, besonders die der Individuen, nahmen auch meine Freunde und ich zur Kenntnis. Wir konnten in Eisenach, dank des ausgezeichneten Empfanges im Fernsehen vieles sehr gut verfolgen, auch wenn wir nicht begriffen haben, was in Westeuropa und im Westen Deutschlands so vor sich ging. Die Krawalle der Studenten verstanden wir nicht, nicht Dutschke, nicht Teufel, nicht die Bewegung der Wohnungskommunarden. Im Grunde genommen wussten wir noch überhaupt nicht, dass man sich auch mit Hilfe demokratischer Formen durchsetzen konnte.

Nun hat man damals aber auch nicht jeden Tag intensiv an die Situation der Brüche und Widersprüche der Teilung Deutschlands gedacht. Dafür war die Zeit im beruflichen Leben nicht ausreichend. Der harte Alltag erforderte, sich mit den wirtschaftlichen und politischen Verhältnissen des eigenen Lebens im eigenen Land vordergründig zu beschäftigen und das täglich. Unsere Situation war manchmal geradezu paranoid, denn in den Bezirken der DDR mit gutem Empfang der ersten und dann der zweiten Programme des bundesdeutschen Fernsehens wusste man sehr gut Bescheid über den Westen, die Bundesrepublik, Europa und Amerika. In Sachsen hingegen wusste man nicht sehr viel. Das lag jedoch nicht am sächsischen Menschen!

Sehr deutlich erinnere ich die Sendungen des Journalisten Peter von Zahn, der mit wunderbar strukturierter und scharf pointierter Sprache und Betonung aus der Welt berichtete. Mitunter habe ich seinen Sprachstil für Wartburg-Führungen nachgeahmt. Interessant waren für uns stets Übertragungen aus dem Bundestag, die Wahlen in den Bundesländern und zum Deutschen Bundestag. Diese Wechsel beobachteten wir sehr genau. Was immer an Kultur und Technik im Westen neu war, sahen wir staunenden Auges. Es war ein Kontrastprogramm zu unserer politischen Welt in der DDR. So näherten wir uns Stück für Stück einer West- und Welterkenntnis. Auf Bücher und Zeitungen aus dem Westen mussten wir verzichten. Den *Spiegel* und *Die Welt* las man, wenn man in Prag, Budapest oder Krakau war. Wer als Besucher oder Verwandter aus Westeuropa oder der Bundesrepublik zu uns kam, verfügte nur über begrenzte Zeit. Wer im Westen lebte, so musste ich leider gelegentlich feststellen, verstand die Hintergründe, unsere jugendliche Neugierde, ja, die Begierde auf ein anderes Leben als das in der DDR nur schwerlich bis gar nicht. Meine Freunde und ich waren so voller Fragen, die konnten nur äußerst selten ausgiebig beantwortet werden. Wir schulterten nun mal den Alltag in der östlichen der beiden deutschen Republiken.

Bei uns in der DDR, den Bezirken und Kreisen, regierten weiterhin das Politbüro, die Bezirks- und die Kreisleitungen der SED in ihren scheinbar ewig gleichen Zusammensetzungen. Anfang der 1970er-Jahre verstarb Ulbricht und wurde von Honecker beerbt. Mielke war immer noch da, ebenso das Politbüro, der Begriff »Stasi« blieb in seiner geheimnisvollen und drohenden Aura erhalten. Gewiss erlangte die DDR auch manchen wirtschaftlichen und wissenschaftlichen Fortgang. Aber die Ideologie blieb beim Alten, und das machte uns Jungen zu schaffen. Natürlich gab es auch in unserer Kulturszene Genossen der SED, die realer dachten als die leitenden Stellen. Aber es änderte sich nur wenig. Der Grundcharakter des Staates, wie die Diktatur des Proletariats hatten Bestand. Die Begriffe von Wahrheit und Klarheit in der Politik, auch heute muss das fortwährend neu eingefordert werden, blieben verdeckt von einer immer noch gewaltigen, wenngleich etwas raffinierter gewordenen Propaganda. Das Misstrauen gegenüber dem Bürger blieb bestehen. Daran änderte zunächst auch der sogenannte KSZE-Prozess nichts. Das Misstrauen gegenüber dem Staat und den handelnden Personen erhärtete sich. Besonders in den 1970er- und 1980er-Jahren wandte sich das staatliche Misstrauen immer häufiger gegen Einzelne, später gegen Gruppierungen von Menschen, in den Kirchen und selbst dort, wo man arbeitete.

In diese Zeit hinein erwuchs meine selbst gewählte große berufliche Veränderung. Es hieß nun Abschied zu nehmen, von den besonderen Problemstellungen der Kunst- und Kulturgeschichte, von Burgen und Schlössern, von musealen Fragen. Das bedeutete aber nicht, dass mein Interesse für all das erloschen war. Bei der Erziehung meiner Kinder habe ich davon noch reichlich Gebrauch machen können, was sie manchmal mehr, manchmal weniger mochten. »Der Born sprudelt wieder« haben sie oft gesagt. Viel später hat sie dieser sprudelnde Born dann in die Lage versetzt, bei kunstgeschichtlichen und kulturrelevanten Themen sehr fundiert mitreden zu können. Ich für meinen Teil bin noch heute in der Lage, bei der Zeitstellung von Bildern in Schlössern und Burgen exakt die Kleidung zu bestimmen. Kostümgeschichte war und ist meine Spezialität. Doch nun zurück.

Die Zeit im Gesundheitswesen der DDR war zunächst nicht so einfach. Auch wenn mir erbetene Weiterbildungen zugesagt worden waren und sich neue, ungeheure Horizonte eröffneten. Selbstbestimmt stand ich im September 1970 vor einem gewaltigen Gebirge, das es zu erforschen galt. Nichts wusste ich von den Höhen und Tiefen, nichts von den oft unwegsam erscheinenden Schluchten der medizinischen Fachgebiete. Es war ein Wagnis! Heute kann ich mit jeder Faser meines Herzens sagen, es war gut, was getan wurde! Die folgenden zwanzig Jahre haben mich ausgefüllt und in ihren Bann gezogen. Immer tiefer gelang es mir, in unbekannte Gefilde vorzudringen. Bald genügten die Kenntnisse nicht mehr. Ich wollte nicht nur Bergbesucher sein, sondern als Bergführer die Menschen mitnehmen.

Ebenso groß und unwägbar wie das damalige Gebirge der Medizin, vor dem ich sehr klein, ja geradezu unwissend stand, ist nun das Gebirge der Erinnerungen. Wo soll man anfangen, wo aufhören? Habt Geduld mit mir! Ich werde diese Zeit so schildern, wie ich sie erlebte.

Heute sind Heilen und Pflegen völlig anders strukturiert als damals. Ärzte und Kliniken werden ganz anders organisiert und geleitet. Alles ist anders. Wobei unbeantwortet bleibt, ob es heute besser ist als damals. Da jeder seinen Grund hat, die alten Zeiten anders zu bewerten, gibt es kein Richtig oder Falsch. Zu unterschiedlich sind damals und heute, umgeben von unterschiedlichen politischen Rahmenbedingungen.

Das Gesundheitswesen verkörpert dieser Tage einen Teil sehr medial begleiteter Politik. Es ist öffentlich geworden. Millionen von Fachleuten, Bundes- und Landesregierungen, Patientenverbände und -vereine, Presse und Fernsehen tun das ihrige dazu und beschäftigen sich mit den Prozessen der Humanmedizin. Entsprechende Filme im Fernsehen, die Klinikalltag schildern und mit Konflikten umgehen wollen, sind leider nur zum Teil zu gebrauchen. Oft fehlt das objektive Bild, bei aller Beigabe liebenswerter Filmmenschen. Es ist mir derzeit aber kaum möglich, Veränderungen und Verbesserungen lauthals zu preisen. Ich kann nicht alles für gut befinden, so wie ich auch ja nicht alles verdammen kann. Beim Wissenszuwachs, im Forschungsprozess und bei den am Patienten angewendeten Methoden und Techniken ist der Fortschritt gewiss. Eine Aussage allerdings, ob es heute besser ist als früher, kann auch ich nur schwerlich treffen. Meine Antwort beruht auf ganz persönlichen Empfindungen und eigenem Verstehen. Ich will auch nicht von mir auf andere schließen, sie alle haben eigene Erfahrungen. Was den technischen Fortschritt und die Möglichkeiten der Therapien anbelangt, kann man sich zum Beispiel nur freuen, wie heute Schmerztherapie eingesetzt wird, unter der Voraussetzung allerdings, sie fällt keinem Kostendenken zum Opfer. Ich sehe aber auch deutlich die Nachteile moderner Medizin und Gesundheitspolitik. Sie setzt den Menschen, der sie ausüben will und muss, unter heftigen Druck. Das Reden mit den Patienten, das Erklären leidet darunter. Heilende untereinander werden zu Unzufriedenen, die aufgebürdete Last wird weitergereicht an Untergebene. Das Aussprechen notwendiger Wahrheiten und objektiver Fakten gestaltet sich zunehmend schwieriger. Die Medizin hat von Staats wegen immerfort gekostet. Heute verschlingt sie geradezu Unsummen an Geld. Das empfinde ich allerdings nicht gerade als Nachteil. Würde der Staat als solcher erkennen, dass innere und äußere Sicherheit, soziale Absicherung in allen Fällen sowie eine gut organisierte Medizin Grundaufgaben darstellen, die eine Gesellschaft zusammenhalten, die sie in der Gesamtheit gesund und lebensfähig und -freudig erhält, bräuchte nicht über ausgegebene Mittel geklagt werden. Etwas unruhig werde ich schon, wenn ich mir vor Augen führe, welche Folgen der Einsatz des medizinisch notwendigen Materials heute nach sich zieht. Man denke nur an die Unmengen von Sondermüll und schwer zu entsorgendem Abfall, die tagein, tagaus mittags aus den OP-Sälen geradezu ausgestoßen werden! Jetzt, in Zeiten zunehmender und deutlich sichtbar werdender Erdölknappheit und des Mangels an manch anderen Gaben der Mutter Erde, glaube ich, dass wir in der Medizin im täglichen Gebrauch zu Materialien gelangen müssen, die aus wieder sterilisierbaren und heimischen Rohstoffen hier vor Ort produziert werden. Es ist vorstellbar, dass sich die Medizintechnik und die Hersteller patientennaher Produkte bald in diese Richtung umstellen müssen. Eines jedoch glaube ich noch sicherer, nämlich dass modernste Wirtschaftsführung und Medizin kaum vereinbar sind. Ein Patient ist eben kein Kunde und ein Arzt sollte kein Manager sein. Das Heilen darf nicht von Kosten abhängig sein! Es ist ein ethischer und fachlicher Prozess, der den Staat Geld kostet!

Eine Medizin, wie ich sie euch in ihren Abläufen schildern will, die gibt es so nicht mehr. Sie spielte sich ab in Gebäuden, die zum Teil am Beginn des 20. Jahrhunderts oder früher noch, wie am Beispiel einiger Häuser des Klinikstandortes in Jena-Stadtmitte zu besehen ist, entstanden waren. Zudem war die Struktur der im Mittelalter angelegten Verkehrswege noch bis in das dann prägende 19. und frühe 20. Jahrhundert vorhanden. Daran orientierten sich auch die Gesundheitsbauten. Entsprechend gab es allerorts bauliche und technische Vorhaltungen. Nur eine Handvoll Krankenhäuser waren nach dem Krieg neu errichtet worden. Jedoch bedurfte es im Bereich der Polikliniken noch so mancher Neubauten. Man lebte bei ausgesprochenen Krankenhausbauten eigentlich vom Bestand, den die Väter uns errichtet hatten, wenngleich auch vieles im Krieg zerstört worden war. Wenige Ausnahmen für Bauten nach 1945 stellten zum Beispiel das Klinikum in Bad Berka für die Tuberkulosekranken und das Südstadtkrankenhaus in Rostock, einige Zeit Großmutters Arbeitsplatz, das Krankenhaus in Nordhausen oder die Charité in Berlin dar.

Für die neuen Bauten waren gewaltige Mengen Devisen und Materialien notwendig, die sich nur schwer aufbringen ließen. Ungeachtet dessen wurde sich in diesem alten Krankenhausbestand, der sich von Nord nach Süd erstreckte, bemüht, aus dem Vorhandenen das Beste herauszuholen. Es gab Ärzte und Mitarbeiter, die den Bestand an Wissen um ihre Disziplinen erweiterten. Es wurde geforscht unter den zum Teil unglaublichsten Bedingungen! Wer mag sich heute ausmalen, dass Hängebauchschweine durch Kellerfenster heimlich in eine Klinik gebracht wurden, um zu bestimmten Ergebnissen in der experimentellen Chirurgie zu kommen, nur weil ein Chef das anders nicht duldete? Wäre es heute denkbar, dem Wunsch eines leitenden Chirurgen zu folgen und eine Nierenentnahme in eine Poliklinik zu verbannen, weil ihm dafür der antiseptische Saal im eigentlichen OP zu schade war? Wer kann sich heute noch vorstellen, dass im Keller einer chirurgischen Klinik Ratten für Versuche lebten, deren Gerüche bis in die Eingangszone derselben Klinik drangen?

Bevor ich beginne, sei Folgendes vorangestellt: Meine Zeit im Krankheitswesen stand unter besonderen Vorzeichen, weshalb ich diese, meine erlebte Medizin, mit allen Facetten, unter den ökonomischen und politischen Gegebenheiten der DDR beschreiben muss. Es zeigten sich sowohl finanzielle als auch technische Mängel, es fehlte immer wieder an Devisen, um medizinische Gebrauchsgüter besonderer Qualität im Ausland zu erstehen und zu importieren. Das hat uns klar abgegrenzt von der Bundesrepublik.

Aus Platzgründen wird es wohl kaum möglich sein, zwanzig Jahre so aufzuschlüsseln, wie es mancher gern hätte. Das soll den Medizinhistorikern vorbehalten bleiben. Bestimmte Begriffe aus der medizinischen Fachsprache lasse ich so zu Wort kommen, wie sie eben waren oder noch sind. Ich versuche, alles so darzustellen, wie es verständlich und möglich ist. Den Rest erklärt euch bitte aus den zugänglichen Quellen! Oder macht euch die Mühe und seht euch medizinhistorische Sammlungen, wie zum Beispiel in Jena, an! An einigen Stellen wird auch Großmutter zu Wort kommen, die fast vierzig Jahre lang als Schwester und Fachkrankenschwester gearbeitet hat. Länger also als ich! An Unterlagen über diese Zeit besitzen wir viele Dokumente, die meisten Arbeitsverträge, meine Vorträge, Tagungsabläufe und Zeitungsausschnitte, sogar einige Fotos sind noch da. Beginnen wir im Herbst 1970 in Eisenach.

ENTSCHLUSS UND BEGINN

Im September 1970 war ich nun fest entschlossen, im Kreiskrankenhaus Eisenach, damals wie heute in der Mühlhäuser Straße, jetzt aber als St.-Georg-Klinikum firmierend, eine Stelle als Hilfskrankenpfleger anzutreten. Nach meiner Anzeige in der *Thüringischen Landeszeitung* bekam ich etliche Zuschriften. In Eisenach existierten damals noch zwei konfessionelle Häuser, das Katholische Krankenhaus und das Diakonissen-Krankenhaus. Diese beiden Einrichtungen, wenngleich in altem Baubestand, erfreuten sich über Eisenach hinaus eines sehr guten Rufes. Das heute existente St.-Georg-Klinikum ist manchen Lesern vielleicht aus einer Fernsehserie mit einer gewissen Arztfamilie bekannt. Es sah damals ganz anders aus; am Hauptgebäude und sicher im gesamten

Gelände sind Veränderungen vorgenommen worden, wenn auch erst nach 1990. Allerdings erkannte ich in besagtem Film mit Freude die Eingangslampen des Klinikums, heute wie damals mit dem Roten Kreuz in der Nacht leuchtend geziert, wieder. Die Rampe vor dem Haus, als Auffahrt genutzt, wurde abgetragen, ganz Neues ist hinzugekommen. Im Mai 2011 habe ich das Haus abermals besichtigt und festgestellt, wie modern der Zuwachs an Gebäuden und technischer Kapazität sind! Das hat mich sehr gefreut, wenngleich es mir auch nahe ging.

ERSTE TAGE UND WOCHEN

Nach den verwaltungstechnisch vorgeschriebenen Anlaufstellen, vermittels Laufzettel abzuklappern, wurde ich, mit meiner neuen Berufsbekleidung versehen, der Station Chirurgie III zugeteilt. Die vorgeschriebene Garderobe bestand damals aus Rückenschlusskittel, Hosen und einer langen Pflegerschürze, die ich fast nie trug. Später gab es auch Hemden, da der Kittel im Sommer doch recht warm war, zudem hinderlich, da er meist am Rücken offen stand und sich gern nach vorn verschob. In späteren Jahren wurde Berufsbekleidung wahlweise in blau oder grün angeboten. Das kam zu Zeiten auf, in denen auch die Schwestern keine Hauben mehr trugen. Darüber waren sie, so glaube ich, sehr glücklich, wenngleich damit ein wichtiges äußeres Erkennungszeichen für den Berufsstand der Krankenschwester verschwand. Die Patienten brauchten lange, ein Wesen ohne Schwesternhaube als ordentliches, pflegendes Exemplar anzuerkennen.

So ausgestattet, meldete ich mich nun beim Stationspfleger, der mir zugedacht war, Herrn Otto Schwarzer. Dieser war ein sehr erfahrener, mit vielen Kenntnissen versehener Mann, der schon im Krieg in der Krankenpflege, dort im Sanitätsdienst, gearbeitet hatte. Kurz nach dem Krieg soll er sogar in der Hautklinik in Eisenach recht maßgeblich gearbeitet haben und kundig in der damals sehr notwendigen Behandlung von Geschlechtskrankheiten und Meister im Anwenden von Salben und Verbänden gewesen sein. Er zeigte mir zuerst die Station, die nach Süden lag, im ersten Stock, und einige Patientenzimmer mit Balkon beherbergte. Es waren Mehrbettzimmer, nur selten gab es ein Zimmer mit nur zwei Betten. Schwarzer hatte die mundartliche Aussprache seiner Heimat, das Sudetendeutsch, mitgebracht und nie abgelegt. So tat ich mich anfangs schwer, Begriffe und Medikamentennamen, die ich bisher noch nicht kannte, aus dieser Mundart heraus für mich verständlich umzuformen. Man stelle sich vor, ein Medikament wird verlangt, mir völlig fremd, und diese Bitte wird auch noch sudetendeutsch formuliert! In etwa so: »Hole a mal das

Bittarartterin!« Nach gewisser Zeit kamen Stationspfleger Schwarzer und ich gut miteinander aus, die anfänglichen Verständigungsprobleme waren vergessen. Die übliche »Mundart« der Mediziner, das Medizinerlatein, bereitete mir deutlich weniger Schwierigkeiten als Schwarzers Sudetendeutsch. Hatte ich doch ab der 5. Klasse in Altenburg privaten Lateinunterricht bekommen. Das kam mir nun zugute und das Sprechen und vor allem Schreiben der medizinischen Fachsprache ging mir glänzend von Hand und Mund. Ich lebte mich ein in einer besonderen Welt.

Nun lernte ich Eisenach und seine Bürger aus einer völlig anderen Perspektive kennen. Hier in der Klinik wurden aus den fröhlichen Konzert- und Wartburgbesuchern, von denen ich viele kannte und viele sich an mich erinnerten, hilfesuchende Patienten und nachfragende Angehörige!

EIN WENIG ÜBER STATION UND HAUS

Die Station Chirurgie III nahm Frauen und Männer mit den Diagnosen Blinddarmentzündung, Leistenbruch, Gallenbeschwerden und manch anderem auf. Darunter befand sich eine weitere chirurgische Station, die Chirurgie IV. Dort lagen die großen Frakturen, darunter meist sehr betagte Frauen und Männer mit der berüchtigten Schenkelhalsfraktur. In der Regel summierte sich der Bruch der Knochen hier mit einem recht ungünstigen Allgemeinzustand. Den Stationen III und IV gegenüber befand sich die innere Station, zum Haupteingang hin lag links die septische, die Station Mitte, darunter die Kinderstation und ganz am Ende, hinter dem Zimmer des Chefs, die Chirurgische Wachstation, die spätere erste Intensivstation. Gegenüber dem Haupteingang fand sich der OP-Fahrstuhl, der in die zweite Etage, in die Operationsräume führte. Im Erdgeschoss reihten sich Küche, Wäscherei- und Nähstube, Wäschelager und ein Speisesaal für die Mitarbeiter aneinander. Die Küche war damals sehr wichtig, denn Caterer und Essensdienste gab es nicht. In unserer Krankenhausküche wurde täglich frisch gekocht. *Alle* Mahlzeiten für das recht große Kreiskrankenhaus: ein Mittagessen für die Mitarbeiter und eine Diätküche für alle geltenden Diäten, die man auf einem vorgedruckten Zettel fand, der jeweils für den kommenden Tag ausgefüllt wurde. Dabei stellte ich fest, dass diätetische Kost, gut gemacht, etwas sehr Köstliches sein konnte. Überdies gab es jeden Tag Suppen und eine schmackhafte Brühe, die man als Zusatzkost für die Patienten ordern konnte. Zu den Wochenenden und Feiertagen verließen selbstgebackene Kuchen und verschiedene Arten Pudding die Küche. Zu dieser Zeit hielten zwei tüchtige Frauen das Zepter in der Hand und kümmerten sich mit etlichen Mitarbeitern um das leibliche Wohl des Krankenhauses. Barsch in ihrer Art, aber herzlich im Humor, so gaben sich diese aus dem Osten durch den Krieg umgesiedelten Frauen. Es dauerte nicht lange und der immer ein wenig bedürftige junge Krankenpfleger hatte einen nahrhaften Draht in die Küche aufgebaut. Die fachliche Oberaufsicht über die Speisen und Diäten gebührte allerdings den Internisten. Jeweils einer von ihnen musste am späten Vormittag als Verkoster und Begutachter in der Küche erscheinen, um das gesamte Speisespektrum zu prüfen. Einige Jahre später in Suhl hatten wir keine Innere und so habe ich, als Mitglied der Küchenkommission, diese Prüfaufgabe für einige Zeit übernommen.

Ein bisschen problematisch war das Holen der täglichen Mahlzeiten aus der Küche: eine lange Reihe von Schiebewagen, geführt von Schwestern.

An die Küche schlossen noch einige Bereitschaftsräume für Ärzte und Pfleger an. Leider waren die Flure, Kranken- und Dienstzimmer recht schlecht erhalten. Es schien lange nicht renoviert worden zu sein, dafür fehlten Mittel für Personal und Farben. Zum Teil waren Wände noch mit sogenanntem »Ölsockel« gestrichen, meist etwas grünlicher Färbung. Durch die Zimmer flirrte trübes Licht, zusätzliche Bettlampen wie heute gab es nicht. Zum Lesen war es meist etwas zu dunkel. Um diesen Zustand zu ändern, kam irgendein Genosse der Kreisspitze auf eine pfiffige Idee. Er stellte fest, dass diverse Patienten aus den umliegenden Dörfern stammten. Also wurde jeder Gemeinde oder der jeweiligen Landwirtschaftlichen Produktionsgenossenschaft eine Station im Kreiskrankenhaus zugeteilt und ihr die Verschönerung der Räume aufgetragen. Die Produktionsgenossenschaften waren zum Teil recht betucht und verfügten über entsprechende Arbeitskräfte für solche Arbeiten. Also nahm man sich am Feierabend und an den Wochenenden die Zimmer des Krankenhauses vor. Nach einiger Zeit hatte diese optische Verschönerungsaktion in der Tat zum ansprechenderen Antlitz unserer Räume beigetragen.

Bei uns auf Station Chirurgie III betrieb man zumeist Diagnostik, gelegentlich wurden aber auch akute Fälle hierher verlegt. Zum Beispiel gehörte bei einer möglichen Appendizitis – wenn nicht sofort operiert wurde – das Auflegen eines Eisbeutels, bisweilen Eisblase genannt, zur Kühlung des Gewebes vorsorglich dazu. Nach der manuellen klinischen Untersuchung lauteten die ersten Anweisungen: Labor (Leukozytenzählung und Urinbefund), danach Feststellung der axialen und rektalen Temperatur, deren Differenz auch Rückschlüsse auf Entzündung des Appendix erlauben sollten. Diese Temperaturen wurden, wenn erfolgt, auf die Einweisungsscheine geschrieben. Ich erinnere mich an eine drastische Einweisung eines sehr bekannten Praktikers aus der Jenaer Gegend Jahre später. Der war ein guter Diagnostiker, sehr tüchtiger Landarzt, und hatte auf den Überweisungsschein geschrieben: »Ich überweise die größte H. von M..., rektale Temperatur 38, 1 im ungeputzten A...!«

Dann beschloss man eben noch Nulldiät und das Auflegen eines in ein Tuch gewickelten Eisbeutels. Das macht heute niemand mehr. Denn unsere Eisbeutel waren noch keine Kühlakkus, die kamen erst später auf, sondern in der Regel runde Gummigefäße, in die man Wasser einließ und die man mit einem Drehverschluss sicherte. Das Ganze ruhte anschließend im Eisschrank. Für die Patienten brachte das lange Auflegen von Eis aber auch so manche Unannehmlichkeiten mit sich, wie zum Beispiel die Gefahr einer Blasenentzündung.

Kam der Patient zur Aufnahme bzw. zur Beobachtung oder Operation, wurde im Stationszimmer das Prozedere der Kurvenanlage durchgeführt, anmelden konnte man sich selbst oder durch Angehörige vorn in der Verwaltung. Die Frage nach Diskretion wurde in so manchen Fällen recht stiefmütterlich behandelt und es hörten einige Ohren mit. Die frisch Operierten kehrten nach der OP in der Regel zu uns zurück, meist nach den damals noch üblichen Äthernarkosen. Dann wurden die Fußenden der Betten auf zwei Holzklötze gestellt, als Thromboseprophylaxe der damaligen Zeit. Am nächsten Morgen sah Schwarzer, lange bevor die Chirurgen kamen, nach seinen Patienten und entschied, ob diese Klötze noch nötig waren oder nicht. Er besaß dafür einen sehr geschulten Blick. Er sah sofort, was dem Patienten zuzumuten war. Ich habe außerordentlich viel von ihm gelernt! Nachmittags war die Station regelrecht geschwängert von den abgeatmeten Ätherdämpfen der am Vormittag operierten Patienten. Viele Patienten vertrugen diese Narkose, verbunden mit den eintretenden Flüssigkeitsmängeln, allerdings sehr schlecht, was zu postoperativem Erbrechen führte und für uns bedeutete, wiederholt mit Zellstoff und Nierenschalen zu rennen. Am Eingang der Station lagen in einem Zimmer meist alte Herren, die durch eine vergrößerte und kranke Prostata Probleme mit dem Wasserlassen hatten und mit Blasenkathetern versehen waren.

Heute ist völlig unvorstellbar, dass der Stationspfleger, der starker Raucher war, das Privileg genoss, im Stationszimmer zu rauchen. Links im Schreibtisch die Krankenkurven, rechts daneben der Aschenbecher. Auch für die Patienten gab es damals stets eine Raucherecke. Ein Teil der Ärzte rauchte ebenfalls mit und kein Mensch störte sich daran. Natürlich ist das später abgeschafft worden, aber Schwarzer hat das Prozedere während seiner Dienstjahre beibehalten.

ARBEITSBEGINN UND KLINISCHER ALLTAG

Der Stationspfleger war die selten vorkommende männliche Stationsschwester. Dienstplan, OP-Aufnahmen, Nachsorgen, Bestellungen, Kurven schreiben, Visiten, das alles zu organisieren und im Blick zu haben, war seine Aufgabe. Etwas nervös schien er immer bei der wöchentlichen Chefarzt-Visite, die mit brachialer Gewalt und einer hohen Anzahl begleitender Chargen in die Station einbrach. Neben der Erwartung des Chefs, dass alles in Ordnung sei, gab es immer wieder Unwägbarkeiten, wie zum Beispiel neues Personal oder fragende Patienten. Heute, ja da gibt es Patientenbünde und Patientenfürsprecher. Heute wagt man, einem Arzt zu widersprechen oder gar sich mit Kliniken anzulegen! Damals war das anders. Die Ergebnisse des Durchgangs der sogenannten »weißen Wolke« waren möglichst ohne Widerspruch zu akzeptieren. Und es wurde hingenommen, was gesagt wurde. Die Bevölkerung der DDR verfügte noch nicht über genügend Einspruchspotential. Das Vertrauen der Patienten und ihre eigentliche *patientia*, also ihre Geduld, waren unermesslich. Wie oft habe ich Patienten vor der Visite gesagt, wen und wonach sie fragen sollten. Das Ergebnis zu Dienstende war eigentlich immer gleich, man hatte nicht gewagt, zu fragen, oder war vom Glanz des chefärztlichen Auftrittes beeindruckt und geblendet gewesen. Also blieb die sachliche Information am Ende doch unsere Aufgabe! Das war juristisch schon damals nicht in Ordnung, wenngleich man allerorts so verfuhr.

Der Stationspfleger verwaltete die Gaben der Patienten und deren Angehöriger. Denn zur Besuchszeit, die seinerzeit am Mittwoch und am Sonntag meist von 14 bis 16 Uhr stattfand, residierte er am Schreibtisch so wie auch die anderen Stationsschwestern. Es kam oft vor, dass sich nach Angehörigen erkundigende Besucher für die Arbeit des Personals mit Geld bedankten. Auch am Entlassungstag gab es meist einen Obolus von den Patienten. Das geschenkte Geld verwahrte der Stationspfleger in einer Kasse. Daraus wurde, nach einer exakt geführten Liste, für die Schwestern und Pfleger mal eine kleine, mal eine größere Packung *Rondo*-Kaffee gekauft. Das kleinere Päckchen Kaffee kam 3,75 Mark, die große Packung *Mona* etwa 10 Mark. Meist blieb auch noch Geld für eine Feier übrig.

Mit dem Bohnenkaffe, insbesondere dem der Patienten, hatte es folgende Bewandtnis: Das Frühstück wurde ja auf Station zubereitet, nachdem man die Zutaten aus der Küche geholt hatte. Der Patient, der Kaffee haben durfte, gab am Beginn seines Stationsaufenthaltes selbigen ab, der dann in Gläsern oder Büchsen, mit jeweiligem Namen versehen, aufbewahrt wurde. Mit Argusaugen achteten die Patienten auf ihren Wachmacher, besonders, wenn er aus dem »Westen« geschickt worden war. Nicht selten gab es Ärger über angeblich

»schwindende« Kaffeemengen. Als sonstige Küchengetränke bereiteten wir morgens Milch, Muckefuck (Malzkaffee) und abends Tee zu. Die Getränke wurde in großen Eimern zur Verfügung gestellt! Den üblichen Kaffee wie Tee aus großen Papiersäcken mischte man dem Wasser bei!

Den Schichtablauf organisierten die Schwestern und Herr Schwarzer. Der Frühdienst begann – das hieß, man musste bereits umgezogen sein – um 6 Uhr, der Spätdienst um 14 Uhr und der Nachtdienst um 22 Uhr. Dabei überlappten sich die Zeiten oft. Mein Gott, was habe ich in den ersten Monaten lernen und begreifen müssen! Wie hatte ich mich umzustellen! Was schaffte mich das frühe Aufstehen! Zum Dienst in die Mühlhäuser Straße fuhr ich in der Regel ab Markt, den ich zu Fuß erreichte, mit einer alten Straßenbahn. Die zockelte vom Bahnhof durch die Karlstraße weiter bis an den nördlichen Stadtrand zur Klinik hin.

Es wuchs die Erkenntnis über ein völlig neues Leben. Das war schon ein großer Schritt, von der Burg hoch über der Stadt, herunter und heran ans Krankenbett!

Aber, es machte mir Freude und es wuchs in mir, gleichsam als Bestätigung, zunehmend die Erkenntnis, »diese Arbeit hättest du seit Jahren schon tun sollen«.

STATIONSARBEIT

So wie heute, wo man viele Arbeiten im Krankenhaus, im OP und auf den Stationen an Dienstleister und Zubringerdienste vergibt, war es damals nicht.

Allein das Betten und Waschen der Patienten morgens, in Schlafstätten, die zum Teil noch Matratzen und Keilkissen sehr herkömmlicher Machart und älteren Datums besaßen, waren beschwerliche Arbeiten. Es gab damals kaum moderne Betten, man hantierte meist in gebückter Haltung. Die Nachtlager verschiedenster Stationen besaßen mitunter noch nicht einmal Rollen an den Füßen. Die trug man dann eben von einem Raum in den anderen. Schaumstoffmatratzen erhielten wir erst später. Die Nachtwachen begannen in der Regel, so etwa ab vier Uhr morgens, mit dem Waschen der Patienten. Erst viel später ist dies auch in der DDR verändert worden. Zum Waschen wurden Schüsseln verteilt, kaltes und warmes Wasser musste je nach Empfindlichkeit ausgegeben und beigemischt werden. Die Schüsseln hatte der Spätdienst bereits nach Anzahl der Patienten vor den Zimmern platziert. Patienten, die aufstehen durften, wuschen sich, im Beisein der Bettnachbarn, selbst an den Waschbecken im Zimmer. Manch gehfähiger Patient nutzte auch mal ab und an das Stationsbad.

Was hatte man da morgens zwischen sechs und sieben Uhr zu laufen und zu schleppen! Nach dem Betten lag die Zeit der Blutentnahmen, der Beginn der ersten klinischen Funktionsprüfungen, das Besorgen des Frühstückes, die ersten OP-Vorbereitungen. Das regte den Kreislauf an! Alles, was steril aus den dafür vorgesehenen Glaskästen entnommen werden musste, wie beispielsweise Kanülen, Spritzen und Instrumente, griff man mit einer Kornzange. Die befand sich in einem mit Alkohol befüllten Standgefäß aus Porzellan. Alle vier bis sechs Stunden sollten diese Gläser gewechselt werden. Einige Zeit später änderten sich die hygienischen Richtlinien, sodass der Alkohol wegfiel und die Kornzangen trocken standen. Die Blutentnahmen haben uns stets sehr beschäftigt.

Die, die ihr heute Blut abnehmt unter den jetzigen Voraussetzungen, lasst euch sagen, dass unsere Spritzen damals aus Metall mit Glas oder nur aus Glas bestanden.

Blasenspritze aus Metall und Glas

Manchmal waren die Kanülen nicht ausreichend geschliffen, manchmal die Spritzen nicht dicht. Zudem verklemmten sich die Dichtungsringe gern mal! Hin und wieder reichten die Spritzen auch nicht aus, da musste auf den Nachbarstationen geborgt werden. Plastikspritzen mit ordentlicher exakter Graduierung kamen erst später ausreichend in die Krankenhäuser.

Für die Vorbereitung der Patienten im OP-Fall mussten Rückenschlusshemd und Binden zum Wickeln der Beine bereitgelegt werden. Eine weitere unserer Aufgaben bestand darin, den Sammelurin im Spülraum aus vielen großen Gläsern in Röhrchen umzufüllen, die anschließend ins Labor gingen. Dazu kamen besonders auf den inneren Stationen die Sputumgläser. Das waren kleine Emaillegefäße, die mit einem Deckel verschlossen wurden. Sie nahmen den Auswurf der Patienten auf. Die Reinigung war eine hoch appetitliche Sache, insbesondere in der Zeit nach dem Essen! Das Blut für die verschiedenen Untersuchungen fing man in Glasröhrchen auf, die zuvor mit Etiketten, wahlweise mit Pflaster für die Namen beklebt wurden. Es gelang nicht immer, den Patientenarm ruhig zu halten. So konnte die Kanüle verrutschen oder man kam nicht gleich mit dem Glasröhrchen nach. Dergleichen Katastrophenszenarien gab es reichlich. Dann verflog die Zeit. Die Wäsche war blutig, neue Wäsche kam erst am Vormittag, oder auch nicht; es nahte die Visite, die Wäsche war immer noch blutig und konnte noch nicht gewechselt werden. Das Adrenalin stieg! Ich beneide euch heutige Mitarbeiter um die elegante Art, mit der Blutentnahmen nun möglich sind!

Die gesamte Laborarbeit dokumentierten wir in Laborheften, die nach den Visiten gefüllt wurden. Kehrten diese Hefte aus dem Labor zurück, übertrugen wir die Werte am Nachmittag auf die Kurven.

Oft traf im Morgengewusel die Nachricht ein, dass die Stationshilfe ausfällt und man durfte nun auch noch den Flur und alle Räume putzen, also die Waschbecken desinfizieren und säubern, Boden, Betten und Nachtschränke wischen und abstauben, desinfizieren usw. Oberschwestern und leitende Schwestern achteten jedoch sehr genau darauf, dass man die vorgeschriebenen Konzentrationen der jeweiligen Desinfektionsmittel penibel einhielt. Es wurde unglaublich viel gewischt und geschrubbt. Die dafür zuständigen Mitarbeiter gehörten damals zum Stellenplan der Station. In der Regel hatte eine jede ein oder zwei dieser doch angenehmen Frauen zur Verfügung. Manchmal traf es uns gut, da kam Frau Holle, so hieß die tatsächlich, und kümmerte sich sogar um den Kaffee am Nachmittag und die Abendmahlzeit. Nach draußen war nichts vergeben, fremde Hände und Wischeimer standen noch nicht unter Vertrag.

Auf den Stationen wurde damals noch vor Ort sterilisiert, nur sehr große Spritzenkästen, Verbandstrommeln, Handschuhe und steriles Verbandsmaterial wurden zum großen OP-Steri gebracht. Spritzen mussten auseinander genommen, gereinigt, ausgekocht, ausgekühlt und anschließend getrocknet werden. Dann erst, nach Prüfung des Sitzes von Dichtungsring und Kolben, waren sie zum Sterilisieren bereit. Die Spritzen mussten nach Beendigung der Sterilisation wieder zusammengesetzt werden. Die großen runden Elektro-Steris sorgten stets für hohe Temperaturen in den Stationszimmern.

Große Teile des Verbandsmaterials – es gab zweimal am Tag eine Verbandsvisite und einen dazugehörigen Verbandswagen – wurden auf der Station selbst vorbereitet. Man drehte Tupfer, faltete Platten zum Wundabdecken und schnitt Zellstoff zurecht. Die notwendigen Binden für Schienen und Verbände wurden in frisch gewaschenem Zustand aus der Wäscherei geliefert, die kamen in einem Netzsack und mussten nun aufgerollt werden. Gern wurde diese Arbeit den Patienten übertragen, die das gut machten und so einen Zeitvertreib hatten. Dabei gab es sogar regelrechte Wettbewerbe zwischen den Zimmern, wer wohl mehr schaffte. Viele dieser Tätigkeiten wurden auch dem Nachtdienst übertragen, allerdings nur wenn es ruhig war.

Sehr viel Zeit im Frühdienst beanspruchten die sogenannten klinischen Funktionsprüfungen. Deren Palette musste man schnell kennen und ausführen können. Meist gehörten zur jeweiligen Prüfung eine Reihe von Hilfsmitteln, die man sich vorher organisierte und bereitstellte. Unerlässlich dafür waren die

Kenntnis und das Vorhandensein des *Taschenbuches der klinischen Funktions-prüfungen* von Gitter und Heilmeyer. Das gab es, wenn auch sehr viel gelesen und abgenutzt, auf jeder Station. Darin standen die Arbeitsschritte und Notwendigkeiten der jeweiligen Funktionsprüfung sehr exakt beschrieben. Für Personal und Patient waren diese Vorhaben meist langwierig, sehr belastend, oft geprägt durch erhebliche Nüchternzeiten, mangelnde und auch wiederum ganz erhebliche Getränkezufuhr. Und, nebenbei bemerkt, Gummihandschuhe, wie heute gang und gäbe, besaßen wir meistens gar nicht. Eine, einen geduldigen und kooperativen Patienten verlangende Prozedur, war zum Beispiel die fraktionierte Magensaftuntersuchung. Schon die richtige Platzierung der Magensonde, wahlweise durch Nase oder Mund des Patienten, brauchte seine Zeit. Wie oft haben sich die Sonden im Rachenraum des Patienten verirrt, ehe sie im Magen ankamen. Daran schloss sich das je nach Dauer unterschiedlich verlaufende Absaugen der Magenflüssigkeit an. In einer Zeit ohne die heute allen bekannten invasiven Methoden, ohne Ultraschall oder CT, waren Untersuchungen von Magen und Darm mit Hilfe von Kontrastmitteln der gängige Weg.

In sehr schlechter Erinnerung habe ich eine Untersuchung des Dickdarmes mit Kontrastmittel – die sogenannte Trochoskopie. Der lange minimal ernährte und gut abgeführt sein sollende Patient wurde dazu in die Röntgenabteilung gebracht. Der Chefarzt der Inneren führte diese Untersuchung höchstselbst durch. Auch wenn seine kostbare Zeit stets knapp bemessen war! Und er lachte wenig! Man gelangte also mit dem Patienten in den bereits recht dunklen Röntgenraum, in dessen Tiefe der Gewaltige schon irgendwo lauerte. An die Dunkelheit musste man sich erst gewöhnen! Der Chef war kein fröhlicher Mann und konnte dicke Menschen, wie den begleitenden Pfleger, nicht leiden. Der Patient hatte sich nun auf den Röntgentisch zu legen, eine harte und kalte Situation. In dieser elenden Dunkelheit musste ihm nun ein Darmrohr verpasst werden. Das war nicht so einfach, der Patient war meist unruhig, der Chefarzt machte ungehaltene und zur Eile treibende Bemerkungen. War das Rohr dann per anum gelegt, wurde mittels Schlauch ein Irrigator angeschlossen, der die Kontrastflüssigkeit enthielt. Mit dem einlaufenden Mittel bewegte der Internist das Röntgengerät, um etwas zu sehen und Aufnahmen zu machen. Der Arzt schob an seinem Gerät und drückte auf das Abdomen des Patienten, selbiger wurde unruhig, verspürte den Drang, zur Toilette zu müssen, weshalb sich dann plötzlich auch das Darmrohr verlor. Kontrastflüssigkeit auf dem Röntgentisch, ein stöhnender Patient, der sich seinem Stuhlgang hingab, und ein höchst unzufriedener Untersucher, ein Pfleger, der versuchte, sein Darmrohr wieder dahin zu geben, wo es hätte sein sollen – das war meist das Schlussbild dieser Veranstaltung.

Der finale Akt stellte sich so dar, dass der Chef wütend war, der Patient zufrieden sich seinem Geschäft auf einem ambulanten Toilettensessel, dem sogenannten »Egon«, hingab, und der Pfleger die Schuld zugewiesen bekam. Nach drei solchen Erlebnissen war ich klüger geworden. Der Patient bekam sein Darmrohr schon auf Station verpasst, schön fixiert und mit einem Stöpsel versehen, und konnte, so also bereits präpariert, zum Röntgen wandern. Alles war nun fest, in der Dunkelheit gut zu finden, es fiel nichts heraus und im Röntgenraum herrschte eine gewisse Harmonie.

Dergleichen Erlebnisse hatte ich etliche und lernte von Woche zu Woche mehr. Man hat mich in Pflege und Behandlung der Patienten regelrecht trainiert. Bald brachte mir der Oberpfleger das intramuskuläre Spritzen bei, sodass ich auch Spät- und Nachtdienste übernehmen konnte. Da war ich schon recht stolz, meine Kollegen haben das ebenfalls sehr positiv reflektiert. Die ersten Bildungsmaßnahmen zum Erwerb eines Facharbeiterzeugnisses als Grundlage meines späteren Pflegeabschlusses begannen schon bald. Dazu fuhr ich zweimal im Monat nach Bad Liebenstein, wo diese Ausbildung angeboten wurde. Es war immer eine wunderbare Busfahrt von Eisenach über die Hohe Sonne durch die Dörfer und Urlaubsorte Thüringens. Der Bus hielt retour stets bei meiner Wohnung im Marienal am Prinzenteich.

In der Gruppe der Mitlernenden befand sich einer, der spezielle Kanülen für die Akupunktur schliff. Das Wort und die Behandlung kennt heute jeder. Damals aber akupunktierte ein sehr alter Eisenacher Psychiater seine Patienten, das war seine bisher geheim gehaltene Therapie. Dafür hatte mein Kollege diese Kanülen geschliffen. Bis diese Tätigkeit nach chinesischem Medizinverständnis bei uns ankam, sollte es noch Zeit bis in die Gegenwart hinein dauern. Und selbst dann gab es noch Einwände der Klasse für Medizin der Akademie der Wissenschaften der DDR, die dem ganzen Vorgang einen gewissen unwissenschaftlichen Gehalt attestierte.

ALLTÄGLICHES – DAMALS

Der Stationsalltag war recht hart. Hol- und Bringdienste und andere Erleichterungen formierten sich erst später. Die gesamte Patientenwäsche verbrachten die Schwestern und Pfleger oder Stationshilfen selbst in Säcken in die Wäscherei und holten sie frisch wieder aus dieser. Sie lag eine Etage tiefer. Das kostete Zeit, die man von der Patientenversorgung abziehen musste. Oft gab es Probleme mit dem Waschen. Häufig waren Laken und Bezüge noch nicht fertig, oder in nicht ausreichender Menge vorhanden. Manchmal gab es Defekte im Heizhaus, in deren Folge kein Warmwasser floss. Hin und wieder konnten

Röntgenlabor

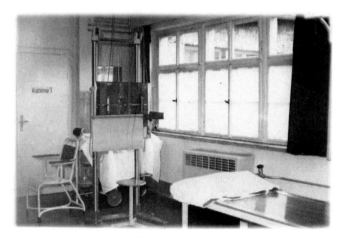

Röntgenraum

sogar Kohlen nicht geliefert oder nur verzögert herangeschafft werden! Bisweilen mangelte es an Personalwäsche, sodass Hemden und Hosen nicht immer so gewechselt werden konnten, wie es erforderlich gewesen wäre. Die großen und die kleinen Schienen für Oberschenkel, Radiusfrakturen, Braunsche und Volkmannsche Schienen wurden durch uns immer wieder neu gepolstert, bezogen und gewickelt.

Die meisten Gebrauchsgegenstände der chirurgischen Stationen, wie auch der anderen Fächer, wurden zum Sterilisieren in den großen OP gebracht.

Auf einem geräumigen Tisch waren die Abgabe und Annahme von Sterilgut getrennt möglich. Dort arbeitete ein für die gesamte Klinik zuständiger großer Dampf-Sterilisator, der über eine Nebenanlage auch das nötige Aqua destillata für die Klinik produzierte, das man in großen braunen Emaillekannen auf die Stationen holte. Verbandsmaterial, Tücher, Instrumente, Handschuhe und vieles mehr packte man in Trommeln und Glaskästen verschiedener Größe. Die OP-Schwestern übernahmen das weitere Verfahren. Es musste fast alles durch den Dampfsteri, was zum täglichen Gebrauch im OP oder auch auf den Stationen nötig war. In großen und kleineren Trommeln wurden Abdeck- und Schlitztücher, OP-Kittel und anderes verpackt und sterilisiert. Ebenso die gesamte Palette der OP-Siebe inklusive der kompletten Instrumentensätzen für alle Operationen. Diese Trommeln waren schwer und es dauerte am Nachmittag für die Spätschicht lange, bis alles wieder neu gepackt und sterilisiert wurde. Die OP-Handschuhe verwendete man zum Teil mehrfach. Es gab einfach nicht genug! Nach dem OP-Betrieb wurden sie gesammelt und eingeweicht, danach gereinigt und sauber mit klarem Wasser gespült. Dann hing man sie zum Trocknen auf und drehte sie abschließend noch einmal bis zur kompletten Trockenheit. Nun gelangten sie in eine Kiste mit Talkumpuder und wurden darin gewälzt. Endlich konnte man die gepuderten Handschuhe paarweise nach Größen in Filterpapier als Zwischenlage in die Trommel geben. Bei der Aufbereitung war das Aufblasen der Handschuhe noch sehr wichtig, damit durch Instrumente oder Nadeln eingestanzte Löcher sichtbar und spürbar wurden. Nicht selten kam es vor, dass der große Steri streikte und aus zunächst nicht erkennbaren Gründen ausfiel. Wir hatten sogar noch eine Anlage aus der Vorkriegszeit stehen, in der Instrumente nach alter Sitte ausgekocht werden konnten. Das haben wir getan, wenn alles verbraucht war und keine Zeit blieb, die üblichen Sterilisationsprozesse abzuwarten.

Unsere OP-Perle, das Mariechen, pflegte in diesen alten Schränken das seinerzeit in der DDR sehr gesuchte Brunnenwasser *Bad Lauchstädter Heilbrunnen* zu verstecken. Das gab es im Sommer, wenn die Temperaturen unerträglich waren. Das Heilwasser wurde dann pur oder mit Säften vermischt genossen. Denn ein OP-Trakt jener Zeit besaß keine Möglichkeit einer Klimatisierung! Dann gab es als Ersatz noch ältere solitäre Dampfsterilisatoren, allerdings mit wenig Platz. Für den Reparaturdienst gab es für große Teile Thüringens und wohl auch Sachsens nur einen Techniker. Leider habe ich seinen Namen nicht mehr parat. Der war im heutigen Chemnitz, damals Karl-Marx-Stadt, zu Hause und ständig unterwegs, um den vielen maroden Steris im Land auf die Sprünge zu helfen. Ein Funktelefon gab es damals nicht. Also riefen die leitenden OP-Schwestern zu Hause bei der Frau des Technikers an, erkundeten, wo er sei und meldeten die Reparatur an. Irgendwann, meist jedoch recht schnell, erschien der Gute dann, wurde mit Broten und Bohnenkaffee gepflegt und reparierte. So ein Ausfall konnte im Ernstfall den gesamten OP-Betrieb lahm legen, denn die Wäsche und die Kittel und alles andere im OP waren nicht als Einmalpack zu haben. Noch lange nicht! Und war dann die OP-Wäsche aus der Wäscherei gekommen, mussten alle mit anfassen, Tücher falten und Kittel legen, damit alles wieder in die Trommeln zum Sterilisieren gebracht werden konnte.

SICH EINSTELLENDE BERUFSFREUDE

Nach einigen Monaten hatte ich mich in meinem Haupthaus, insbesondere in der Chirurgie, eingelebt. Letztlich ist dann auch die Innere Medizin als Fach dazugekommen, ein Gebiet, das ich nach anfänglichen Ressentiments doch schätzen lernte.

Die tägliche Arbeit, obwohl physisch schwer und anstrengend, machte mir großen Spaß. Zumal die mich umgebenden Mitarbeiter, Ärzte, Schwestern und Pfleger forderten wie förderten. Die Chirurgen merkten, dass ich ein »Händchen« für die Chirurgie besaß. Also wurde ich oft gebeten, bei besonderen Krankheitsbildern, Operationen und anderem, dabei zu sein, zu sehen, zu lernen und später auch mit anzupacken. Das habe ich gern gemacht, oft auch weit über die normale Dienstzeit hinaus. Denn, von nichts kommt nichts! So gelangte ich, einerseits bedingt durch die verschiedenen Ausbildungsverläufe, andererseits aber auch gefordert im Dienst, rasch in den Besitz sehr guter praktischer und theoretischer Kenntnisse. Schon früh nahm ich am Bereitschaftsdienst der Pfleger teil, der nachmittags begann und bis zum Morgen währte. In diesem Dienst war man verantwortlich für die Vorbereitung der Männer zur OP, Rasur und Reinigungseinlauf inbegriffen, für das Gipsen in der Ambulanz, für unsterilen Dienst im OP in den Nachtstunden, manchmal auch zur Unterhaltung und hin und wieder zum Bezirzen der oft sehr ansehnlichen Nachtschwestern. Binnen kurzer Zeit lernte man so das gesamte Klinikum kennen. Wir hatten damals auch eine Gynäkologie und eine Kinderklinik auf dem Gelände sowie mehrere innere Stationen. Auf der anderen Seite der Mühlhäuser Straße lagen Verwaltung und Blutspende. Es war immer recht mühsam, dort Sachen zu erledigen, da eine stark befahrene Straße überquert werden musste.

Sehr zeitig, animiert durch herumliegende Exemplare, begann ich, medizinische Fachliteratur zu studieren, sowohl Bücher als auch Fachzeitschriften. Das kam so: Man muss wissen, dass alle Krankenhäuser der ehemaligen DDR stets die monatlichen Neuausgaben der in der DDR erschienenen Fachzeitschriften, ebenso die der bundesdeutschen medizinischen Fachpresse erhielten.

Wer wollte, konnte sich durchaus im Lande und ebenso international orientieren. Die Zentralblätter der DDR, zum Beispiel für Chirurgie oder später der Anästhesie, habe ich stets gelesen und später auch abonniert. Das *Zentralblatt für Chirurgie der DDR* stand in der Nachfolge des alten *Zentralblattes für Chirurgie*, das schon in der zweiten Hälfte des 19. Jahrhunderts, stets am Sonnabend erschien, damit die Herren Ärzte das Wochenende zur Lektüre hatten. Einige der sehr alten Jahresbände habe ich noch in meiner Büchersammlung.

So also wuchs ich in das Feld der Chirurgie ein, ebenso der Inneren Medizin, wenngleich das für mich etwas nachrangig war. Aber es gehörte nun einmal zur Ausbildung. Durch Praktika kam ich auch auf innere Stationen. Hier gewann ich den Eindruck, noch viel Konservatives zu sehen, dessen Wurzeln doch sehr alt waren. Gelernt hat man überall etwas. Zudem musste ich auch die üblichen Praktika und Prüfungen in der großen Krankenpflege bestehen.

Die Ausbildung im Gesundheitswesen der DDR zur Krankenschwester war völlig anders als heute. Wer Schwester werden wollte, hatte die Mittlere Reife zu bestehen – den Schulabschluss der 10. Klasse. Anschließend bewarb man sich an einer medizinischen Fachschule. Die gab es in vielen Kreisen der Bezirke der DDR. Wurde man zugelassen, lag eine dreijährige Ausbildung vor einem. Die umfasste alle medizinischen Gebiete und, wenn vor Ort vorhanden, die entsprechenden Einrichtungen. Natürlich war es so, dass den sogenannten gesellschaftlichen Fächern, die sich mit Marxismus und anderem befassten, eine größere Bedeutung beigemessen wurde. Es sollten ja »sozialistische Pflegepersönlichkeiten« aus der Schule drängen. Aber die Ergebnisse blieben, wie vieles andere auch in der DDR, hinter den Erwartungen zurück. Erstens kam es oft anders, zweitens dachten die Ideologen manchmal recht lebensfern. Wer sein Examen gemacht hatte, wurde einer bestimmten Klinik zugeteilt, in manchen Fällen gegen den Willen, in vielen Fällen aber auch im Sinne der Studenten oder besser der Fachschüler. Nach ein bis zwei Jahren praktischer Arbeit dachte man schließlich an weiterführende Bildung. Das waren dann die Wege, die zur Hebamme, der OP-Schwester, zur Anästhesie und so weiter führen konnten. Das haben viele in Anspruch genommen und sich eine klinische Arbeit gesucht, in der sie sich wohl fühlten! Andere Weiterbildungen gab es für Erwachsene, die auf einem zweiten Bildungsweg ins Gesundheitswesen gelangten so wie ich, zudem spezielle Lehrgänge für Stationsschwestern, Oberschwestern und Oberinnen. Dabei wurde allerdings nach Kriterien ausgewählt, die mit Gesellschaft, dem Staat und der alles selig machenden Partei zusammenhingen.

ENDLICH IM OPERATIONSSAAL

Durch den Pfleger-Bereitschaftsdienst kam ich endlich dem OP näher. Die Operationssäle der alten Zeit lagen meist Richtung Norden, mit durchaus zu öffnenden Fenstern, die mal mit Milchglas versehen waren, mal nur einen weißen Farbanstrich bekamen, damit man nicht hineinsehen konnte. Manchmal war es derart kalt, dass man fürchten musste, der Patient könnte sich verkühlen. Bei Sommerhitze gab es kein Entrinnen. Be- und Entlüftungen, Klimaanlagen und Ähnliches kamen erst viel später – nach 1990 – auf. Dahin, in den OP-Saal, wollte ich schon, als ich noch in Altenburg zur Schule ging. Seit einem Ausflug in die Leipziger Frauenklinik war ich neugierig, was wohl hinter den milchigen Glasscheiben vor sich ging.

Nun musste man als Bereitschaftspfleger bei nächtlichen Operationen den sogenannten unsterilen Dienst übernehmen. Das wollte ich ja auch. Ich wollte wissen, wie, was und wann operiert wurde. Ein OP-Trakt – der Herz- und Angelpunkt der Chirurgie – war für mich seit jeher etwas Besonderes. Mit seinen eigenen Geräuschen und Gerüchen, seiner Helligkeit wie seiner Abgeschiedenheit. Damals aber war der OP-Trakt von den Möglichkeiten her völlig anders organisiert als heute.

Die wichtigste Person, über den ganzen Trakt herrschend, war, neben dem Chefarzt, die leitende OP-Schwester. Meist handelte es sich um eine im Beruf äußerst erfahrene und durch herausragende Kenntnisse gezeichnete Schwester. Die organisierte mit den Chirurgen den Verlauf der OP-Tage, die Verteilung der OP-Tische und die Bereitschaftsdienste. Die zu meiner Zeit Leitende glich schon fast einer Grande Dame von sehr vornehmer Bewegung, ausgesucht höflich und selten zu erschüttern. Die anderen Schwestern waren meist ältere Semester. Sehr eigenwillig, sehr erfahren und nicht immer einfach. Sie beanspruchten am Tisch Stammplätze, eigene Tassen und Teller, duzten sich nicht, zumeist nicht einmal mit den Chirurgen. Sie hatten Jahrzehnte im Dienst hinter sich, pflegten zu Hause meist auch noch alte Eltern. Die wenigsten waren verheiratet, wussten, wenn, lediglich um einen Bekannten fürs Theater oder zum Wandern (und weiter nichts?). Neue und junge Kräfte hatten es schwer, besonders weibliche. Einem gestandenen Pfleger mit besten Manieren und Bildung kamen die Damen allerdings freundlich entgegen. Diese OP-Schwestern waren Originale, die es wohl so nicht mehr gibt, denn heute heißt eine OP-Kraft OTA! Ich habe sie sehr gemocht, auch wenn es manchmal nicht leicht war, mit ihnen umzugehen.

Zu unserem OP gehörte ebenfalls ein alter OP-Pfleger, dessen Aufgabe vorrangig im Lagern der Patienten, einer sehr wichtigen Arbeit, sowie dem Schärfen der Skalpelle, die er mustergültig gewetzt anbot, bestand. Damals herrschte noch die Sitte, diese chirurgischen Messer auf Sandstein zu schleifen, bevor sie sterilisiert wurden. Junge Chirurgen, so war es in Eisenach der Brauch, bekamen nach ihrer ersten Appendektomie ein mit dem Datum des ersten Eingriffes graviertes Skalpell überreicht. Danach hatten sie sich mit einer Runde Wurst oder Kuchen und Kaffee zu bedanken. Es herrschte noch der alte chirurgische Brauch, dass Operateure sich mit kurzem Nicken und einem freundlichen Wort nach einer OP bei allen bedankten, die dabei waren. Mancherorts soll es das noch geben!

In Eisenach bekamen die Diensthabenden von der Küche sogar ein Abendessen ins Dienstzimmer gestellt. Nicht schlecht! Denn eigentlich war die Einnahme von Patientenessen, selbst bei kleinsten Resten, wie auch heute, strengstens verboten. Jedoch kommt es immer vor, dass übrig gebliebene Lebensmittel verzehrt werden. Der Streit darum hat bereits historische Ausmaße angenommen! Fand in Eisenach seinerzeit eine Operation nach Mitternacht statt, schrieb der zuständige Operateur eine Art Rezept, dass der in der Nacht tätigen Mannschaft in der Küche ein Frühstück bescherte, bestehend aus Bohnenkaffee, Schinken oder Salami – gehobener Belag.

VOR DEM OPERATIONSPROGRAMM

In der Regel gab es feste OP-Tage, zumeist wurde am Montag, Dienstag oder Donnerstag, seltener am Freitag operiert. Routinierte Patienten sprachen dann vom »Schlachtfest«. Notfälle brachten dieses ausgeklügelte Programm jedoch gern ins Wanken.

Der Chefarzt der Chirurgie erschien zur OP-Planung nach letzter Festlegung und Visite am frühen Nachmittag, begleitet von den Oberärzten, im Flur des OP-Traktes. Man versammelte sich an der »Tafel«. An solch ein Schieferelement wurden die Eingriffe für den nächsten Tag geschrieben, Patient und Station, Name der OP, Operateur, 1., 2., gelegentlich auch 3. Assistenz. Die leitende OP-Schwester legte anschließend fest, wer von den Schwestern sich »zu waschen« – steril zu machen – hatte. Ebenso wurde bestimmt, welche Schwester die Äthernarkose durchzuführen hatte. Andere Eingriffe wurden in Lokalanästhesie vorgenommen. Das bedeutete, der Operateur musste mit Spritzen sein OP-Gebiet infiltrieren, um Schmerzfreiheit zu erzielen. Besonders Eingeweidebrüche bei Männern und Frauen wurde derart betäubt.

Für große abdominale Eingriffe gab es zu Beginn meiner Zeit am Klinikum einen dafür zusätzlich in Erfurt ausgebildeten Oberarzt, der die Intubationsnarkose beherrschte. Später gesellten sich die Anästhesisten hinzu. Ich erinnere mich sehr lebhaft an den Dienstbeginn des ersten Narkosefachmannes in unserem Haus. Er war ein sogenannter Medizinalassistent, anderenorts zu jener Zeit auch als Arzthelfer bekannt. Der hatte seinen Arbeitsplatz naturgemäß auf der chirurgischen Wachstation. Nach seinen ersten Wochen stellte der Chefarzt für Chirurgie fest, der gute Mann hatte an seine Patienten im OP, postoperativ oder kurativ, Infusionslösungen im Wert von 3000 DDR-Mark (!) verbraucht. Unerhört! Es dauerte recht lange, bis Chirurgie und Anästhesie zum Wohle ihrer gemeinsamen Patienten fachlichen Frieden schlossen!

An der fertig beschriebenen Tafel informierten sich nun die Stationen und der Bereitschaftspfleger, um die OP-Vorbereitungen bei den jeweiligen Patienten zu treffen. Es galt der Grundsatz, dass Pfleger nur die Männer rasierten und vorbereiteten, Schwestern die Frauen. Das betraf gleichwohl den jeweils notwendigen Gebrauch von Blasenkathetern. Nur im Notfall war die Geschlechtertrennung zu vernachlässigen. Das Baden und Rasieren der Patienten konnte einen wirklich beschäftigen. Wir rasierten, insbesondere für die großen Baucheingriffe, vom Brustbein bis zum Oberschenkel. War die Rasur nicht sauber ausgeführt, gab es erheblichen Ärger mit der instrumentierenden OP-Schwester und dem Chirurgen. Wir rasierten in der Regel mit scharfen Rasiermessern, die leider mitunter doch nicht so gut kürzten. Rasierklingen der Marke *Rotbart* aus der DDR waren, so schien es mir, von Hause aus stumpf. Glücklich war man, wenn Patienten eine Rasierklinge aus dem Westen, eine *Gilette* oder *Wilkinson*, mit sich führten. Rasierseife und Pinsel komplettierten die Rasur vor der OP als Hilfsmittel. Eine besondere Herausforderung war das Balbieren eines Schädels für eine mögliche Trepanation. Das war ein hartes Stück Arbeit. Jahre später, als in Berlin die Irokesenschnitte Mode wurden, hat mich ein Punk-Mädchen gefragt, ob mir was an ihrem Kopf nicht gefiele. »Im Gegenteil«, konnte ich entgegnen, »es sieht gut aus. Wenn Sie nämlich einmal eine Kopfverletzung haben, so ist vor der Öffnung des Schädels bei Ihnen nur noch eine zarte Rasur nötig!«. Plötzlich lag sie neben mir, diese Erklärung hatte sie ohnmächtig werden lassen!

Am OP-Tag herrschte im Eisenacher Krankenhaus ab 6:30 Uhr reger Betrieb in den Sälen und Gängen. Erst besetzten die instrumentierenden Schwestern die Waschbecken, danach die Ärzte. Das Waschen dauerte eine viertel Stunde – eine trotz Gummischürzen nasse Aktion! In Gläsern standen Bürsten bereit, mit denen man sich Hände und Unterarme gründlich zu waschen und bürsten hatte. Der Saal war schon vorbereitet, die unsterile Schwester hatte ihre nun sterile Kollegin angezogen, sodass das Vorbereiten der Operationen mithilfe der Instrumentensiebe und -tische beginnen konnte. Diese sehr schweren Siebe waren doppelt in Tücher gehüllt, die nun geöffnet werden mussten. Danach begann die instrumentierende Schwester mit der Herrichtung der Instrumententische für die ersten Eingriffe, die jeweils notwendigen Instrumente wurden auf sogenannte »stumme Schwestern« verteilt. Dabei bediente sie sich aus dem sogenannten »Grundsieb«, das sehr schwer war und von der unsterilen Schwester aufgedeckt wurde.

Eine heilige Angelegenheit war seinerzeit die Vorbereitung des sogenannten »Nahttisches«. Der bot die verschiedensten Arten des chirurgischen Nahtmaterials dar: Perlon, Seide und Catgut in verschiedenen Stärken. Diese wiederum wurden in Glasgefäßen mit Alkohol gelagert, deren Deckel entfernt werden mussten, um dann, nach Abdeckung mit einem speziellen Tuch, die Fäden entnehmen zu können. Von den Behältnissen waren durch die Unsterile die Hüte abzunehmen. Danach schnitt die Instrumentaria mittels Pinzette und Schere etwa drei Zentimeter Nahtgut ab, das verworfen wurde. Der Nahttisch war immer das Heiligtum der Instrumentaria. Da die Tische wie auch die Metallfedern, auf denen die Nahtgläser saßen, größtenteils älteren Datums, zudem unflexibel und rostig waren, stellte das Herrichten dieser Nahteinrichtung oft einen schweißtreibenden Höhepunkt jeder OP dar. Besonders beim Wechseln der Flaschen hatte der unsterile Dienst gut zu tun! Der Nachteil der bei der OP verwandten Fäden bestand darin, dass sie sich manchmal auf dem Fußboden wieder fanden und in die Räder von OP-Tisch, Infusionsständern oder Instrumententischen verwickelten. Daraus mussten sie mühsam entfernt werden.

In einem beigestellten Elektrokocher wurden die Erlenmeyerkolben aufgesetzt, um heißes Kochsalz zu erzeugen. So etwa gegen 7:30 Uhr kam dann der Patient. Das Auflegen auf den OP-Tisch gestaltete sich sehr subtil. Der Patient musste fest lagern, zum Vermeiden von Druckstellen an bestimmten Nerven wurden polsternde Kissen verwendet. Besonders starr lagerten Arme und Beine, der Kniegurt umschloss den Oberschenkel, die Unterarme wurden ebenfalls sehr stabil bandagiert. Das war zu jener Zeit sehr wichtig, da bei der Äthernarkose physiologisch zu erwarten war, dass der Patient ein heftiges Erregungsstadium durchlaufen würde – das Exzitationsstadium. Wer da nicht fest aufgelegt hatte, konnte erleben, wie sich Arme und Beine verselbstständigten. Der damalige Narkosetisch, über den die Narkoseschwester wachte, war eine Besonderheit, wenngleich so auch heute nicht mehr vorhanden, bestückt mit Narkoseutensilien, wie man sie lange Jahrzehnte verwendet hatte. Die Äthertropfmaske nach Schimmelbusch, das Chloräthylspray, Flaschen mit Narkoseäther, die Tropfer, Zangen, Beißkeile, Mundsperrer – das und reichlich Tücher wie Zellstoff musste man haben. Bei manchen Patienten konnte es in der Einleitungsphase der Narkose zum Erbrechen kommen. Die Patienten wurden immer, so ist es auch heute noch, gefragt, ob sie am Morgen des OP-Tages gegessen oder getrunken hätten. Sie verneinten zwar, eine hundertprozentige Sicherheit gab es nicht. Griffbereit in der Nähe des Tisches befand sich das Gerät mit Sauerstoff, von der DDR-Firma *MEDI*. So konnte man im Notfall

Sauerstoff geben oder auch kräftig absaugen. Für manch altgediente Schwester mag gerade die so lange übliche Verabreichung einer Äthernarkose zu den schwersten und gefährlichsten Berufserinnerungen zählen. Mit einer pfiffigen und kenntnisreichen sogenannten unsterilen Schwester im Saal umschiffte man diese ganzen Klippen aber allemal. Letztlich lag die Verantwortung aber natürlich immer beim Operateur! Die Narkose mit Äther habe ich in Eisenach und Suhl noch erlebt, dort in der Frauenklinik sogar bei Kaiserschnitten, wenn kein Anästhesist verfügbar war. Eure Oma Brigitte hat selbst auch noch etliche Äthernarkosen machen müssen. Schön, dass man heute fortschrittlicher ist.

Und dann das Abwaschen des OP-Gebietes! Welch geradezu priesterliche Handlung! Man begann mit Äther, dem Alkohol folgte, danach das Behandeln mit Sepso-Tinktur. Das dauerte seine Zeit. Besonders der Bauchnabel war bei manchen Patienten ein Problem wegen alter Verschmutzungen!

Das Ankleiden der Operateure gehörte ebenfalls zur Aufgabe des »Unsterilen«. Die Gürtel wurden fest gezogen, die Knoten gerichtet! Danach musste das Licht eingestellt werden. In das OP-Feld leuchtete in der Regel eine große Lampe, manchmal schon zwanzig bis dreißig Jahre alt, etwas schwer in der Schwenkbewegung. Für eine kleine Schwester war es stets eine furchtbare Arbeit, denn sie gelangte nur knapp an die Leuchte heran. Wurde zu schnell geschwenkt, schwebte die zarte Schwester ähnlich einem Satellit mitsamt der Lampe durch den Saal. Zur besseren Ausleuchtung wurden später Seitenlampen verwendet. Zu all diesen Mühen des unsterilen Personals, Licht in das OP-Gebiet zu bringen, besonders schwer bei Gallen- oder Magenoperationen, gesellte sich oft das Gebrabbel des Operateurs über »Leute, die kein Licht einstellen können«, »Leute, die ohne Ahnung im OP herumlaufen« und ähnliche motivierende Bemerkungen mehr.

ETWAS ÜBER »WURZELN«

Die Betrachtung von Herkommen und Wurzeln war mir als Museologe vertraut. Bei der OP-Arbeit tiefer in Abläufe und Instrumentenkunde eindringend, entdeckte ich die namentlichen Wurzeln. Einem Adelstitel gleich trugen viele Instrumente ihren Eigennamen. Nach Esmarch, nach Langenbeck, nach Schimmelbusch, nach Roux, nach Czerny usw. Man könnte diese Reihe beinahe endlos fortsetzen. Diese tüchtigen Männer hatten in ihrer Lebensarbeitszeit mit Hilfe anderer tüchtiger Handwerker und Techniker gut einsetzbare Instrumente für die Operationen ihres Gebietes entwickelt. Aber auch bestimmte Operationsverfahren, Nähte und Lagerungen folgten diesem Prinzip.

Kannte man all diese Hintergründe, hatte man sich die Genealogie des Faches Chirurgie gleich einem Adelshaus angeeignet. Angeregt durch diese Benennungen, tauchte ich ein in die Geschichte der Chirurgie und begann mich zu belesen. Alle großen Biografien habe ich deklamieren können oder sie meiner Bibliothek zugekauft. Dabei stellte ich fest, dass die Wurzeln unseres medizinischen und chirurgischen Könnens vorrangig in Österreich, Deutschland, Frankreich und England liegen. Im Besonderen die österreichische Medizingeschichte ist faszinierend, sie hat uns in der Vergangenheit unglaublich viele Innovationen, Mediziner und Operateure beschert, auch wenn deren Namen oft längst verklungen sind. Schade darum!

Das Gebiet der schneidenden Fächer hat sich in den letzten Jahrzehnten fortwährend gewandelt. Ich erinnere als Beispiel nur an den sogenannten Esmarch-Schlauch. Der war die Erfindung eines bekannten Kieler Chirurgen, Friedrich von Esmarch, der sich mit Hilfe diesen Gerätes bei Amputationen zu helfen wusste. Ihr Jüngeren, wisset, dass in den 1970er-Jahren und früher wesentlich mehr große Extremitäten amputiert wurden als heute. Das liegt natürlich in den begrenzten Möglichkeiten von damals begründet.

Es war für die im OP Arbeitenden eine sehr entscheidende Aufgabe, diesen Sperrschlauch aus festem, jedoch elastisch bleibenden Gummi schnell und fachgerecht am narkotisierten Patienten anzulegen. Hatte der doch für Blutleere im zu amputierenden Bereich zu sorgen. Auch in der Schnellen Medizinischen Hilfe wurde ein solcher Sperrschlauch nach Esmarch mitgeführt. Einige Male haben wir ihn sogar am Ereignisort anlegen müssen. Das Platzieren verlangte viel Kraft und Exaktheit, denn große Gefäße lassen sich nicht so leicht sperren. Später dann wurden andere, Blutdruckmanschetten ähnelnde und in der Wirkungsweise gleiche Systeme zur Erzeugung von Blutleeren entwickelt.

Esmarch war übrigens der erste deutsche Chirurg, der nicht mehr nur im Frack operierte, sondern sich einen sogenannten Operationstalar entwickelte. Das Operieren der chirurgischen Väter des 19. Jahrhunderts im Frack war nichts weniger als eine festlich gestaltete Verbeugung vor dem auf dem Tisch liegenden Leben. Es wurde im OP-Saal gleich wie am Theater nicht gepfiffen!

Nun sind heute viele der alten Kenntnisse verändert oder verblasst. Es schadet den Jungen aber nicht, sich mit den Wurzeln zu befassen. Bei der Betrachtung werden sie feststellen, wie viel Ehrfurcht vor dem Leben, wie viel Hingabe an den Beruf die Alten auszeichnete! Lest selbst und findet es heraus!

In dieser Zeit im OP habe ich sehr viel gesehen, erlernt und erlebt. Nach den OP-Vormittagen waren dann alle umtriebig, die Instrumente und alles, was bei den Operationen benötigt wurde, zu reinigen.

LENCHEN UND MARIECHEN

Hierher gehört zwingend ein Einschub. Kaum hatten der letzte Patient und der letzte Operateur den Saal verlassen, schlurften und klapperten die Putzfrauen heran. Es ergossen sich über Wände und Fußböden Ströme von Wasser, man hörte nur noch das scharfe Zischen von Schrubbern, Fußboden- und Wischlappen, je nach Gegend »Scheuerhader« oder auch »Feudel« genannt.

Es ist an der Zeit, dieser vielen Frauen zu gedenken, die von Nord bis Süd in den OP-Abteilungen des Landes ihren Dienst taten. Meist waren es Hannchen und Mariechen, Lottchen oder Brunhildchen, Edithchen und Roswitachen. So hießen sie. Oft schon ältere Damen, zum Dienst häufig vom Lande her kommend. Sie waren eigenwillig, redeten meist in ihrer Mundart, mochten keine Umstellungen oder »neumodisches« Zeug. Aber sie wussten, wo, was und womit sie arbeiten mussten. Sie wussten um die Notwendigkeit eines sauberen Operationssaales, des Tisches, der Wagen und des übrigen Inventars. Sie komplettierten die OP-Mannschaften, waren sehr angesehen, feierten auch mit, und achteten der Stunde nicht, wurden sie noch gebraucht. Wenn die Arbeit dann getan war, wurden die Infrarotlampen angeknipst und der Saal verschlossen. Man konnte gewiss sein, dass die umtriebigen Prüfer aus dem Fach Kommunalhygiene meist leer ausgingen. Aber auch die Schwestern und Pfleger, insofern es welche gab, hatten ihr Tun. Der ganze OP-Betrieb verlangte eine robuste Physis. Mit Bürsten wurden die zuvor in Lösung eingeweichten Instrumente gesäubert, die verbrauchten Tücher, Bauchtücher und Kittel der Wäscherei übergeben. Es existierten noch keine zentralen Einrichtungen wie zu Beginn der 1980er-Jahre, wo man alles ablieferte und frisch sterilisiert und aufbereitet abholte, respektive gebracht bekam.

Es gab auch Tätigkeiten, die bei Schwestern im OP sehr »beliebt« waren. Zum Beispiel das Leeren der Motorsauger, deren Inhalte nicht immer vom Besten waren oder das Füllen des »Petz«, eines chirurgischen Nähapparates, der beim Absetzen des Magens bei entsprechender OP damals gern zum Einsatz kam. Von Hand mit spezieller Pinzette wurden unzählige kleine Häkchen in das Instrument eingesetzt. Mir ist gar nicht bekannt, ob dieser Nähapparat heute noch Verwendung findet. In der Tat habe ich aber kürzlich ein solches Gerät auf E-Bay gesehen, es wurde für 250 Euro im Originalzustand angeboten.

Es darf auch nicht vergessen werden, dass an Tagen freier Kapazität die gesamten Räume und Säle gewaschen und desinfiziert wurden. Vom Personal selber, beginnend bei der leitenden Schwester bis hin zum Mariechen. In Suhl hatte uns eine Firma für Medizintechnik einst eine Maschine gebaut, die mehrere weiche und harte Bürsten enthielt, mit deren Hilfe man die Innenseite der Instrumente sehr gründlich reinigen konnte.

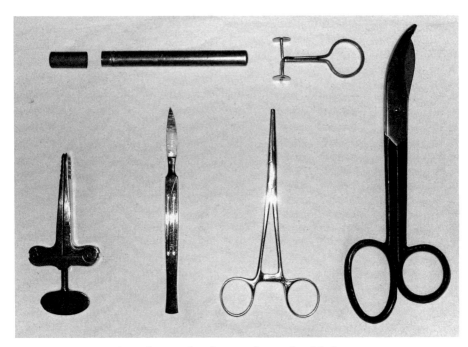

Gipsschere und anderes medizinisches Werkzeug

Im Zusammenhang mit der OP-Arbeit begannen auch meine Tätigkeiten in der chirurgischen Ambulanz in der ersten Etage. Diese Station erledigte am Tage die chirurgische Sprechstunde, im Bereitschaftsdienst kam ihr der Charakter einer Ersten-Hilfe-Stelle zu. In der Poliklinik habe ich auch die Hohe Schule des Gipsanlegens erlernt.

Gipsen ist ein sehr verantwortungsvoller, aufwendiger Prozess. Ein alter Chefarzt sagte mir einmal, man müsste selbst im Frack ohne Spuren gipsen können! Kreuzspinne und Kreuzschnabel, das gelang sehr selten! Der tägliche Kampf galt allerdings meist dem Material! Die in der DDR angebotenen Gloria-Alabaster-Gipsbinden waren von schlechter Qualität. Manchmal rutschte der Gips durch das Bindengewebe, die Bindung missglückte. Manchmal hatte man das Gefühl, schon die alten Ägypter hätten diese Binden verwendet! Denn es dauerte ewig, bis die Gipsbindung im Wasser einsetzte. Vor dem eigentlichen Gipsvorgang war die entsprechende Extremität mit Watte und einer Papierbinde zu umwickeln. Darauf erfolgte das Wickeln der eigentlichen, in Wasser eingelegten Gipsbinden. Wenn man alles beachtet hatte, war das Eingipsen eigentlich ein dem Patienten hilfreicher Vorgang. Diese Arbeit konnte sehr befriedigend sein, wenn man das Ergebnis schön weiß und poliert vor sich hatte. Allerdings war das Halten eines ganzen, beispielsweise großen und kräftigen

Oberschenkels schon ein hartes Stück Arbeit, während der Kollege gipste. Das ging heftig über die Rückenmuskulatur! Es hat lange gedauert, bis sich die Qualität der Gipsbinden besserte bzw. eine Einfuhr bundesdeutscher Gipsbinden die Situation änderte.

Eine besondere Spezialität war seinerzeit die Anlage von Verbänden nach Desault, zur Ruhigstellung bei Claviculaproblemen oder der Rucksackverband bei ausgerenkten Schultergelenken. Diese Verbände verschlangen große Mengen an Binden, die nach dem »Asche«-Prinzip, also an Arm, Schulter und Ellenbogen zu wickeln waren. Die Achseln und die Brüste weiblicher Patienten mussten mit Puder bestreuten Wattestücken zusätzlich gepolstert werden. Am Ende wurde das Ganze stabilisiert, indem man Zellstoffbinden, die mit Wasser befeuchtet wurden, wie einen abschließenden Panzer anbrachte. Heute gibt es fertige Verbände, für den Rucksackverband sogar eine eigene Medizintechnik.

Weder für die Patientenhygiene noch für uns war es allerdings angenehm, länger angelegt gewesene Verbände zu öffnen. Zwar gab es schon Maschinen zum Aufschneiden von Gips, aber eben auch noch die gute alte Gipsschere. Besonders bei Spaltgipsen, die ganz frisch geöffnet werden mussten, plagte man sich heftig. Man half sich, indem man einen etwas großlumigen Gummischlauch einarbeitete, den man dann durch den geöffneten Gips nach oben riss. Besser gefallen hat mir jedoch die Suhler Methode. Da wurde auf das Bein, besonders bei Oberschenkelgipsen, vor Beginn eine gut mit Vaseline eingefettete Fußbodenleiste aus Aluminium eingelegt, der Form des Beines folgend. War der Oberschenkel fertig gegipst, brauchte man nur den Gipsverband bis zu besagter Schiene aufschneiden. Die Haut wurde nicht verletzt und die gefettete Einlage glitt leicht heraus. Meist hat man dadurch einen sauberen Abschluss des Gipsspaltes erreicht.

Zum chirurgischen Tage- und Nachtwerk, besonders jedoch nachts im Dienst, gehörte auch die Versorgung von Patienten mit Schenkelhalsfrakturen oder großen Oberschenkelbrüchen. Für die meist doch recht betagten Patienten hieß das, ein wochenlanges Krankenlager im sogenannten Streckverband zu beginnen und auch durchzustehen. Für den diensttuenden Pfleger bedeutete das einen Gang in die Kammern und Vorratsräume, um alles zusammenzutragen, was man brauchte. Allein das sogenannte Schießen des Drahtes durch Ober- oder Unterschenkel war für die alten, oft schon dementen Frauen und Männer eine echte Tortur! An diesen Draht wurde dann mithilfe eines Bügels die Zugkonstruktion befestigt. Entsprechende Gewichte sorgten für den notwendigen Zug über längere Zeit. Danach begann das mehrwöchige Liegen im Bett, mit dem großen, aus Stangen, Schienen, Rollen und Gewichten bestehenden Streckverband! Die Pflege dieser Kranken war physisch aufwendig, psychisch ebenso, wenn Verwirrung und andere Altersbeschwerden sich hinzugesellten. Operiert wurden diese Frakturen zu jener Zeit ebenfalls, in manchen Fällen auch zeitnah, aber eben nicht so schonend und technisch herausragend, wie heute. Viele haben diese Brüche letztlich nicht überlebt, da die Summe der hinzutretenden Beschwerden für einen letalen Ausgang sorgte.

In den 1980er-Jahren operierten manche Kliniken den Schenkelhalsbruch bei alten Patienten sehr früh, wenige Stunden nach Eintritt der Fraktur. Das war wiederum dem Fortschritt der Narkosetechnik geschuldet. Man darf, trotz aller Bemühungen der Chirurgen, nicht vergessen, dass die Zeit für viele heutige Normalitäten noch nicht reif war. Es fehlte ein ausgewogenes Infusionsprogramm, entsprechende Narkosetechniken, intra- und postoperative Beatmung, besondere Schmerzmittel, Lagerungshilfen.

Man hatte damals andere technische Hilfsmittel, die es in ihrer Art heute nicht mehr gibt. Einmal haben wir für einen Patienten das sogenannte Sauerstoffzelt aufgebaut – ein immenser technischer Aufwand. Ständig mussten neue große Sauerstoffflaschen geholt werden, eine zentrale wandständige Versorgung gab es noch nicht.

In den ersten Monaten meiner Eisenacher Zeit passierte es oft, dass mich im Krankenhaus Menschen ansprachen oder als Patienten auftauchten, die mich aus meiner Wartburg-Zeit kannten und über meinen neuen Arbeitsort verwundert waren. Schnell habe ich sie überzeugen können, dass ich an der richtigen Stelle saß.

Trotz vieler Dienste habe ich am kulturellen Leben der Stadt Eisenach, wenn es dienstlich ging, teilgenommen. Das Theater zeigte gute Opern, Konzerte in Kirchen und in Orten der Umgebung gab es reichlich. Wie oft bin ich über die Hohe Sonne und den Rennsteig zu Fuß nach Ruhla gewandert! In dieser Zeit hatte ich zwei, von Freunden auch gern besuchte Wohnungen, in der Kapellenstraße, und danach, sehr schön, am Prinzenteich.

Das Leben in dieser alten Villa war durch die Skurrilität eines Teils ihrer Bewohner sehr erheiternd. In einer riesigen Etagenwohnung über mir lebte, durch Krankheit an das Bett gebunden, ein alter Mathematiklehrer, der zugleich praktischer Arzt gewesen war. Der rief seine Nichte immer mit dem Geläut einer großen Tischglocke, was man unten noch gut hörte. Als Kreislaufmittel bekam er pro Tag eine halbe Flasche russischen Sekt der Marke *Krimskoje*. Mein Nachbar im Haus zur Linken war der bekannte Kunstschmied Professor Laufer, der auch in Eisenach manche Arbeit im öffentlichen Raum und auf der Wartburg geleistet hatte. Trotz, oder gerade wegen meiner Tätigkeit im Krankenhaus fühlte sich das weibliche Geschlecht davon sehr angezogen. Denn damals wie heute, oft ist das Gespräch über Krankheiten mit einem den Heilberufen zugehörenden Menschen eine hochinteressante Angelegenheit. Dazu gibt es bis heute gewisse, vom Klischee gespeiste Vorstellungen. Man muss aber der

Ehrlichkeit halber bekennen, dass es halb so schlimm war. Nicht alle Schwestern oder Ärzte gingen permanent fremd! Denn die meisten Schwestern und Ärzte waren verlobt oder verheiratet, hatten Kinder und sich eingerichtet im Leben. Das, was in Arztromanen so alles zu lesen war, die man als Mitbringsel aus dem Westen auf den Nachttischen vieler Patientinnen fand, war eben und ist, bis auf den heutigen Tag, viel Schmalzaufguss – weiter nichts. Wer mehrere Bereitschaftsdienste pro Woche absolvieren musste, dem mangelte es einfach an Kraft oder Zeit für ewige amouröse Angelegenheiten. Trotzdem gab es mit einigen Schwestern oder auch Mädels aus der Stadt doch engere Kontakte, ein gewisses Liebesleben fand statt. Es war schließlich immer noch die Zeit der Miniröcke und der Hot Pants, die einen schon manchmal rein optisch verrückt machen konnten. Mitunter war es nötig, sich vor den Treffen gründlich zu reinigen, denn es gab Desinfektionslösungen, die den Mädels manchmal nach Stunden noch in die Näschen steigen konnten! Ein besonders übles Mittel dieser Art war das geruchsintensive und gern hautanhaftende schwarze Meleusol!

Für die großen Faschingsbälle, auch die der Eisenacher Ärzteschaft, wie der sehr gesuchte Poliklinik-Faschingsball, waren nun Karten leichter zu haben, denn man gehörte dazu. Ich habe seinerzeit mit 380 DDR-Mark begonnen. Das Geld war jedoch stets knapp, trotz Über- und Bereitschaftsstunden. Die Bekanntschaft mit manchen Patienten verhalf, wenn es sich im Gespräch ergab, zum Erwerb manchen wertvollen antiquarischen Buches.

Schließlich habe ich auch selbst als Mitarbeiter des Krankenhauses kulturelle Programme dargeboten und den Kollegen vorgeführt. Das bereitete mir große Freude. Einmal zum Beispiel im Hotel auf der Wartburg: Da wurde ein Frühlingsfest organisiert, es gab sogar für jedes weibliche Wesen am Eingang eine gelbe Tulpe, wovon ich unter Mühen dreihundert Stück organisiert hatte. Denn zufällig war der Buchhalter einer großen Gärtnerei als Patient auf unserer Station gewesen. Der also hatte dann als dankbarer frisch Operierter Zugriff auf Tulpen!

Ein besonderer Kabarett-Abend am Tag des Gesundheitswesens war ebenfalls ein großer Erfolg. Mit einigen Schwestern hatten wir im Saal eines Hotels zur jährlichen Feier ein Programm gedichtet und eingerichtet. Geprobt worden war von Oktober bis Dezember. Dabei verschonten wir nur wenige vor dem, was uns Mitarbeiter so alles ärgerte. Manche Kritik war derart heftig, dass wir unser Programm im Vorfeld der Veranstaltung bei der Leitung und der Gewerkschaft vorstellen mussten. Mit dem Fazit, die Leitung hatte gar nicht hingehört, die Gewerkschaft war milde im Urteil. Wir hatten aber so unsere eigene Auffassung vom Kabarett und haben beinahe alles gesagt, was wir wollten. Und die zwischen den Sätzen genau hinhörenden DDR-Bürger haben jede Anspielung sehr genau verstanden! Als wir den Abend beschlossen, applaudierten etwa 600 Menschen uns begeistert zu. Wir fühlten uns riesig bestätigt. Die gesamte Krankenhausleitung kam auf uns zugestürzt!

Vom Erfolg beflügelt, habe ich gleich, natürlich nach kurzer Rücksprache mit dem Team, im selben Hotel an einem freien Termin einen Saal für unsere Faschingsfeier geordert. Das gaben wir danach den Mitarbeitern bekannt! Was für ein Hallo! In der Tat tobte im Februar eine große Faschingsfeier mit Kostümen, Büttenreden und zwei Kapellen! Nur wer so etwas selbst gemacht hat, kann wissen, wie schwer all das unter den Bedingungen der frühen 1970er-Jahre zu organisieren war! Aber alle, die an der Organisation beteiligt waren, haben das mit Freude und Einsatz durchgestanden!

DER TOD – DAMALS

Es bleibt nicht aus, dass man in einem Krankenhaus mit allen menschlichen Umständen, also auch mit dem Tod, konfrontiert wird. Die folgenden Zeilen mögen aus heutiger Sicht schwer zu verstehen sein, aber sie widerspiegeln die damalige Zeit. Es gab eine durchaus akzeptierte Haltung, den Tod in das Krankenhaus zu delegieren. Es existierte noch keine Hospizbewegung, es gab keine Grünen Damen, wie in Jena und anderswo heute. Besuche in den Krankenhäusern waren zeitlich streng limitiert. Spezielle Räume für Sterbende gab es nicht. Die knappe Belegungssituation zwang gerade dazu, bald Sterbende, oder dann Gestorbene, wenn nicht anders möglich, aus den Augen der Mitpatienten zu entfernen. Wir waren als Mitarbeiter, egal ob Ärzte oder Pflegerschaft, auf diese Arbeit mit Sterben und Tod weder ausgerichtet noch vorbereitet. Es gab bestimmte Grundsätze, mehr nicht. Von Seiten der Familien und Angehörigen wurde die Sterbebegleitung selten oder gar nicht gefordert. Ich erinnere mich an eine, fast ins arbeitsrechtliche Verfahren mündende Auseinandersetzung mit einem Chefarzt, weil ich einer Familie, die es ausdrücklich wünschte, Raum bot am Bett des sterbenden Vaters. Da wurden sogar hygienische Pseudoargumente vorgetragen! Erst in den 1980er-Jahren begann man, über das Sterben in den Kliniken zu diskutieren.

Besonders lebhaft in meinen Erinnerungen ist die Art des damaligen Umganges mit verstorbenen Patienten geblieben. In der Regel erhielt man im Dienst nachts oder auch untertags den Anruf einer Station «wir haben einen Ex», einen Exitus, einen verstorbenen Patienten also. Die Überführung der Verstorbenen, in Bettlaken gehüllt, mit Zehenzettel, feuchten Tupfern auf den Augen und mit hochgebundenem Kinn versehen, hin in die am Rande des Krankenhauses gelegene Leichenhalle war in der Regel die Aufgabe der diensthabenden Pfleger. Für die speziellen Arbeiten in der Leichenhalle, die Vor- und

Nacharbeit des Pathologen, die aus Erfurt zur Sektion kommen mussten, gab es einen ausgewählte Kollegen, der aber auch Stationsdienst machen musste. Der zog sich gern in die Halle zurück und werkelte vor sich hin.

Zu jener Zeit galt es noch als üblich, verstorbene Patienten bisweilen in den Stationsbädern oder Nebenräumen zu lagern. Für die Angehörigen gab es keine Räume, in denen sie Abschied nehmen konnte, in den staatlichen Häusern waren auch keine Kapellen oder gar Aufbahrungsgelegenheiten vorgesehen. Die Besuche von Pfarrern oder Priestern wurden geduldet, manchmal aber auch aggressiv verweigert. Während meiner Dienstzeiten ließ man sie allerdings gewähren, denn ich kannte die meisten Geistlichen der Dienstorte.

Heute ist das glücklicher Weise anders und wird auch anders kommuniziert. Man kann sich Namen und Adressen von Helfern und Geistlichen jederzeit geben lassen. Auch dass Familien ihre Angehörigen bis zum Sterben begleiten, war eher unüblich. Den Menschen war das nicht vertraut. Der Tod wohnte in aller Regel im Krankenhaus, da hatte man bei seinem Eintreffen nichts verloren. So dachten viele, zumal die atheistische Bevölkerung zunahm. Oft wollten oder konnten Familien und Angehörige nicht beim Streben zusehen. Der Umgang mit dem Tod war ungeübt, kaum jemand schied mehr zu Hause aus dem Leben, wenn dann nur auf dem Lande. In einigen Fällen erinnere ich mich, dass Mütter ihre, meist durch Unfälle zu Tode gekommenen Kinder ein letztes Mal sehen wollten. Die habe ich dann begleitet und, wenn möglich, ein wenig Trost gespendet. Aber im normalen Tagesgeschäft kamen die Toten in die Halle, zur Sektion, dann in die Hände der Friedhofsmitarbeiter. So geschah es. Es war immer wieder ein bedrückender Ablauf. Der diensthabende Pfleger fuhr also mit der zweirädrigen, mit einem grünen, etwas verblichenen halbrunden Aufsatz versehenen Leichenkarre zur entsprechenden Station. Das sah jeder, alle Patienten und Besucher wussten um die Aufgabe dieses Gefährtes. Musste man über die sehr befahrene Mühlhäuser Straße zur Inneren, registrierten es selbst die Verkehrsteilnehmer im Bus, PKW sowie die übrigen Passanten. Die Fahrt erfolgte bei jedem Wetter. Vor allem im Winter bei Schnee und Eis war es oft sehr schwer, diesen Karren zu bewegen. Bei korpulenten Verstorbenen gab es immer die Befürchtung, der Aufsatz könnte verrutschen und den in das Laken gehüllten Korpus enthüllen, schlimmstenfalls könnte man die Leiche durch Umkippen verlieren.

An diese Tätigkeit denke ich noch heute mit Grauen zurück. Und das Grauen, das verstärkte sich in der Leichenhalle noch. Denn die Pathologen hinterließen auf dem Seziertisch stets eine obduzierte Leiche inklusive der gesamten Überbleibsel ihrer Arbeit. Wenn der entsprechende Pfleger frei hatte, blieb dieses Stück Arbeit für uns übrig. Einmal kam es so weit, dass die Halle kontaminiert war und die Pathologen drohten, Eisenach nicht mehr anzufahren. Der

Chef bat einen Kollegen und mich, einzuspringen. Da wir wussten, er könne das auch für den Dienst anordnen, haben wir eine Extravergütung von 20 Ostmark pro Hallenstunde herausgeschlagen. Das war nicht wenig im Monat! Alles Weitere erspare ich euch Enkeln. Auch wenn das Erleben und Nachdenken über »Sterben« bis heute anhält. Die Betrachtungen gehen jetzt von anderen Vorzeichen aus. Es ist besser bestellt um den Tod im Krankenhaus.

»MEINE PROSTATIKER«

Im Folgenden will ich mich einer Patientengruppe zuwenden, deren Betreuung mir am Herzen lag und die ich sehr gern behandelte, im Auftrag der Chirurgen natürlich. Das waren jene älteren, zum Teil sogar sehr betagten und oft an Multimorbidität leidenden Männer, die große Probleme wegen der Veränderung der Prostata oder der Blase hatten. Das Wasserlassen fiel ihnen schwer, die Kontrolle reduzierte sich, der Allgemeinzustand war meist nicht mehr der beste. Erst in den 1970er-Jahren kam ein Urologe zu uns in die Klinik. Bis dahin oblag die Betreuung dieser Patienten den Chirurgen, besonders wohl eher den Pflegern. Man musste schon ein Händchen für die Problematik haben und geschickt mit den Blasenkathetern umgehen können. Dazu gesellte sich die nötige Portion Geduld. Die alten Herren waren meist sehr aufgeregt, schmerzbehaftet, ängstlich, und enorm mitteilungsbedürftig. Sie erschienen in der Regel jeden Dienstag in der Ambulanz. Zum Wechseln der Dauerkatheter, zur Beratung mit dem Chirurgen. Manche von ihnen haben wir bis zur Prostatektomie gebracht, einer damals sehr aufwendigen und blutreichen Operation, bei der die hemmende Prostata entfernt wurde. Insgesamt benötigten diese Patienten einen hohen Betreuungsaufwand. Oft kamen sie am Wochenende oder in der Nacht, wenn sie nicht urinieren konnten oder der Katheter verstopft war. Das häufige, von Ängstlichkeit und Schmerz diktierte Ablassen des Urins führte ohnehin zu einer Verkleinerung der Harnblase, auch Blasenkrämpfe wurden uns vorgetragen. Und wer schon einmal in großer Not vor einer verschlossenen Toilette gestanden hat, mag nachvollziehen, wie erleichtert jene alten Patienten waren, wenn durch erfolgreichen Katheterismus die Blase geleert war. In extremen Fällen konnte man bis zu 1. 500 Milliliter Urin fraktioniert ablassen! Daraus resultierte auch die Dankbarkeit gegenüber den Helfern. Ich erinnere mich an einen Fall, bei dem ein alter Patient nach vergeblicher Hilfesuche die Kreispoliklinik des Nachts zu Fuß erreicht hatte. Das Geschrei des Bedauernswerten hörte ich schon beim Betreten der Klinik. Es konnte ihm geholfen werden! Der Grund für die lange Wegstrecke unter Schmerzen war, dass ein Bereitschaftsdienst in der Poliklinik leider nicht katheterisieren konnte! Da habe ich mir erlaubt, per Telefon, in bestimmt nicht freundlicher Weise, Weiterbildung und praktischen Erwerb von diesbezüglichen Kenntnissen dringlich anzumahnen! Das soll dann auch passiert sein.

Unsere Prostatiker kamen nun an Dienstagen in die Ambulanz. Im Grunde ging es nur um das Wechseln des zu tragenden Dauerkatheters. Bei Neuzugängen war eine der ersten Fragen, die nach Verwandten im Westen. Die war nötig, denn die erforderlichen und guten Blasenkatheter mit einem Ballon, der den Katheter in der Blase fixierte, gab es zu jener Zeit nur auf der anderen Seite der Mauer. Wir benutzten Nelaton und *Tiemann*-Katheter, die ich persönlich gern verwendete für den einmaligen oder postoperativen Katheterzugang. Denn manche Patienten waren abends nach einer OP nicht in der Lage, spontan Wasser zu lassen. Da musste dann der Pfleger ran. Die beiden eben genannten Katheter im Dauerfall am Patienten zu fixieren, war allerdings für Helfer und Patient gleichermaßen belastend. Man stelle sich die Anatomie des männlichen Gliedes vor, versehen mit Gothaplast und anderen Mitteln!

Also wurde den Verwandten im Westen ein Zettel per Post geschickt, der den Markennamen Ballonkatheter *Rüsch-Gold* und dessen notwendigen Durchmesser enthielt. Meist traf das Paket mit dem Gewünschten schnell ein und der Patient brachte zwei oder drei der neuen Geräte stolz zur nächsten Sprechstunde mit. Sofort wurde am Zulauf der Name notiert, damit das gute Stück auch ausschließlich beim Besitzer blieb. So war das wöchentliche oder auch 14-tägige Wechseln gesichert, mit wenigen Handgriffen erledigt, die Blase im Bedarfsfalle noch gespült und dann, bitte, der Nächste!

Es gab auch Fälle, in denen sich die Einführung eines Katheters sehr schwierig gestaltete. Manche alte Herren waren desorientiert, rissen sich den Katheter samt Ballon heraus, hatten Entzündungen und Blutungen. Um hier zu helfen, brauchte man dann viel Geduld und Zuwendung. Manchmal musste sogar das metallene Bougierbesteck helfen, sich einen Weg durch die Harnröhre zu bahnen. Die Erfahrung brachte es aber bald mit sich, dass sich mein »Händchen« bewährte und der Erfolg sich einstellte. Diese Sprechstunden hatten, auch das gehört zur Geschichte, einen handfesten Ertrag für den Pfleger. Auf einem Wandbord fanden sich am Ende der Sprechstunde kleine Ostmark-Gaben, Zigaretten, frische Landeier oder ein Gruß aus der Hausschlachterei des jeweiligen Dorfes. In selteneren Fällen gelangte ein solcher Patient zur Prostatektomie, die noch vom Chirurgen ausgeführt, in den folgenden Jahren dann den urologischen Kliniken übertragen wurde, mit allem wachsenden technischen Fortschritt bis in die heutige Zeit.

Für die Operateure und den diensthabenden Pfleger war genau diese Operation manchmal wie ein Ritt über den Bodensee. Da kam einiges zusammen. Oft sorgten schlechte Herz-Kreislauf-Verhältnisse, hoher Blutverlust und die damals übliche Form der Intubationsnarkose für aufreibende Stunden. Ein größeres Monitoring wie heute hatten wir damals nicht. Sobald die Prostata ausgeschält war, setzte sich der Pfleger intra operationem unter die Tücher und führte einen Blasenkatheter ein. Sofort begann eine Blasenspülung mit heißer Kochsalzlösung, die man kontinuierlich vom OP, über den Fahrstuhl, bis auf Station fortsetzte. Es blutete ja gewaltig und die Angst vor einer Auskleidung der Blase mit gerinnendem Blut, die Gefahr einer Blasentamponade also, saß einem im Nacken. Etliche Nächte habe ich so, fortwährend in knappen, später in größeren Abständen spülend, am Bett der Patienten verbracht. Am nächsten Morgen war es in der Regel meist besser. Für die Patienten war das eine schwere Zeit, hatten sie doch in der Regel einen sehr eingeschränkten EZ und AZ.

SMH 3 mit seitlicher Schiebetür und einer sich nach oben öffnenden Heckschwingtür

Etwas später gab es von der Firma *Rüsch*, deren Produkte dann auch in der DDR eingeführt wurden, einen Doppelspülkatheter. Der besaß einen Einlauf und einen Auslauf, um die Spülflüssigkeit besser zu dosieren. Wenn man dann nach einigen Tagen einen rosigen Patienten ohne weitere Beschwerden auf dem Gang traf, war man stolz und zufrieden. Die Mühen hatten sich gelohnt! Später habe ich das Wechseln der Katheter auch zu Hause angeboten, denn manche alten Männer kamen schwer in die Kliniken oder waren bettlägerig geworden. Dann ging es mit dem Poliklinik-Pkw oder dem Krankenwagen über Land. Die großen Prostatektomien habe ich als Pfleger wohl insgesamt 25 Mal begleitet, in Eisenach wie in Suhl.

Wie es der Zufall wollte, wurde ich als Pensionär selbst mit einem hohen PSA-Wert konfrontiert, es musste zur OP kommen. Mit den alten Erinnerungsbildern vor Augen fuhr ich also in eine spezielle Prostata-Klinik. Dank des medizinischen Fortschrittes und der Abwesenheit aller brachialer Methoden der frühen 1970er-Jahre wurde ich exzellent operiert und bin wohlauf!

ERSTE NOTFALLMEDIZINISCHE TÄTIGKEITEN

Das System der sogenannten Schnellen Medizinischen Hilfe begann in den 1960er-Jahren in der DDR und manifestierte sich gute Zeit später. Schnelle Medizinische Hilfe bedeutete, über einen besonderen Krankenwagen zu verfügen,

SMH 2: Transporter der Marke Barkas

mit dem man vor Ort bei Unfällen und Notfällen intensiver helfen konnte. Insofern folgte man der Intention des seinerzeit bekannten Chirurgen Kirschner (Kirschner-Draht!), man müsse bei Unfällen die ärztliche Hilfe rasch an den Patienten bringen. Also raus aus der Klinik und erste helfende Maßnahmen auf der Straße! Der Ordinarius für Chirurgie in Jena, Theo Becker, hatte bereits Mitte der 1960er-Jahre einen Kombi Wartburg 311 dafür anschaffen lassen, der im Bedarfsfall von der Klinik aus mit Arzt und Erste-Hilfe-Koffern hinausfuhr zur Unfallstelle. Er verfolgte damit die Anregung Kirschners, der schon vor Ausbruch des zweiten Weltkrieges die Forderung postulierte, »die erste ärztliche Hilfe hinaus zu den Verunfallten zu bringen«.

Das Ganze steckte 1972/73 jedoch noch in den Kinderschuhen. Das hatte finanzielle, personelle wie technische Gründe. Die trafen besonders für die SMH-Fahrzeuge zu. Es sollte Jahre dauern, bis es die SMH 3 gab, mit seitlicher Schiebetür, einer Schwingtür am Heck und großem Innenraum. Darum haben unzählige Ärzte und leitende SMH-Mitarbeiter sich geduldig bemüht.

Aber die Neukonzeption eines modernen Rettungswagens war unter planwirtschaftlichen Bedingungen äußerst schwierig. Ich erinnere mich an die Bereitstellung einer sogenannten SMH 2 ab 1972, eines Transporters der

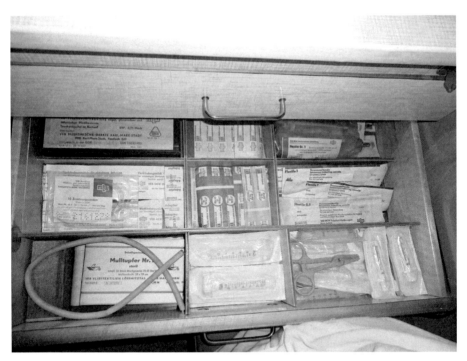

Blick ins Medikamentenfach

Marke *Barkas*, mit einem vorn mittig sitzenden Blaulicht geziert, umlaufend mit einer roten Markierung (Bauchbinde) versehen. Der Zweitakter besaß einen Wartburg-Motor, eine Signalhornanlage und eine in der Regel ausreichende Innenausstattung an medizinischem Material. Der Fahrer und die Wagen waren Eigentum des DRK, das auch die Funkleitstelle betrieb und die Notrufe mittels sogenannter Dispatcher entgegen nahm.

Die Funkkennung für uns lautete damals in Thüringen »Erfolg Erfurt«, danach »Sulfur Suhl« und zum Schluss »Gene Jena«, orientiert am jeweiligen Thüringer Bezirk. Die heutigen Bundesländer gab es noch nicht. Thüringen bestand aus den Bezirken Gera, Erfurt und Suhl. Bei allen technischen Unzulänglichkeiten der Fahrzeuge, die sich bis zum Ende der DDR fortsetzten, hatten wir nun doch eine bessere mobile Hilfe an den Ereignisorten. Für die jungen Chirurgen, Internisten, Anästhesiologen und Pfleger war die Teilhabe am System aufregend. Man konnte zu allem gerufen werden! Nie wusste man, nach Eingang des Notrufes, welche Situation man vorfinden würde. Euch Jungen sei gesagt, es gab keine Funktelefone, selbst private Anschlüsse waren selten! Opa hat sein Telefon 1981 beantragt und den ersten Apparat in Berlin 1992 angeschlossen bekommen!

Ereignisorte, das zeigte sich bald, fanden sich überall. Auf den Autobahnen, die sehr unfallfrequentiert waren, vor allem wenn es sich um Transitstrecken handelte, zu Hause und im Betrieb. Man fuhr zu Infarkten, Schlaganfällen, Pulsaderöffnungen, kombinierenden Suizidanten, Epileptikern. Das verlangte eine stetige Fortbildung an sich selbst. Es bedeutete, mehr Dienste zu machen, hieß auch, Notfälle vor Ort zu sehen und zu ertragen und mit der qualifizierten Ersten Hilfe sofort zu beginnen. Ich erinnere mich noch sehr gut an zwei Unfälle in Eisenach. Der erste war eine Kollision Fußgänger-Pkw, in der Nähe einer Eisenbahnunterführung in Eisenach. Die erste Kanüle – im Osten Flexüle, im Westen Braunüle genannt – habe ich mit zitternden Händen angesetzt. Beim zweiten handelte es sich um einen schweren Unfall mit der alten Eisenacher Straßenbahn, die vom Markt

Türinnenseite diente als Stauraum

durch die Karlsstraße führte und eine Passantin unter die Räder gebracht hatte. Schwer verletzt, sofort auf die Wachstation gebracht, haben wir sie jedoch nach Tagen verloren.

Durch diese Art der medizinischen Hilfe gelangten viele Patienten frühzeitig in die Versorgungskette des Krankenhauses. Man hatte bald sehr viele Krankheitsbilder gesehen.

Eisenach umgab ein großes Hinterland mit landwirtschaftlichen Betrieben. Wir hatten dementsprechend auch Selbsttötungen zu verzeichnen, bei denen der Selbstbeschuss mit dem Kernerschen Bolzenschussapparat angewandt wurde. Eigentlich diente das Gerät auf dem Schlachthof zum Töten des Viehs. Selbst habe ich vier oder fünf Fälle gesehen, wo das Gerät seitlich an den Schädel angesetzt wurde und der Bolzen, durch den Schädelknochen hindurchgeschossen, eine gehörige Hirnverletzung offenen Charakters hinterließ. Der Tod trat oft erst Tage später ein.

Zu jener Zeit hatten wir ebenfalls viele Patienten mit Magenkrebs, es wurde in der Regel nach Billroth operiert. Nicht selten litten die Patienten an Blutungen aus der Speiseröhre, der sogenannten Ösophagusvarizenblutung. Dem war schwer beizukommen, meist war auch Alkoholabusus anamnestisch im Spiel. Mit Eismilch konnte die Blutung gelegentlich zum Stillstand gebracht werden. Als technisches Hilfsmittel gegen diese verhängnisvolle, meist doch letal ausgehende Blutung gab es die Sonde nach Sengstaken. Die musste in die Speiseröhre eingeführt werden, was meist dramatisch war. Gelang es, die Sonde zu platzieren, konnten die Ballons gefüllt werden, die Druck auf die Varizen der Speiseröhre ausüben sollten, um die Blutung zu stoppen. Meist nahmen diese Blutungen doch ihren finalen Verlauf. Der Allgemeinzustand der Patienten führte rasch zum Exitus. Ich erinnere mich jedoch an einen immer wieder eingelieferten Patienten mit obiger Diagnose, der unbedingt überleben wollte und meist schon anfing, sich die neben ihm befindliche Sonde selbst zu inkorporieren.

Leider waren auch in diesem Fall Methoden und Mittel noch nicht ausreichend vorhanden.

Auf der Autobahn, die durch die Hörselberge führte, hatten wir ebenfalls viel zu tun. Meist waren es verunfallte Transitreisende, auf dem Weg von oder nach West-Berlin. Auffällig war die Unfallhäufigkeit zur Zeit der Messen in Leipzig.

So war ich in der Notfallmedizin angekommen, die mich interessierte und weiter intensiv beschäftigen sollte. Der Ereignisort der Rettungskette sollte für mich für viele Jahre bestimmend sein. Zunächst auf den reinen Verkehrsunfall ausgerichtet, hatte sich die Schnelle Medizinische Hilfe rasch als Instrument erwiesen, mit dessen Hilfe auch Notfälle anderer Fachgebiete der Medizin behandelt werden konnten. Entsprechend stiegen die Weiterbildungsanforderungen für Ärzte und Schwestern und Pfleger.

ÜBER ORGANISATION UND GELD

Über die Geschichte des Gesundheitswesens der DDR, von den Anfängen nach dem Krieg bis 1990, ist manches, längst aber nicht alles bekannt. Auch die Geschichte der Notfallmedizin der DDR, der sogenannten Schnellen Medizinischen Hilfe, verlangt mit den Jahren fundierte historische Betrachtung. Während ich an diesem Buch geschrieben habe, recherchierte eine Filmproduktion des MDR ebenfalls in dieser Richtung.

Das Gesundheitswesen der DDR war zentralistisch von oben nach unten aufgebaut. Es bekam aus dem Staatshaushalt seine Zuwendungen, selbst erwirtschaften musste es nichts. Seinem Charakter nach war es, obgleich in der DDR existent, durch ein hierarchisches Muster geprägt. Man hatte zwar versucht, den Sozialismus aufzubauen, aber es drang immer wieder durch, dass es eine historisch gewachsene Rangordnung gab. Medizinisch arbeitende Menschen und Krankenhäuser waren ein spezieller Mikrokosmos in sich. An der Spitze stand das Ministerium für Gesundheitswesen, das dem Zentralkomitee der

SED und dem Politbüro unterstellt war. Der Minister für Gesundheitswesen hatte sich den staatlichen Planvorschriften unterzuordnen. Das Ministerium war natürlich in Berlin angesiedelt und mit einer umfänglichen Personalausstattung versehen. In den Bezirken der DDR hatten die Bezirksärzte, in den Kreisen die Kreisärzte, Verantwortung für die Versorgung. Dann folgten die Chefärzte der Bezirks- und Kreiskrankenhäuser, die Chefärzte der Abteilungen der Polikliniken und so weiter.

Für die Universitätskliniken teilte sich die Verantwortung noch einmal. Das Ministerium für Hoch- und Fachschulwesen hatte Einfluss auf die Postenbesetzungen und damit auch auf die Lehrverfahren der universitären Kliniken. Von dort wurden ebenso die Ernennungen vorgenommen. Dozenten berief man meist im Februar, nachdem sie ihren Dr. sc. med. verteidigt hatten (im Westen war das die von alters her gebräuchliche Habilitation) und bereits längere Zeit ihren Dienst taten. Die Ordinarien der Universitätskliniken wurden ebenso von oben her besetzt, wenngleich die Uni durch den Senat Mitspracherechte besaß. Die Professoren der unterschiedlichsten medizinischen Fachgebiete ernannte man im September – neue außerordentliche und ordentliche Professoren las man dann in der Zeitung *Humanitas* nach, die für das Gesundheitswesen herausgegeben wurde. Dieses Blatt erfreute sich gewisser Beliebtheit, da man darin stets Angebote von Stellen aus allen Bezirken der DDR fand. Ich erinnere mich, dass besonders Berliner Krankenhäuser, wie das Oskar-Ziethen-Krankenhaus und das Städtische Krankenhaus in Friedrichshain, fortwährend Schwestern und Pfleger suchten. Richtig war, dass man überall, von Rostock bis Suhl, jederzeit Stellen finden konnte. Dem gegenüber stand allerdings die beinah immer vorgetragene Vorhaltung, »arbeiten können Sie gern bei uns, aber eine Wohnung haben wir nicht«. Das führte in vielen großen und kleinen Krankenhäusern dazu, dass man, um wenigsten alleinstehendem Personal eine Heimstatt zu geben, in verschiedenster, mehr oder weniger gelungener oder nach Provisorium riechender Art, Dachgeschosse von Kliniken ausbaute. Dadurch konnte man wenigstens etwas Personal anlocken!

Die Ernennungen von Professorinnen und Professoren, erstere waren sehr selten, besonders in der Chirurgie, führten oft zu fröhlichem und lang andauerndem Umtrunk in der jeweiligen Klinik. In Jena soll es vorgekommen sein, so wurde kolportiert, dass einem Teilnehmer einer solchen Runde im Rauschzustand gar ein Beckengips angelegt wurde!

Wenn Professoren oder auch Chefärzte von Kreiskrankenhäusern eine neue Stelle erhielten, konnten sie bis in die 1970er-Jahre hinein noch über vertragliche Konditionen verhandeln. Das waren die sogenannten Einzelverträge mit dem künftigen Arbeitgeber des ausgesuchten Krankenhauses. Da wurden Wohnungsgröße oder ein eigenes Haus, Dienstwagen, die Zulassungen von

Kindern zum Besuch der EOS (also zum Abitur), danach zum Studium und anderes verhandelt. Aus einer Dissertation der letzten Zeit gewann ich die Erkenntnis, dass der von mir sehr geschätzte Ordinarius Becker seinen Wechsel von Erfurt nach Jena mit 4.000 DDR-Mark besiegelt haben wollte, unter vertraglicher Zusicherung, er könne die Herz-Lungen-Maschine nach Jena mitnehmen. Dazu muss ergänzt werden, dass Operationen am Herzen damals zwar stattfanden, unter den Vorzeichen des Standes der Medizintechnik und der medizinischen Möglichkeiten aber recht selten erfolgreich waren. Man hatte sich dabei ein wenig an den Herzchirurgen der Sowjetunion orientiert. Schließlich war es ideologisch immer gut, wenn man dem Riesenreich folgte. Manch einer wird an das Erinnerungsbuch eines Herzchirurgen von damals denken. Der Verfasser war Prof. Amossow, das Buch hieß *Herzen in meiner Hand*. Darin schildert er sehr nachdenklich und ehrlich, wie schwer ihm Herzchirurgie unter den Voraussetzungen der damaligen Zeit fiel, besonders bei Kindern.

Die Klinikdirektoren und Chefärzte von Kreiskrankenhäusern, aber auch in kirchlichen Einrichtungen, besaßen noch Verträge, die ihnen den Betrieb einer Privatstation erlaubten. So haben sie alle, für DDR-Verhältnisse natürlich, ein ordentliches Zubrot erhalten. Im Übrigen war der Lebensunterhalt nicht so teuer wie heute. Ich erinnere ältere Ehepaare in Jena oder auch Eisenach, die sich gern in der kalten Jahreszeit für einen gewissen Zeitraum auf eine solche Privatstation legten. Da hatten sie nur für Verpflegung und die tägliche Chefvisite zu zahlen.

Die Entlohnung der Mitarbeiter in einem Krankenhaus jeder Größe wurde durch den sogenannten Rahmenkollektivvertrag geregelt (RKV), den das Ministerium mit der Einheitsgewerkschaft der DDR, dem Freien Deutschen Gewerkschaftsbund (FDGB), ausgehandelt hatte. Es ist schon interessant heute in einem solch alten Vertragswerk zu blättern. In diesem Buch war wie in einem Katalog alles geregelt, was die Gesamtheit der Beschäftigten vom Dienstauftrag, über die Zuschläge, die Überstunden, die Vergütungen der Ärzte, Schwestern und Pfleger, die Steigerungsstufen bei den Löhnen nach Dienstjahren betreffen konnte. Der Vertrag wurde in gewissen Abständen erneuert und aktualisiert. Vor mir liegt so eine Loseblatt-Sammlung eines RKV aus dem Jahre 1981. Da allerdings gab es schon deutliche Gehaltssteigerungen. Großmutter und ich bekamen zusammen plötzlich fast 500 Mark mehr als vorher. Dieser Fortschritt war bei zwei, dann drei Kindern ein sehr willkommener. Interessant war, das fiel mir damals schon auf, dass in der Lohngruppe der Ärzte der Direktor des Hygienemuseums in Dresden am besten bezahlt wurde. Das kam einer Vergütung der Gehaltsgruppe C (im ersten Dienstjahr 1.675 Mark) gleich. Hätte der Direktor es auf dreißig Dienstjahre gebracht und die

Qualifikationsstufe III besessen, so hätte er laut RKV ein Gehalt von 2.550 Mark bezogen. In den Gehaltsgruppen A, B und C tummelten sich ebenfalls Zuschläge in Abhängigkeit von der Betten- und Mitarbeiterzahl der jeweiligen Klinik wie anderem mehr.

Durch die Vielzahl der Mitarbeiter im Gesundheitswesen wies der Vertrag auch gestaffelte Zuschläge für Stationsschwestern, Oberinnen etc. aus. Deutlich erinnere ich mich, dass gerade wegen dieser Zuschläge oft sehr penibel nachgerechnet oder gestritten wurde. Auch Masseure und Bademeister, die Kollegen der Orthopädie, Werkstattmitarbeiter, Beschäftigte in der Datenverarbeitung, Küche und Verwaltungen waren detailliert aufgeführt. Die Merkmale der jeweiligen Qualifikation wurde exakt erfasst. Es stand fest, der Staat, hier in Gestalt des zuständigen Ministeriums, hatte alles im Blick und Griff. Zumindest dachte er das lange. An Geld schien es, was die Lohnzahlungen betraf, nicht gemangelt zu haben. Ich entsinne mich aber auch an ein Jahr in Jena, wo im Sommer bereits die bilanzierte Jahreslohnsumme für die medizinische Fakultät verbraucht war. Doch es ging trotzdem weiter. Man sprach nicht darüber. Das Geld wurde aus der Volkswirtschaft gezogen, woher, mit welchen Folgen, das zeigte sich erst an der späteren Diskrepanz zwischen den Planzahlen und den realen Ergebnissen.

Das Gesundheitswesen der DDR hatte trotz allen sozialistischen Gebarens eines nie abgelegt: die vielen medizinischen Titel. Es wimmelte nur so von Sanitäts-, Medizinal-, Obermedizinal-, Pharmazie- und Oberpharmazieräten. Die ersteren waren meist die in staatlichen Arztpraxen arbeitenden Ärzte, Obermedizinal- und Medizinalrat bewegten sich auf Kreisebene, in Bezirkskrankenhäusern und universitären Einrichtungen. Ein Ordinarius und Klinikdirektor war in der Regel auch OMR, also Obermedizinalrat. Neben den alten medizinischen Fakultäten, die einige Zeit nur Bereich Medizin der jeweiligen Uni hießen, hatte man die Medizinischen Akademien eingerichtet, in Erfurt, Magdeburg und Dresden beispielsweise.

In dem Zusammenhang kurz zu den Polikliniken: Vielfach wird behauptet, sie seien eine Erfindung »sowjetischen« Charakters, besonders zahlreich entstanden nach 1945. Das ist nicht ganz richtig. Lesen wir in den Biografien großer Ärzte des 19. und 20. Jahrhunderts, so ist der Begriff »Poliklinik« stets präsent. Freilich muss man wissen, dass die alten Heroen der Medizin als »Poliklinik« oft nur ein oder zwei Zimmer hatten, die dem allgemeinen stationären Klinikbetrieb vorgeschaltet waren. Da kam alles an, wurde vorsortiert und vorbehandelt. Eine wunderbare Idee, Raum und Mitarbeiter außerhalb aller stationären Belastungen vorab zu nutzen. Natürlich war die große Zeit der Polikliniken in der ehemaligen DDR erst nach dem Krieg angebrochen. Da hatte man besonders den großen Betrieben und Kombinaten diese Zentralisation von Diagnostik und Therapie zugemessen. Es gab zudem nur wenige, dass aber auch ideologisch begründet, weil nicht gewollt, niedergelassene oder völlig privat arbeitende Ärzte. In den Kommunen und auf dem Lande entstanden zunehmend Landambulatorien oder Polikliniken, bei denen es sich im Übrigen oft um realisierte Neubauten handelte, während es mit den Klinikneubauten haperte. Heute sehe ich Ärztehäuser wie therapeutische und diagnostische Zentren wachsen. Die Neuzeit kommt an die Quellen, wie schön. Die DDR wollte eigentlich »sozialistisch« sein, in bestimmten Fragen nach Rängen, Titeln und hierarchischem Verhalten war sie aber konservativer als der Westen, glaube ich.

Auch bei den Pflegeberufen hatten sich viele Personalbegriffe von alters her erhalten, deren Verschwinden ich heute sehr bedauere und unvollkommen ersetzt sehe durch die heutigen Bezeichnungen. Stationsschwester, welch eine Position! Oberschwester, Oberpfleger, Oberin, Kreisoberin und Bezirksoberin! Es gab schon Oberinnen mit besonderer Gabe, hervorragendem Wissen und besonderen charakteristischen Eigenschaften. Oberschwestern und Oberpfleger tauchten zu jener Zeit noch sehr häufig auf den Stationen auf, sie besaßen meist viel Gespür für die Nöte und Beschwernisse des Personals. Und denkt euch, wenn es mal in ihrem Einzugsbereich bei den Dienstplänen eng wurde, so gingen sie auf die Stationen und halfen mit! Das habe ich selbst, und das nicht selten, erlebt. In manchen Fällen war allerdings das Amt der Oberin durch eine gewisse parteiliche, von der SED getragene Entwicklung, erreicht worden. Da gab es hin und wieder politische Beobachtung oder Agitation. Es ließ sich dann schnell feststellen, ob es eine Parteioberin war oder eine auf fachlicher Höhe! Aber wir, als gelernte DDR-Bürger und um unsere Notwendigkeit im Krankenhaus wissend, haben das nicht besonders ernst genommen. Sicher haben die Gewerkschaft Gesundheitswesen und die örtlichen Parteileitungen versucht, Einfluss auf die Mitarbeiter zu nehmen. Den Gewerkschaftsvertretern konnte man jedoch meistens trauen. Es war für sie schwer, zwischen den Ansprüchen der Mitarbeiter und der immer wieder angespannten materiell-technischen Lage der DDR zu einer Lösung zu gelangen. Die Genossen der SED-Betriebsgruppe tagten meist an Montagen. Da sammelte sich einiges an Mitgliedern. Aber auch unter diesen musste man unterscheiden. Der eine oder die andere waren nun mal in der Partei. Mit fast allen ließ sich gut zusammenarbeiten.

An verschiedenen Kliniken lernte ich ehrliche und fachlich hervorragende Menschen kennen. Diejenigen, die ausschließlich den Genossen hervorkehrten, waren fachlich und menschlich oft nicht meine erste Wahl. Man musste manchmal auch eisern und nicht beugsam bleiben, um nicht jeden agitatorischen Unsinn mitzumachen. Da Gesundheitspersonal sehr gesucht und gebraucht war, haben Großmutter und ich uns das des Öfteren geleistet! In einem Fall zum Beispiel war in Jena ein sehr beliebter und fachlich hoch angesehener

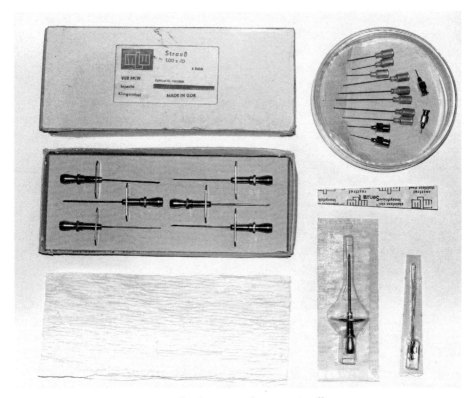

Verschiedene Kanülen aus Metall

Narkosearzt auf der Flucht in den Westen über die Tschechoslowakei verraten und in die DDR überstellt worden. Da schlugen die ideologischen Wellen hoch, der Verräter sollte seine ordentliche Strafe erhalten. Es ging so weit, dass eine Erklärung vorbereitet worden war, in der Abscheu gegen die sogenannte Republikflucht ausgedrückt werden sollte. Jeder aus der Abteilung sollte unterschreiben! Das haben wir nicht getan, und zum Prozess nach Gera sind wir ebenfalls nicht gefahren!

Das Arbeitsklima zwischen Ärzten und dem pflegenden Personal habe ich stets als wohlwollend erlebt. Man brauchte eine gewisse Zeit, bis man sich fachliche Anerkennung verschaffte, dann war Anschluss gewonnen. Und an und mit manchen Kollegen musste man eben intensiver arbeiten, um auf einen Nenner zu gelangen. Manchmal, das kann ich bestätigen, wurde aus einer anfänglich tiefen Antipathie eine wunderbare Freundschaft. Das heute so übliche Duzen war lange nicht so verbreitet. Man gelangte zu einer achtungsvollen Distanz, bis sich irgendwann aus gegenseitiger Sympathie und Anerkennung das »Du« ergab. So habe ich es immer gehalten. An der Chirurgischen Klinik zu Jena, nicht anders wie überall, ging es sehr hierarchisch und auch im Umgang sehr förmlich zu. Ich kannte niemand in der Klinik, der den »Alten« je mit »Theo« angesprochen hätte. Wer ihm jedoch zu nahe trat, beseelt durch Wein oder Bier, stellte am nächsten Morgen fest, dass es ihm nicht gut getan hatte. Er wünschte so eine vertrauliche Nähe nicht. Diese Verfehlungen wurden manchmal sogar mit zeitweiligen Versetzungen in die Poliklinik oder Kreispoliklinik »belohnt«. Briefe an den Chef wurden mit »Ihr Ihnen sehr ergebener ...« unterzeichnet, im Briefkopf immer mit voller Titulatur. Geduzt wiederum haben sich die Ordinarien bei Tagungen und Kongressen, wenn auch nur untereinander. Selbst die Ordinarien schrieben an den Rektor noch in alter Art »Ew. Magnifizenz« und der Dekan einer Fakultät war »Spectabilis« im Brief!

In Eisenach ging es da schon etwas schlichter zu. Die Zahl der Ärzte war überschaubar, gerade unter den Chirurgen befanden sich viele junge Assistenten. Unter uns Pflegern ging es kameradschaftlich zu, man wusste, wer was gut oder besonders gut leistete. Wir waren jung. Dementsprechend wurde heftig gealbert und gescherzt. In der Freizeit gab es viele Gelegenheiten, sich zu amüsieren. Ja, und die lieben Mitschwestern, die im Krankenhaus und jene in der Stadt, um die musste man sich besonders kümmern. Der Klinikalltag bestand tagsüber und in den Schichten aus schwerer körperlicher Arbeit. Da suchte man Erholung an Orten mit gutem Essen und Trinken, die sich in Eisenach und Umgebung zahlreich fanden. Als Wohnort hatte Eisenach schon immer etwas für sich. Die uns bekannten, recht ungewöhnlichen Individualisten blieben erhalten. Man tat sonntäglich, wenn kein Dienst war, den Kirchgang nach St. Georgen oder Nikolai. Die Kirchenmusik klang vorzüglich. Es gab zudem sehr gute Prediger im Kirchenkreis.

Nachdem ich innerhalb von drei Jahren meine Ausbildungen abgeschlossen hatte, wollte ich mehr erleben und erfahren. Da las ich in einer Zeitung, Suhl werde als Bezirksstadt demnächst auch ein neues Bezirkskrankenhaus auf dem Döllberg erhalten. Bisher lag dieses Leitkrankenhaus in Meiningen. Das Projekt schien mir geeignet, um meine berufliche Ortsveränderung anzugehen.

Die Infusionstherapie

An dieser Stelle muss ich zwingend, wenngleich als Einschub, über die Gabe von Infusionen in der ersten Hälfte der 1970er-Jahre berichten. Das Überprüfen des Wasserhaushaltes beim Patienten, die Bilanzierung von Flüssigkeitszufuhr oder -verlust, ist heute selbstverständlich. Dem war damals nicht so. Gewiss haben sich die Infusionsarten und -gaben in der DDR unterschiedlich entwickelt. Die großen Kliniken waren bereits besser aufgestellt. Kleinere und kleinste Häuser kamen an ihre Grenzen. Zum einen lag es daran, dass es bilanzierende Anästhesiologen nicht allerorts gab. Die Lücken wurden durch in Narkosetechnik angelernte, meist chirurgische Oberärzte besetzt. Ebenso gab es hier und da Arzthelfer, sogenannte Medizinalassistenten, die sich der Narkosearbeit und der frühen intensiven Arbeit auf chirurgischen Wachstationen oder Frisch-Operierten-Stationen widmeten. In aller Regel waren das sehr tüchtige und hoch angesehene Mitarbeiter. In der später gegründeten Gesellschaft für Anästhesie gab es sogar eine eigene Gruppe der »Medizinalassistenten«.

Des Weiteren kam hinzu, dass viele ältere Chirurgen zunächst nicht von ihrer Vormachtstellung im OP lassen wollten, eine Zweiteilung der Verantwortung und ein aufwachsendes neues Fachgebiet schwerlich tolerierten. Heute mag eine Äußerung des DDR-Chirurgen Professor Felix, aus der Mitte der 1950er-Jahre stammend, unerhört klingen. Er meinte »die Intubation eines Patienten für chirurgische Zwecke würde den Universitäts- und eventuell Bezirkskrankenhäusern« vorbehalten sein!

Wenn ich daran denke, welche langen Nüchternzeiten, welche Flüssigkeitsmengen wir seinerzeit den Patienten vorenthielten, überkommt mich das Grauen. Manche Zustände der Patienten, die wir sahen, waren eben mit Sicherheit Folgen davon. Nicht von ungefähr soll es hin und wieder dazu gekommen sein, dass Patienten das Blumenwasser tranken oder sich verzweifelt zum Waschbecken schleppten! Das sah man nicht so und ging sogar so weit, vor Durst und Verwirrung brüllenden Patienten ein dementes Verhalten zuzuschreiben!

Dem sollte die Infusion, der Tropf, wie es im Volksmund hieß, Abhilfe schaffen. Für das ältere Personal war das Verabreichen einer Infusion im Nachtdienst eine schwere Sache. »Ich musste drei Tropfe im Nachtdienst anlegen«, konnte man bisweilen hören. Selbst die Angehörigen hielten eine Infusion für eine recht schlimme Sache. Es gab Kliniken, die Kochsalzqaddeln setzten, damit bis zu 500 und 1000 Milliliter zur Absorption im Gewebe anboten.

Wie aber infundierten wir in meinen frühen Jahren?

An Kanülen standen zunächst Metallkanülen unterschiedlichen Lumens zur Verfügung. Für den OP wurden eigens die straußschen Flügelkanülen entwickelt. Die hatten einen runden, geriffelten Ansatz, den man mit Hilfe eines Schlitzpflasters am Arm des Patienten befestigen konnte. Man punktierte möglichst auf der Hand oder am Unterarm, um eine gewisse Auflage zu erhalten. Die Venen der Ellenbeuge waren ebenfalls willkommen. Die Gefahr dabei bestand darin, dass der Patient unkontrolliert seinen Arm bewegen und man die Vene prompt durchstoßen könnte. Daher mussten Arme für eine Infusion festgemacht bzw. geschient werden.

Manchmal war die Überwachung der Infusionen leicht, das Ganze konnte sich aber auch zur Plage entwickeln. Besonders dann, wenn kaum oder nur schlechtes Venenmaterial zur Verfügung stand. War dem so, wurde die Venae sectio durchgeführt. Die beherrschten damals nur Chirurgen und die ersten Anästhesisten. Im OP und auf jeder größeren Station gab es ein Venae-Sectio-Besteck. Das wurde im Fall der Fälle geholt und man begann bettseitig, mit Hilfe von sterilem Material und mitunter lokaler Betäubung, einen Schnitt zu setzen, um eine fassbare und möglichst dicke Vene zu suchen. Hatte man diese gefunden, wurde sie mit einer Pinzette unterfahren. Es gab dabei meist einen sehr geringen Blutverlust. Dann wurde eine feine Incision in die Vene gemacht, um dort einen dünnen Schlauch zu platzieren, über den die Infusion verabreicht werden konnte. So einfach der Vorgang war, manchmal litt er unter einer schlechten Beleuchtung oder einem sich bäumenden Patienten. Hatte man es aber geschafft, wurde der Infusionsschlauch mit einer Naht adaptiert und die Wunde konnte nach einer Einlaufkontrolle vernäht werden. Das war eine Möglichkeit, Flüssigkeit und Medikamente zu inkorporieren. Die in der DDR sogenannte Flexüle kam etwas später auf, im Westen dann die Braunüle.

Infusionssysteme gab es, eingeschweißt und vom Werk sterilisiert. Meist waren sie ausreichend vorhanden. Infusionslösungen wurden in Glasflaschen zu 500 Millilitern oder, wie zum Beispiel Fruktose, in Plastikflaschen angeboten. Das besaß so seine Tücken. Die Glasflaschen waren mit einem metallenen Deckel mit einer vorgestanzten Lasche verschlossen. Die musste man anreißen, mit Klemme, Schere oder von Hand. Das ging manchmal daneben, kleine Verletzungen blieben nicht aus. War man erfolgreich und hatte das Metall gelöst, sah man den die Flasche verschließenden Gummistopfen. Der musste nun mit der Systemnadel durchstoßen werden, um das Infusionssystem zu befüllen. Man musste wissen, dass man den sogenannten Luftschlauch erst nach der dicken Nadel in den Stopfen zu führen hatte. Sonst saugte der Unterdruck der Flasche den Luftfilter sofort an und man bekam Probleme beim Laufen der Infusion. Ein Tropfenregulierrädchen sorgte dafür, dass eine gewisse Einstellung vorgenommen werden konnte. Infusionspumpen oder Infusomaten konnte ich mir bis Mitte der 1970er-Jahre nicht vorstellen. Erst als sie allmählich zu uns kamen. Waren die Flaschen leer, wurden sie als Glasbruch wieder den Glaswerken zugeführt. Unserer Familie dienten sie, gereinigt und sterilisiert, zur Aufbewahrung gepresster, aus dem Entsafter kommender Beerensäfte, wie zum Beispiel Holunder. Die Flasche wurde dann, mit dem gekochten heißem Holundersaft aus dem Entsafter befüllt. Danach wieder mit einem Gummistöpsel verschlossen. Der saugte sich fest. So hatte man für die Kinder herrliche Säfte dort, wo vorher die Lösungen aufbewahrt wurden. Diese Flaschen schimmelten nicht.

So sahen sie aus, die Anfänge einer gezielten Infusionstherapie. Es dauerte jedoch noch längere Zeit, bis zentrale Venenkatheter gelegt, die Subclavia oder gar arterielle Gefäße punktiert werden konnten. Doch man freute sich über jeden Fortschritt.

Zum Beispiel ist heute die Messung des zentralen Venendruckes nicht mehr wegzudenken. Auch hier fingen wir bescheiden an. Bettseitig wurde ein Infusionsständer mit einer von Hand gefertigten Skalierung platziert. Mit Hilfe von Kochsalz, einigen Klemmen und der Lagerung des Patienten wurde anschließend versucht, vom Nullpunkt aus den Venendruck zu bestimmen. Heute wird ein komplettes steriles Besteck verwendet! Ebenso verhielt es sich mit Mehrfachinfusionen, die über Stunden berechnet waren. Da wurden dann fünf oder sechs Infusionsflaschen miteinander verbunden. Dieses System sorgte für die portionsweise Abgabe der Flüssigkeiten. Im Westen hatte man frühzeitig fertige Verbundsysteme. Ebenso Infusionssysteme und Kanülen, die es erlaubten, der Infusionsgabe Medikamente zuzusetzen. Da brachte man dann die Spritzen an und injizierte. Aber auf diese kostbare, nur gegen Devisen erhältliche Importware mussten wir noch warten. Wir unterbrachen dann eben die Infusion, klemmten ab und injizierten separat.

Auch zu den Blutkonserven sei etwas gesagt. Die aus den Blutspendediensten zu meiner Zeit kommenden Konserven waren noch aus dickem Glas, beklebt und beschriftet mit den notwendigen Angaben. Oben saß der Verschluss, ein Gummistopfen, festgehalten von einem schwarzen Schraubverschluss. In dem befand sich eine Aussparung mit einem kleinen Behältnis, dem Blut des Spenders. Für die Transfusion gab es spezielle Infusionssysteme. Wurde der

Frank von Olszewski und seine Frau Brigitte bei der Arbeit in Suhl

Bedside-Test durchgeführt, standen einem im OP anfangs kleine Glas- oder Porzellantäfelchen mit Vertiefungen zur Verfügung. Das Blut des Spenders entnahm man dann dem System. Dem wurde das Blut des Empfängers aus Ohr oder Fingerbeere beigemischt. Leichter wurde es nach der Erfindung sogenannter Testkarten, der Bedside-Kärtchen, auf denen alles getrocknet vorhanden war. Durch das Aufbringen von Blut und Kochsalz aktivierte man den Test und erhielt eine Dokumentation für die Patientenakte.

Besonders in der Notfallmedizin und bei gefährlichen Blutverlusten fand die sogenannte Druckinfusion Anwendung. Dabei wurden bei komplettem Kreislaufversagen Plasmaexpander wie Infukoll 6 Prozent oder Infukoll M 40 in die Venen gepumpt. Der Inhalt der Infusionsflaschen oder Blutkonserven gelangte auf diesem Weg in den Blutkreislauf des Patienten. Dazu war der Einsatz einer besonderen, wenngleich einfachen Technik gefragt. Die hatte man im Rettungswagen und im OP, im Schockraum und auf der IST stets dabei. Es handelte sich um Druckinfusionssysteme. Sie funktionierten folgendermaßen: An die Belüftungsschläuche der Flaschen wurden Gummibälle angesetzt, die als Umhüllung ein Netz besaßen. Das Netz sollte das Platzen oder die Überdehnung verhindern. Mithilfe des Balles wurde Luft in die Infusion gepumpt. Eine Klemme verhinderte zunächst das Laufen der Flüssigkeit. Die Flasche füllte sich mit den Überdruck erzeugenden Luft. Unter strenger Beobachtung wurde anschließend die Klemme gelöst und das System füllte sich mit der durch Druck laufenden Flüssigkeit, mit der Lösung oder eben mit Blut. Der Ballon musste fortwährend gefüllt werden, damit Flüssigkeit nachlaufen konnte. So leerten sich Blutkonserven in kürzester Zeit. Manchmal war es nötig, mehrere Konserven im Strahl zu verabreichen, wenn zum Beispiel durch ein defektes großes Gefäß der Verlust im Bauchraum so weglief, wie er hineinkam. Solche Situationen habe ich viele Male erleben müssen. Welche Mengen von Blut waren mir dabei über die Hände gelaufen! Und Handschuhe hatte man nicht immer ausreichend parat. Zum Glück blieb ich verschont von all den negativen Bluterfahrungen, die manch andere hatten. Manchmal hielten auch die alten Gummistopfen dem Druck nicht stand. Dann tropfte es auf den Fußboden. Hinterher sah der OP in der Tat aus wie ein Schlachtfeld. Heute im Zeitalter der Plastikbehälter und Tausender anderer Fortschritte wird das wohl alles anders sein. Der Umgang mit dem Blut, dem besonderen Lebenssaft, ist aber gewiss immer noch geprägt von höchster Sorgfalt.

WEITER NACH SUHL

Die Bewerbung war erfolgreich, wenngleich das neue Haus noch in den Planungen steckte. Aber schon vor Ort sein zu können, war alles. Das Kreiskrankenhaus Suhl lag seinerzeit in der Thälmann-Straße gegenüber einer Untersuchungshaftanstalt. Es war kleiner als das Haus in Eisenach. Im Gebäude selbst waren Chirurgie, Kinderchirurgie und HNO, Augenklinik sowie Teile der Kinderklinik untergebracht. Die Gynäkologie lag nah, ein Teil der Pädiatrie hatte schon ein neues Haus am Döllberg bezogen.

Der Erste Oberarzt begrüßte mich fröhlich, endlich ein Pfleger, da könne man sich ja wieder mit Prostatektomien befassen! Denn da hatte er einen regelrechten Stau. Seinen Plan setzte er schnell in die Tat um, wodurch er mir in meiner Suhler Zeit unzählige Überstunden durch Teilhabe an Prostatektomien bescherte. Es gab eine kleine Wachstation, die trotz geringer Größe medizinisch und personell sehr engagiert betrieben wurde. Der Kinderchirurg, Dr. Knüpper, hatte sich einen Namen gemacht und operierte leidenschaftlich, sehr gut und viel. Er hatte sein Handwerk bei dem bekannten Kinderchirurgen Meißner in Leipzig erlernt.

Als ich in Suhl eintraf, begann sich die Kinderchirurgie gerade eigenständig zu entwickeln. Es standen alle kinderchirurgisch machbaren Eingriffe auf dem Programm. Wenn notwendig, wurden auch Tumore operiert und besondere Drainagen gelegt, die bei Kindern mit einem Hydrocephalus (im Volksmund Wasserkopf) die Flüssigkeit aus dem Schädel ableiten sollten. Dr. Knüpper arbeitete bereits mit Gewebekleber. Bei einigen Frakturen oder Schädelverletzungen bei Kindern ist er immer wieder maßgeblich an der Heilung beteiligt gewesen. Noch heute erinnere ich einige Krankheitsbilder schwerer Art, die dank seiner operativen Fähigkeiten und dem Zusammenstehen von uns allen zu guten Ausgängen führten. Es war nie erfolglos, ihn anzurufen, selbst in seinem Sommerhäuschen gab es einen Telefonanschluss, was für DDR-Verhältnisse ungewöhnlich war. Ich entsinne mich, dass er aber ab und zu gern auch mal einen Erwachsenen operierte, damit er »im ganzen chirurgischen Spektrum sicher bliebe«, sagte er dann.

Aber auch um die Augen und HNO-Heilkunde war es in Suhl nicht schlecht bestellt. In unserem Haus wurden Mandelentfernungen bereits am hängenden Kopf mit Intubationsnarkose erfolgreich vorgenommen. Es gab zu jener Zeit sogar einen Streit im Fach HNO, ob man Tonsillektomien besser am hängenden Kopf oder sitzend vornehmen sollte! Was für ein Bild, wenn die HNO-Station eine Trage voller ängstlich schnatternder Kinder zur Vorbereitung in die Anästhesie brachte! Nach der Intubation, heute so nicht mehr denkbar, wurde das Kind mit dem Tubus vom Narkosegerät Medimorph getrennt, man nahm es auf den Arm und brachte es unter dem Ruf »Achtung! Intubiertes Kind quert die Straße!« schnell in den OP, wo der kleine Patient sofort wieder an das Narkosegerät angeschlossen wurde. In vielen Fällen habe ich dann, hinter der sitzenden Operateurin stehend, die Absaugung betätigt und anderes gemacht. So eine enge Zusammenarbeit war nötig, denn die Zahl der Mitarbeiter war begrenzt. Manch einer meinte sogar, hier sei ein Paar entstanden, wobei sie allerdings den nicht unerheblichen Altersunterschied außen vor ließen.

Die persönliche Zusammenarbeit mit der damals leitenden HNO-Ärztin hat mir später auch die Einführung in ihr Elternhaus in Jena gebracht. Vater B. war dort ein bekannter, mit einer gesuchten privaten Frauenklinik, gelegen am Rähmen in Jena, ausgestatteter Gynäkologe gewesen. Zu seiner damals noch lebenden Frau und den Kindern habe ich in Jena ein herzliches Verhältnis entwickelt.

In dieser ersten Suhler Zeit begann meine Freundschaft mit einem ganz frisch von Erfurt nach Suhl gekommenen Anästhesisten. Viel haben wir zusammen gearbeitet, auf Station, im OP oder Rettungswagen. Manche schwierige Situation bei diversen Patienten haben wir durchgesprochen und durchgestanden. In kritischen Momenten fragten wir uns immer wieder ab, ob wir alle Möglichkeiten unserer Agenda ausgeschöpft hatten. Einmal holten wir das Opfer eines Verkehrsunfalles – ein Kind. Es musste traumatologisch und neurologisch behandelt werden. Nach einem Atemstillstand haben wir es einige Zeit beatmet. Womit? Nicht etwa mit einem Kinderbeatmungsgerät, das hatten wir nicht. Nein, mit einem Narkoseapparateteil von MEDI-Leipzig, der sogenannten Klapperbüchse. Dabei war alles im Sinne damals möglicher Intensivtherapie verlaufen. Das Kind lag, bei allmählich wiederkehrendem Bewusstsein, fast ein halbes Jahr auf der Intensivüberwachungsstation, wurde dann mühsam durch den Kinderchirurgen, Neurologen, Logopäden und Physiotherapie so hergestellt, dass es knapp ein Jahr nach dem Unfall seine Einschulung mitmachen konnte, sprechend und gehend.

In einem anderen Fall hatten wir mit der SMH einen jungen Mann von der Schießanlage auf dem Suhler Friedberg geholt. Das war ein großes Gelände, auf dem nationale und internationale Wettbewerbe für Kunstschützen ausgetragen werden konnten. Suhl hatte dort viel Geld in die Hand genommen! In einem Raum dieser Anlage war die Maschine zur Auslösung der aus dem Bunker fliegenden Tontauben untergebracht. Wie auch immer schlug diese Maschine in unserem Falle nicht nach einer Tontaube, sondern heftig gegen den Schädel des Helfers. Zunächst unauffällig, trübte der Junge nachmittags ein. Viele Diagnosemöglichkeiten hatten wir in Suhl nicht. Also haben mein Freund und ich ihn intubiert, von Hand beatmet, nach Erfurt gebracht. Warum wir selbst nicht trepanierten, was sonst oft gemacht wurde, weiß ich heute nicht mehr.

Was haben wir uns auch mit den Ampullen der Medikamente geplagt. Es gab nur wenige Brechampullen. In der Regel mussten die kleinen Glasbehätnisse aufgesägt und dann mit einem Knack getrennt werden. Viele kleine hässliche Verletzungen haben Schwestern und Pfleger davongetragen.

Vor Kindernarkosen hat G. R., der sehr gut zaubern konnte und auch hier und da auftrat, gern Bälle und Sachen verschwinden lassen, während die Narkosegase in die Maske strömten. Unsere Freundschaft mit ihm und seiner Ehefrau ist noch heute aktuell. Wir sehen uns öfter, haben uns gegenseitig durch die einzelnen Wirkungsorte begleitet und telefonieren viel. Die Kinder des jungen Mannes von damals sind nun längst Erwachsene, aber wir wissen voneinander, und der ehemals oft eingesetzte Babysitter firmiert heute noch unter dem Namen Onkel Olli! Denn Onkel Olli und seine spätere Frau Brigitte haben bei R. gern den Weihnachtsmann und begleitenden Engel dargeboten.

Durch die dezentral liegenden anderen medizinischen Einrichtungen haben wir so manche Bewährungsprobe bestanden. Innere Medizin wurde in Zella-Mehlis betrieben. Dort habe ich meine Ausbildung für Innere Medizin abgeschlossen. Diese Innere Klinik wurde von einer, damals recht ungewöhnlich, resoluten Chefärztin, Frau Dr. Guth, geleitet. Auf der Station, wo ich einige Wochen eingesetzt war, habe ich einen engen Mitarbeiter Herbert Roths bis zu seinem Tod gepflegt.

Die Ausbildung führte mich einmal in der Woche nach Hildburghausen. Auf dem Gelände des Bezirkskrankenhauses für Neurologie und Psychiatrie saß ich an den Unterrichtstagen mit anderen von 8 bis 14 Uhr zusammen. Umgeben von all den Aufgeregtheiten der zahlreichen Patienten des Klinikums. Es war der typische Ort, an dem man von alters her Psychiatrie betrieb, in alten Gebäuden, aus roten und gelben Ziegeln gefertigt, dem Charakter einer Anstalt entsprechend. Sie haben sich damals wohl alle geähnelt, diese Arten von Kliniken, zumindest auf dem Gebiet der DDR.

Der Oberpfleger des Klinikums wollte mich gern für seine Arbeit gewinnen. Nach einem Probewochenende war mir klar, Medizin gern und immer, aber eben nicht geschlossene oder offene Psychiatrie. Das konnte ich nicht.

In Suhl wurde derweil bereits modernere Anästhesie mit mehreren Anästhesisten betrieben, in Eisenach war es noch nicht ganz soweit. Äthernarkosen gab es nicht mehr, nur im Notfall bei Kaiserschnitten in der Frauenklinik, wenn kein Narkosearzt abkömmlich war, musste eine Äthernarkose verabreicht werden. Das erledigten dann die Schwestern. Die Narkosen für die Kinderchirurgie, die Traumatologie und Bauchchirurgie verlangten neuere Methoden.

Besonders mit dem Arbeitsbeginn eines neuen Chefs, der aus Erfurt kam, änderte sich viel. Er sorgte für regelmäßige interne Weiterbildungen der Abteilung, für Ärzte und Schwestern gemeinsam. Neue Verfahren und

Medikamente wurden besprochen, ebenso veränderten sich die postoperativen Maßnahmen auf der Wachstation.

In Suhl zog damals das Ketamin in die Narkosepraxis ein. Unser Chef, Dr. S., hatte an der Medizinischen Akademie in Erfurt seine medizinische Ausbildung erfahren. Die Akademie war das uns am nächsten gelegene größere Krankenhaus der spezialisierten oder erweiterten Behandlung. Dort waren bereits Dialysen möglich und spezielle radiologische Verfahren durchführbar. Auch die ersten Computertomografen der DDR fand man nur in größeren Zentren. Das bedeutete in schwierigen Fällen oder bei lebensbedrohlichen Situationen immer, eine Verlegung des Patienten zu erwägen. Diese Möglichkeiten gab es, aber an Hubschrauber oder Notarztwagen heutiger Qualität war nicht zu denken. Auch die Straßensituation hatte mit der heutigen nichts gemein. Autobahnen in Thüringen standen auf einem anderen Blatt. Damals fuhr man in solchen Fällen mit dem entsprechend vorbereiteten Patienten von Suhl über Zella-Mehlis nach Oberhof hinauf, dann hinunter in die Täler des Thüringer Waldes, bei Hitze wie bei Schnee, um bei Arnstadt auf die Autobahn zu gelangen. Kontakt hielt man im Bedarfsfall über Funk. Jedoch gab es damals Funklöcher zuhauf. Bis man sich quer durch Erfurt zur entsprechenden Klinik gearbeitet hatte, war es eine schweißtreibende Angelegenheit, die dauerte!

Patienten zur Verlegung anzubieten, gestaltete sich zudem schwierig. Oft gelang es nur den Chefärzten, sich so autoritär zu verhalten oder mit der Bekanntschaft des Klinikchefs zu drohen, dass ein Patient angenommen und sofort verlegt wurde. Die fachlichen Argumente überzeugten wenig! Außerdem hatten diese Kliniken ohnehin meist erschöpfte Bettenkapazitäten, weil es für manchen Patienten die Ultima Ratio war, dahin zu kommen. War es dann aber so weit, musste ein Team für den Transport gefunden werden. Hier kam ich ins Spiel.

Ich hatte beim Dienstantritt bekundet, wer von den Ärzten, und die sind meist allein gefahren, im Rettungsdienst Hilfe brauchte, dem wollte ich sie gern geben. Ruck, zuck war das bekannt geworden. Da ich ein Zimmer auf dem Schwesternflur bewohnte, eine sehr angenehme Art des Hausens, war ich stets erreichbar. Mit Schwestern der Anästhesie haben wir dann den Rettungswagen fachgerecht eingerichtet. Nach einiger Zeit schien es, die Bevölkerung wisse um unsere Bereitschaft. Die Zahl der Einsätze begann zu steigen. So fuhren wir in und um Suhl, nach Schleusingen, auf der damals recht neuen Schnellstraße Richtung Zella-Mehlis, nach Oberhof, in die Dörfer hinauf und hinunter. Lustig wurde es immer, wenn sich in einem der Dörfer unterhalb von Zella-Mehlis etwas ereignete. Dann hieß es von der Leitstelle: »Rudi wartet an der Eiche!«. In der Tat gab es in Zella-Mehlis eine Haltestelle namens »Eiche«. Dort erwartete uns ein Faktotum des DRK namens Rudi, in DRK-Montur, manchmal auch auf einem mit Rot-Kreuz gezeichneten DRK-Fahrrad. Da wurde angehalten oder Rudi aufgenommen. Er kannte in der Tat jeden Ort, jeden Hof, jede Dorfgasse im Umland und jeden Namen. Mit seiner Hilfe gelangten wir stets schnell und direkt zum Ereignisort.

In Suhl hat sich mein Interesse für die Anästhesie und die Notfallmedizin klar bestätigt und somit in die Zukunft gewiesen. An einige besonders dramatische und akute Fälle der Suhler Zeit erinnere ich mich noch gut. Einmal war in Zella-Mehlis ein Fahrstuhlmonteur schwer durch den Fahrkorb gequetscht worden. Am gleichen Tag noch konnten wir seinem geschädigten Darm nur durch die Anlage eines Anus praeter helfen. Die ungeheuere gute körperliche Verfassung des Mannes brachte ihn über alles hinweg. Nach einigen Monaten konnte sogar der künstliche Darmausgang wieder rückverlegt werden. Als ich nachmittags mit dem Zug fuhr, war der Fall Gespräch Nummer eins. Jeder wusste etwas, die wildeste Spekulation war die Verlegung mittels Flugzeug nach Erfurt und eben auch der von anderen berichtete Tod des Mitarbeiters. Ich habe lediglich zugehört! Ein knappes Jahr nach dem Unfall hat er übrigens wieder vollwertig hergestellt seine Arbeit aufgenommen.

Aus den vorgenannten fachlichen Gründen wurde ich nach bereits bestandenen Abschluss als Krankenpfleger zur Medizinischen Akademie Erfurt delegiert, um meine Ausbildung als Fachkrankenpfleger für Anästhesie und Intensivtherapie abzuschließen. Für den Berufsabschluss selbst musste ich eine Arbeit über Verlauf und Therapie der Appendicitis acuta der letzten 20 Jahre in Suhl schreiben. Diese Arbeit hatte ich dem in der DDR bekannten Chirurgen Prof. A. K. Schmauß (Berlin-Friedrichshain) geschickt, dem sie wohl gefiel. Er bat mich nach Berlin, inklusive einer Stellenofferte nebst Wohnung. Es hätten mir aber die Thüringer Berge und meine langen Wanderungen an freien Tagen zu sehr gefehlt, also mied ich Berlin noch bis 1987.

An freien Tagen habe ich versucht, morgens in die Täler und Berge des Thüringer Waldes zu wandern. Meist vor Sonnenaufgang, was unseren chirurgischen Chefarzt Dr. Helm, der ein begeisterter Jäger war, bemerken ließ, ich solle doch im dämmerigen Wald achtsam sein, sonst könnte ich mit dem Wild verwechselt und erschossen werden. Da hoffte ich doch immer sehr, es möge mich niemand als einen Keiler ansehen! Das ist zum Glück auch nie passiert. In späterer Zeit habe ich Ausflüge mit einem kleinen Moped – einem besseren Fahrrad, motorgetrieben – unternommen. In den Tank des Mofas passten etwas drei Liter Benzin, mit denen man ewig fuhr. Es muss von hinten für andere Verkehrsteilnehmer sehr befremdlich gewesen sein, zwei Zentner Mensch über zwei kleinen Rädern schweben zu sehen. Nette Menschen meinten auch, es sähe aus wie im Zirkus, wenn Bären Rad fahren! Das aber störte mich nicht und so habe ich viel Zeit in Thüringen, in und weit um Suhl herum verbracht. An freien Wochenenden konnte man sogar über Frauenwald mit dem Linienbus in das Schwarzatal fahren. Dadurch bin ich wieder öfter in meinem geliebten Schwarzburg gelandet. Dort hatte sich am Ausflugsziel Fasanerie eine, wie man es damals nannte, Reittouristik etabliert. Meist ritten die Gäste auf blondmähnigen Haflingern. Da wollte ich gern mitmachen. Der Reitmeister aber sah erst mich, dann traurig seine kleinen Pferde an. Doch eine Lösung sollte gefunden werden: die Stute Nixe. Die stand einsam im Stall, war ein Monstrum von einem schwarzen Pferd, hoch und breit! Es wurde also eine Trittleiter angestellt, ich schwang mich nach oben und sah eine verkleinerte Welt. Das Tier war eben doch sehr groß. Nixe trat einmal nach links und einmal nach rechts, um das Gewicht zu verinnerlichen, und ging los. Es lief gut zwischen Mensch und Pferd und der Stallmeister war froh, dass die Haflinger nicht unter mir durchbrachen und die Stute etwas zu tun hatte. Später bin ich öfter dort gewesen und Nixe kam bereits auf Zuruf aus dem Stall. Das Pferd musste eigentlich aus mittelalterlicher Zucht der riesigen Zelter oder Ritterpferde stammen, so groß war es.

In Suhl habe ich die erste Nierenentnahme an einem hirnlosen Patienten erlebt und mit organisieren müssen. Das war schon ein besonderer Vorgang, den unser Chef initiiert hatte. Ein junger Mann, wohl ein Skiläufer, war gegen einen Baum gefahren und bewusstlos gefunden worden. Nach einigen Tagen entschied man, ihn für hirntot zu erklären. Das Alter des Patienten bewog unseren Chef, hier an eine Organentnahme zu denken. Das war bisher in Suhl nicht vorgekommen. Das Team zur Entnahme der Nieren reiste aus Erfurt an. Die entnommenen Nieren mussten ins Krankenhaus Berlin-Friedrichshain gebracht werden. Dort beherrschte man bereits die Transplantation dieser Organe und verfügte über die Voraussetzungen, auch einen Empfänger zu beschaffen. Es war immerhin vor 1976, daran erinnere ich mich noch. Die Gesetzgebung der DDR verlangte zu der Zeit nicht, dass Angehörige über einen solchen Vorgang informiert wurden oder eine Erklärung zu unterschreiben hatten. Der Tod wurde mitgeteilt, nicht aber das Vorhaben, den Angehörigen als Spender zu verwenden. Wie lange die Entnahme dauerte, weiß ich heute nicht mehr. Es herrschte bei uns Aufregung, hatten wir doch so etwas in unserem Haus noch nicht erlebt. Die Konditionierung des Patienten gelang, die Erfurter hatten bereits Erfahrungen damit. Anschließend wurden die beiden Nieren in einem speziellen Behältnis nach Berlin gebracht. Zwei winterlich mit Filzstiefeln und Fellmützen ausgerüstete Volkspolizisten übernahmen mit einem Blaulichtwagen, einem Lada, den Transport. Sie hatten so etwas auch noch nicht gemacht, waren aber entschlossen, sich von nichts und niemandem auf dem Weg vom winterlichen Suhl nach Berlin aufhalten zu lassen.

Es ist alles gut gegangen und in Berlin lag bereits ein glücklicher Empfänger bereit. Trotz des Erfolges hatte diese Operation schon einen eigenartigen

Beigeschmack, denn das Erhalten eines bereits Toten zur Abgabe seiner unversehrten Organe war eine neue, keinesfalls leichte Arbeit.

GUTE JAHRE IN SUHL

Die Suhler Zeit habe ich in guter Erinnerung behalten. Die Stadt selbst war mit großen Summen an Geldmitteln verschönt und modernisiert worden. Moderne Häuser standen neben alten Thüringer Bauten, eine Stadthalle war errichtet worden, es gab ein Orchester und modernere Straßenzüge. Der Grund für die Erneuerung des Stadtbildes bestand darin, dass Suhl die Bezirkshauptstadt des kleinsten Bezirkes der DDR war. Hier residierte das Bezirkshaupt der SED sowie die Bezirksverwaltung der Staatssicherheit. Der zuständige Sekretär war über lange Jahre, bis 1989, ein Genosse Albrecht. Suhl hatte man bewusst als Bezirksstadt ausgebaut, da Meiningen wegen seiner Grenznähe und dem immer noch vorhandenen Charme einer ehemaligen Residenz für die neue sozialistische Zeit nicht geeignet schien. Deswegen wurde auch das neue Bezirkskrankenhaus in Suhl auf dem Döllberg errichtet.

Nicht zu vergessen ist die wunderbare Suhler Umgebung, die man sich erfuhr oder erwanderte.

In meiner Suhler Zeit begann sich die Gesellschaft für Anästhesie für Schwestern und Pfleger zu öffnen. So konnte man ab Mitte der 1970er-Jahre außerordentliche Mitgliedschaften in diesen Gesellschaften erwerben. Dadurch war man Gast bei regionalen und überregionalen Tagungen und hatte fachlich immer die Hand am Puls des medizinischen Fortschrittes. Viele Schwestern und Pfleger nahmen solche Gelegenheiten gern war, im Suhler Interhotel oder auch auf der Wachsenburg. Bei diesen Gelegenheiten lernte man die führenden Vertreter medizinischer Einrichtungen kennen, so Prof. Sundermann aus Erfurt oder den Chefchirurgen der dortigen Medizinischen Akademie, Prof. Usbeck, ebenso Prof. Becker aus Jena. Wer wollte, konnte sich ohne größere Kosten einer fachlichen Weiterbildung unterziehen. Und das hat große Freude bereitet!

Es wurde darüber hinaus viel gelesen. Man las die Standardwerke der damaligen Zeit, das Narkosebuch von Barth. Man deklamierte aber auch Westautoren wie Sefrin und Schuster, die Notfallmedizin von Wolff, Berlin und vieles mehr. So konnte jeder, sofern er es wollte, auf der Höhe der Zeit seines Fachgebietes bleiben.

Eine wichtige fachliche Diskussion jener Jahre war die von Anästhesiologen aus Prag aufgeworfene These, dass in den OP-Sälen, bedingt durch die von Narkosemitteln geschwängerte Luft, Organschäden auftreten konnten. Besonders durch das in Verdampfern verabreichte Halotan sollte die Leber bei Mitarbeitern im gesamten OP ein Risikoorgan darstellen. Es hat eine lange und durch die Fachschriften wehende Diskussion gegeben. Mit der Folge, dass man die besonders bei offenen oder halboffenen Narkosen austretenden Dämpfe versuchte, abzuleiten. Es wurden in bester Manier eines Systems, das sich keine groß angelegte forschende und produzierende Medizintechnik leisten konnte, Behelfe aller Art konstruiert. In den alten Krankenhäusern gab es keine Be- und Entlüftungen. Deshalb versuchte man, das letzte Ventil am Narkoseapparat, dass der Ausatmung diente, zu umhausen und vermittels kleiner Motoren und Faltenschläuche, die negativen Stoffe abzusaugen und so der Atmosphäre zuzuführen.

Da gab es die abenteuerlichsten Ideen. Zum Beispiel umgepolte Staubsauger, kleine Motoren, die zur Ansaugung der Gasstoffe installiert wurden und manches andere. Das Problem hat uns lange begleitet. Es gab aber auch andere pfiffige Ideen. Bei einem Besuch im damaligen Krankenhaus Schleusingen fiel mir auf, dass es im Vorbereitungsraum nach Vanille roch. Auf Nachfrage erklärte mir der Medizinalassistent, dass er die Masken für die Kindernarkosen in Vanillelösung spülte. Dadurch gab es dann beim Aufsetzen der Maske »Puddingluft« zu atmen und die Kinder blieben entspannt. Das haben wir in der Suhler Kinderchirurgie auch gleich nachgemacht. Mit guten Erfolgen habe ich diese Methode auch weiter mitgenommen.

Neben all diesen beruflichen Dingen gab es viele Ausflüge, die man mit den Kollegen machte. Da in Thüringen die Erzeugnisse der Hausschlachtung sehr beliebt, gut und im normalen Geschäft selten zu haben waren, gab es Stationen oder OP-Gemeinschaften, die ab und an ein Schwein kauften. Durch einen bekannten Feierabend-Schlachter wurde alles hergestellt und man teilte sich die Erzeugnisse. Davor genoss man die Fröhlichkeit eines Schlachtfestes. Überhaupt wurde, wenn es ging, sehr viel und ausgiebig gefeiert. Auch an gemeinsamen Streichen fehlte es nicht. So wurden dem Chirurgiechef Büchsen und aufgeblasene OP-Handschuhe ans Auto gebunden. Man feierte gemeinsam Fasching. Einmal wurde sogar ein Trabant versetzt, mit sechs Leuten konnte man so ein Fahrzeug schon um die Ecke tragen! Und mit regelmäßiger Pawlowscher Sicherheit kam die leitende OP-Schwester aus ihrem Zimmer, wenn sie meinte, es würden sich Schwestern und Männer (!) in ein Zimmer zurückziehen. Das verkraftete sie nicht, denn die Fama erzählte, ihr Ehemann habe bereits 24 Stunden nach der Hochzeit das Segel gestrichen.

Augenbrauen und Pizza

Diesen beiden Worten muss ich in der Erinnerung einen kleinen Extraplatz einräumen. Die Schwestern im OP hatten bemerkt, dass ein Pfleger gut mit Rasuren zurechtkam. Bald äußerten sie den Wunsch nach Entfernung ihrer buschigen Augenbrauen, denn die Dame von Welt trug schließlich die rasierte Variante. Was lag da näher, als den mit breiten Pinzetten und exzellentem Rasierwerkzeug ausgestatteten Pfleger Frank um Hilfe zu bitten. Einen weiteren gab es im Übrigen auch nicht. Also wurde, sofern möglich, abends und in ruhigen Bereitschaftsdiensten die Pflege der schwesterlichen Augenbrauen vorgenommen. Es war ein angenehmer Vorgang, die Köpfchen der Schwestern, etwas erhöht durch ein Kissen, in den Schoß zu betten. Dann beugte ich mich über die Augenbrauen, rasierte, zupfte und konturierte, wie es gewünscht wurde. Ich kann nicht behaupten, dass mir solche Tätigkeit keine Freude bereitete.

Zu diesem Vergnügen gesellte sich manchmal eine Speise namens Pizza. Die brachte eine Schwester mit, deren Verwandte aus dem Westen kamen. Der Begriff Pizza als Volksspeise war in der ersten Hälfte der 1970er-Jahre noch ungebräuchlich. Wir kannten so etwas in der DDR nicht. Also versuchten wir wenigstens, nach Rezept vorzugehen. Aber allein die Beschaffung der Zutaten wurde oft zur logistischen Meisterleistung! Es gelang nämlich nicht so ohne Weiteres aufgehende Hefe, gute Salami oder gar Tomaten in ausreichender Menge zu beschaffen. Letztere waren seinerzeit außerhalb ihrer Reifezeit und Saison kaum zu bekommen. Aber trotz allem gelang es, an manchen Abenden alles beisammen zu wissen und in einer Springform dieses köstlich riechende und dampfende Gericht auf den Tisch zu bringen. Das Glück stieg unermesslich, wenn frisch gerupfte Augenbrauen und duftende Pizza zusammentrafen. Dem verschönernden Pfleger ist es an solchen Tagen sehr gut ergangen. Den Rest verschweigen wir lieber!

Suhl besaß damals bereits ein modernes Centrum-Warenhaus. Wie gut, gerade hinsichtlich der damals herrschenden Tausch- und Bückwarenbewegung, dass die Frau eines guten Freundes als Betriebsschwester dort angestellt war. Man kam so leichter zu diesem oder jenem Artikel. Im Centrum habe ich gern *Eterna* Schallplatten gekauft. Das waren im Gegensatz zu *Schlager-Amiga* die klassischen Plattenausgaben der DDR. Die kosteten 16,05 Mark, während man *Amiga* schon für 12 haben konnte. Diese klassischen Editionen waren von hervorragender Qualität. Die Plattenhüllen lockten durch sehr ansprechende Gestaltung zum Kauf. Bis 1990 habe ich es immerhin auf einen Bestand von 300 Langspielplatten gebracht, darunter auch Einspielungen mit den Oistrachs und anderer. Dazu leistete ich mir noch eine Stereoanlage, wie man sie damals eben bekam. Etwa 700 Mark musste ich dafür bezahlen! Leider fiel die Sammlung während eines Heizungsrohrbruches in Berlin der Hitze und dem Dampf zum Opfer. *Eterna* Schallplatten waren eine sehr beliebte Gabe zum Weihnachtsfest, wenn man den Freunden im Westen etwas Gutes zukommen lassen wollte.

Manchmal leistete ich mir auch gute Kleidung. Nach Rostock fuhr ich einmal zu Brigitte und kam neu eingekleidet aus dem sogenannten *Exquisit* für Herren zurück. Um Geld abzuschöpfen, hatten sich die DDR-Handelsstrategen einfallen lassen, bestimmte preislich niedrige Produkte vom Markt zu nehmen und etwas aufgehübscht teuer zu verkaufen. Dazu schuf man in den Bezirksstädten und größeren Orten die Ladenkette *Exquisit-Moden*, die Damen und Herren gleichermaßen preisintensiv zu versorgen hatten. Natürlich reichte dann das Geld nicht mehr. Um doch durchzukommen, erfand der DDR-Bürger in der darlehensfreien DDR einen Trick. In den Sparkassen hatte man ja schon auf die EDV umgestellt. Das bedeutete, wenn man Geld abheben wollte, dass der etwas wacklig gedruckte Kontoauszug, der nach Nummer per Hand aus einer Kiste geklaubt wurde, ein Minus verkündete. Da es mit dem Datenschutz etwas mangelte und die guten Bürger am Schalter dicht gedrängt standen, hörte jeder mit, wenn es hieß »überzogen«. Missmutig und roten Hauptes trollte man sich. Aber man hatte ja noch ein Postscheckbuch und -konto. Also zog man um die Ecke zur Post, löste einen Postscheck über 50 oder 100 Mark ein, welche Summe man auch erhielt. Denn so schnell war die EDV noch nicht, sodass die Post nichts von der Sparkasse wusste. Nach einigen Tagen bangen Wartens war dann dank der Lohnzahlung wieder alles gedeckt.

Mit dem Fortgang der Bauarbeiten am neuen Klinikum wurden allmählich die Besetzungsfragen für die Chefposten diskutiert. Mein Chef, aus Erfurt gekommen, hatte eigentlich keinen Zweifel daran, dass er im neuen Haus die Anästhesie leiten würde. Aber das Demokratieverständnis der DDR-Oberen war manchmal auch krude. So wurde der neue Posten nicht mit einem Kandidaten der SED besetzt, sondern mit jemand, der aus den Reihen der sogenannten Blockparteien stammte. Da blinzelte das altrömische Prinzip *divide et impera* durch, das die Partei durchaus beherrschte. So waren die kleinen Parteien nicht gekränkt und die SED konnte sagen:»Seht her, es sind nicht nur immer die Genossen, die einen lukrativen Posten erhalten.« Das hieß nun für uns, unseren Chef nicht an der Spitze zu sehen. Er nahm daraufhin im Dezember 1975 Urlaub und kehrte zur Weihnachtsfeier der Abteilung mit der Bemerkung zurück, Jena sei auch eine schöne Stadt! Da wusste ich, da ich privat noch ungebunden war, es wird eine zweite, siehe erstes Buch, Jenaer Zeit geben!

Die Suhler Jahre waren sehr schön. Meine berufliche Entwicklung schritt weiter voran. Die Zusatzqualifikation eines Fachpflegers für Anästhesie und Intensivtherapie hatte ich in Erfurt an der Medizinischen Akademie erworben. Auf Tagungen und den verschiedensten Kongressen durfte ich interessante

Menschen aus der chirurgischen Szene kennenlernen und ihnen zuhören. Zum Beispiel den Sohn des großen Unfallchirurgen und Frakturbehandlers Lorenz Böhler aus Wien. Wie das kam?

Derselbe war in Wien schon in die Nachfolge seines Vaters getreten. Er sprach in Berlin zu Fragen der Frakturbehandlung. Danach kam er zu einem befreundeten Chirurgen nach Bad Liebenstein, der sich seinerzeit als Gallen-Operateur einen Namen gemacht hatte. Dessen Sohn wiederum befand sich zur Ausbildung in Suhl bei uns. Der Böhler-Sohn war nicht nur Arzt, sondern auch ein Jäger. Also fuhr er nach Bad Liebenstein zu den Bekannten und nach Suhl. Und wo kaufte man bessere Jagdwaffen als in Suhl? Dieses Image der Waffenmeister von Suhl besteht heute noch. Da also hatte er sich ein Gewehr bestellt und nahm es mit nach Österreich. Eine gute Situation für den Devisen-haushalt der DDR, eine große Freude für den neuen Besitzer in Wien! Immer-hin blieben einige tausend Dollar in der Kasse des Jagdwaffenwerkes.

In Sachen Narkose und Notfallmedizin hatte ich, zusammen mit anderen, Fortschritte gemacht und sehr gute praktische Kenntnisse erworben. Das waren schon, neben der Schönheit der Landschaft, wichtige Aspekte des täg-lichen Lebens. Und manchmal wurde in Zusammenarbeit sehr Gutes geleis-tet. Ich erinnere mich an einen Unfall mit Thorax-Trauma. Die Patientin war schon recht betagt und in ihrem Thorax musste operiert werden. Der noch junge Oberarzt hatte bisher keinen Thorax geöffnet, respektive operieren müssen. Er hatte lediglich dabei zugesehen. Eine Verlegung der Patientin war wegen der negativen Begleitumstände jedoch nicht möglich. Also musste an Ort und Stelle operiert werden. Aus dem Arbeitszimmer des Chefs holte ich das *Große Lehrbuch der Chirurgie* von Schmitt, den Band *Thoraxchirurgie*, dazu den *Anatomie-Atlas* von Rauber-Kopsch. Schnitt für Schnitt begleitete ich vor-lesend den Oberarzt bei seiner Arbeit, anhand der farbigen Bildtafeln gelang es tatsächlich, das Problem anzugehen, den Thorax zu öffnen, die Blutungen zu stoppen und die Atmung zu stabilisieren. Es hat sehr lange gedauert, aber es wurde geschafft. Ähnliche Situationen habe ich dann später auch erleben und durchstehen dürfen. Neben den fachlichen Anforderungen war ich ansonsten, bis auf Bekanntschaften hier und da, privat noch ungebunden, sehr zum Är-ger meiner in Altenburg lebenden Mutter. Die schien die Hoffnung auf eine Schwiegertochter oder Enkel bereits aufgegeben zu haben. Doch halt, ganz so ungebunden war ich da schon nicht mehr.

Brigitte, meine liebe Frau und Mutter von Franka, Alexander und Carsten, hatte ich kennen- und lieben gelernt. Aber unser Zusammenkommen war kom-pliziert gewesen! Großmutter stammt aus der Reuterstadt Stavenhagen, heute in Mecklenburg-Vorpommern liegend, damals im Bezirk Neubrandenburg. Sie hatte ihre Ausbildung zur Schwester in Stavenhagen erfahren.

Dieses kleine Haus wurde damals chirurgisch von einem sehr guten Arzt geleitet, der sogar Wirbelsäulen-Operationen durchführte! Und das zu jener Zeit! Von dieser Klinik war sie zu einem der ersten Lehrgänge für Anästhesieschwestern in der DDR gekommen. Somit wiederum hatte sie gute Chancen, im damals völlig neuen Südstadtkrankenhaus in Rostock zu arbeiten. Dieses Haus war von schwedischen Architekten entwickelt worden und galt in seiner Art lange als einmalig. Es wurde sogar ein damals viel gelesenes Buch verfasst, das unter dem Titel *Hotel oder Hospiz* herauskam.

Durch Heirat gelangte Brigitte in einen Ort auf dem Rennsteig und arbeitete zunächst in Ilmenau, dann bei uns in Suhl. Hier lernte ich sie kennen. Wir haben zusammen im OP gearbeitet und so manche Wanderung in die Täler des Thüringer Waldes absolviert. Mitte der 1970er-Jahre begann ihre Ehe zu schwächeln und es kam, ohne mein Zutun, zur Scheidung. Nun ging sie zurück nach Rostock, um bei den Eltern zu sein. Jedoch nicht ohne einen Heiratsantrag von mir! Der geschah in völlig unromantischer Weise mitten in den Nacharbeiten eines OP-Tages. Brigitte saß auf einem kleinen Abfallbehälter und siebte Atemkalk für die Narkosegeräte. Das tat man damals noch, da der industriell hergestellte Atemkalk aus DDR-Produktion vor dem Abfüllen in die Absorber durch ein Sieb gehen musste. Ansonsten hätte man in den Systemen der Narkoseapparate kleine Kalkpartikel finden können. Die Firma *Dräger* im Westen führte reinen Atemkalk, den wir ab und an auch geliefert bekamen. Dieser Atemkalk besaß sogar einen Farbindikator, der anzeigte, ob der Kalk verbraucht war.

Und just bei diesem Hantieren mit Atemkalk überrumpelte ich Brigitte und sprach davon, dass wir doch heiraten könnten. Falscher Zeitpunkt, falscher Ort! Sie verließ Suhl in Richtung Südstadtklinikum Rostock. Meiner Hartnäckigkeit und mehreren Besuchen in Rostock verdankten wir dann 1978 doch die Hochzeit und die Geburt unserer Franka. Die Heirat fand am 2. März statt. Wir heirateten im altehrwürdigen Haus in der großen Wasserstraße zu Rostock. Die Feierlichkeiten waren sehr bescheiden. Den Polterabend hatten wir im Südstadt-Krankenhaus gefeiert, mit vielen von Brigittes Kollegen. Es gibt leider nur einige sehr verschwommene Bilder, die uns nach der Standesamtlichen Trauung in der Großen Wasserstraße zeigen. Das übliche Hochzeitsfoto existiert nicht. Trotzdem war es ein schöner Tag, den wir mit einem Hochzeitsessen im Kreise von Brigittes Eltern und meiner Mutter im Warnow-Hotel feierten. Nachmittags gab es dann manch Gutes im kleinen Zimmer des Wohnheimes auf gerade einmal neun Quadratmetern. Da würden wir heute gar nicht mehr hineinpassen. Und am 11. März konnten wir uns über die Geburt unserer Tochter freuen, wenngleich zunächst nur eingeschränkt. Es war eine erst im siebenten Monat befindliche embryonale Reife diagnostiziert worden. Die pränatale Medizin steckte noch in den Anfängen, also bestand großes Risiko. Prof. Seidenschnur, damals Chef der Geburtshilfe im Südstadtkrankenhaus, sprach mit mir sehr ernst darüber. Man wusste nicht, wann Brigitte das Kind bekommen würde und wie sich im siebenten Monat die Lungen entfalteten. Ich bin dann zu den Schwiegereltern nach Stavenhagen gefahren. Am Abend eines stürmischen und windigen 11. März 1978 ebbte der Sturm ab. In dieser friedlichen Stille Mecklenburgs erklang die Meldung, ein Mädchen ist geboren, zu früh, zu klein, aber von selbst atmend und gesund!

Seitdem sind 33 Jahre vergangen, das Frühchen ist in die Fußstapfen von uns getreten und auch Schwester geworden. So, wie bei der Geburt unseres ersten Kindes, ging es mir auch bei den zwei nachfolgenden Kindern. Ich konnte aus dienstlichen Gründen nie im Kreißsaal sein! Den Namen für unser erstes Kind musste Mutter selbst bestimmen, wir hatten, im Glauben, noch längere Bedenkzeit zu haben, noch keinen Namen festgelegt. In der Stille des Kindbettes kam Brigitte dann auf die italienische Frank-Variante. Franka war gefunden.

Mutter und Kind lebten zunächst in einem neun Quadratmeter großen Zimmer im Schwesternwohnheim. Da sich in Rostock eine sehr gute SMH Abteilung befand, auch Prof. Benad an der Uni arbeitete und mich in seiner Abteilung wünschte, wäre auch ich gern dorthin gegangen. Da es aber keine Wohnungen gab, nahm ich Mutter und Tochter im Herbst 1978 nach Jena, vorübergehend in das Dachwohnheim über der Chirurgie.

FRAU, MUTTER UND »SCHWESTER BRIGITTE«

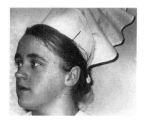

Brigitte

An dieser Stelle ist es zwingend nötig, über meine Frau Brigitte, Fachschwester für Anästhesie und Intensivtherapie, meine Ehefrau, Mutter meiner Kinder und jetzt Großmutter von drei Enkeln, zu berichten. Ohne sie und ihr fachliches Verständnis wäre ich nie so weit gekommen. Nicht zu vergessen die 34 Jahre, die wir verbunden sind. Zehn Mal ist sie mit mir umgezogen, von Rostock nach Jena, in Jena von der Klinik in unsere erste Wohnung, von Jena nach Nordhausen, nach Staaken, nach Berlin-Ahrensfelde, in die Schönhauser Allee, in die obere Schönhauser Allee, in die Schwedter Straße, in die Friedrichstraße und nun 2008 nach Rostock. Und wer die Masse meiner Bücher kennt und das Temperament der drei Kleinen, die mit uns zogen, wer weiß, was ein Schicht- und Bereitschaftsdienst in OP und Rettungsstelle und auf dem SMH-Wagen bedeutet, der kann Brigittes Lebensleistung etwas erkennen und nachvollziehen.

Sie hat ihre Schwesternausbildung 1965 in der Stadt Fritz Reuters, ihrer Heimatstadt Stavenhagen, begonnen. Das dortige Stadtkrankenhaus war ein kleines Gebäude, zunächst bestehend aus Chirurgie, Innerer Abteilung sowie Kreißsaal und Wochenstation. Lange diente dort ein Chef namens Dr. med Jahnke. Der war viele Jahre prägend, verstand es im Abdominalbereich zu operieren und ließ sich von Schwierigem nicht abstoßen. Auch einen Kaiserschnitt machte er lege artis. Bekannter wurde er noch durch seine Wirbelsäulen-Operationen. Im Norden der DDR war er dafür sehr gefragt und konnte sich über Zulauf nicht beklagen. Für die Patienten baute Jahnke in Jürgenstorf ein sehr gut beleumundetes Rehazentrum auf, das viele Jahre existierte und in den Grundzügen wohl heute noch zu finden ist. Brigitte musste zu diesem Zeitpunkt, nach alter Art noch üblich, auch die Bereiche Küche, Nähstube und Wäschekammer durchlaufen. Nach der Lehre wurde sie übernommen. Dadurch, dass ihre Großeltern Wert auf die Plattdeutsche Sprache legten und sie diese beherrschte, passte sie gut ins Stadtkrankenhaus. Vor allem ältere Patienten sprachen damals nur Platt. Die waren regelrecht froh, eine Deern aus der Heimat als Schwester zu haben.

Brigitte mit Haube und Kittel

Direkt nach ihrer Ausbildung, deren theoretischer Teil in Waren an der Müritz stattfand, wurde Brigitte zu weiterer Bildung animiert. Dr. Jahnke vertrat die Meinung, dass man Schwester Brigitte zu einer Bildungsmaßnahme für Anästhesieschwestern schicken sollte. Solche Fortbildungen waren neu in der DDR, man hatte in Berlin-Buch gerade damit begonnen. Da ist sie dann, etwas atypisch, von der Lehre weg in die zweite Maßnahme aufgenommen worden. Aber der Stavenhagener Chef hatte einen Blick für seine Leute und delegierte das, wie er es nannte »Kindchen, ich habe da etwas«, zu einem Lehrgang nach Templin. Dort praktizierte ein Dr. Bertram als Anästhesist, der bekannt war durch seinen Kurs. Leider ist er recht früh verstorben.

So also kam eure Großmutter und Mutter, meine liebe Frau in den Genuss einer der ersten Bildungsmaßnahmen für Fachschwestern für Anästhesie und Intensivtherapie in der DDR. Dadurch wuchs ihr Ansehen im heimischen Krankenhaus ebenso wie das Vertrauen der Ärzte. Das wiederum war ebenfalls Grund, berufliche und fachliche Verbesserungen anzusteuern. Und so bewarb sich Brigitte Anfang 1970er-Jahre im Südstadtkrankenhaus Rostock, damals Bezirkskrankenhaus, neu gestaltet und modernisiert. Der Chef war ein baltischer Landsmann, Prof. Michelsen, mit dem sie sich über baltische Speisen unterhalten konnte, nachdem sie wiederum mich Baltischstämmigen kennengelernt hatte. Das wunderbare an unserer Ehe ist, dass wir uns blind vertrauen können.

Damals ergänzten wir uns auch fachlich hervorragend. Wir wechselten die Dienste, sie kam, ich ging zu den Kleinen. Oder auch umgekehrt. Wir bekamen oft Besuch. Natürlich passierte es, wie in solchen »Fach-Ehen« nicht zu vermeiden, dass wir die Klinik mit all ihren fachlichen und menschlichen Problemen in den Feierabend schleppten. Da wurde dies und das erörtert, was hier oder da gut oder weniger gut war. Manche Ehen vertragen das nicht, unserer ist es prächtig bekommen. Manche Kliniken stellten keine Ehepaare in der gleichen Abteilung an, wir hatten ein solches Problem nicht. Wir waren fachlich immer auf der Höhe.

Neben der Arbeit versäumten Brigitte und ich aber auch die geistigen Freuden und das geistliche Leben in der Kirche nicht. Mitte der 1990er-Jahre zog sie sich ein allergisches, von unserem Kater Benni herrührendes Asthma zu, lebte dann etliche Jahre mit Cortison und Asthmaspray und tat trotzdem noch reichlich Dienst – in der Rettungsstelle, die nicht gerade als Etappendienstort bekannt ist. Als sie dann in die Rente entlassen wurde, was nicht ohne Anrufung eines Gerichts und einem Streit mit der Rentenanstalt ging, stellte sich die Frage, wohin gehen nach über zwanzig Jahren Berlin? Die Friedrichstraße war uns zu laut und unruhig geworden. Sehr gern wäre ich nach Altenburg gegangen, wohin sie auch eine angenehme Beziehung hatte, aber die Beine sollten nicht dahin. Ebenso erging es uns mit Jena, denn auch da wohnt es sich an den Hängen am schönsten. Wir entschieden uns schlussendlich für Rostock, unseren Heiratsort. Und siehe, nach kurzer Zeit lagen die Gehstützen in der Ecke und das Asthma war von der Ostseeluft weggeblasen. Mit unglaublich vielen Menschen sind wir noch heute von hier aus verbunden. So Gott will und wir leben, soll es so bleiben.

Dieser Einschub war mir sehr wichtig! Danke für die Geduld, liebe Leser!

DIE ZWEITEN JENAER JAHRE

Sieben Jahre später, 1976 im Frühjahr war also ein zweites Mal in Jena angekommen, nachdem ich es 1969 verlassen hatte und nach Eisenach gegangen war. Die Stadt hatte sich augenscheinlich verändert. Der Abschied vom Thüringer Wald und von Suhl fiel mir nicht leicht. Zwar lag Jena nun auch nicht gerade bei den Antipoden, aber es hatten sich in Suhl Freundschaften gebildet, liebe Freunde und Bekannte blieben zurück. Es hatten manche auf ein Heiratsprojekt spekuliert – wir befinden uns gerade noch in der Zeit, bevor Brigitte und ich in den Bund der Ehe traten – besonders einige Schwestern, auch meine liebe Mutter. Aber ich fühlte mich noch nicht eheireif. Zumal ich ja am Ende meiner Suhler Tage ein sich festigend sollendes Bündnis mit Brigitte in Rostock im Sinn hatte.

Der Schritt vom kleinen, einfachen Kreiskrankenhaus an eine Universitätsklinik war ein großer. Der Bereich Medizin in Jena lebte bautechnisch vom Bestand, was die Gebäude anbelangte. Erst Anfang der 1980er-Jahre entstand in Jena-Neulobeda das sogenannte KIM. Ein kompletter Neubau, eine Klinik für Innere Medizin. Damit wurde ein uralter Wunsch Jenaer Kliniker erfüllt, die sich schon immer in Jena-Lobeda, unterhalb der Lobdeburg, ein Klinikum gewünscht hatten. Bereits in den Jahren vor dem Krieg hatte ein Ordinarius für Innere Medizin sich dort ein Haus gebaut, um der engen Innenstadt zu entkommen. Denn die Kliniken in der Bachstraße 18 waren alt, eng, um-, an- und ausgebaut. Mehr aber ging aus Platzgründen und Geldmangel nicht. Es fehlte an Material und den notwendigen Techniken. So zog ich im Mai 1976, mein Chef war auch schon da, musste aber auf den Bezug seines Hauses warten, in das Dachgeschoss der Chirurgischen Klinik ein. Die Oberschwester Gerda Vater hatte mich noch gewarnt, mit meinem Bart in Jena zu erscheinen, der Chef

Eisenach – oben die Balkone der Chirugie III

möge und dulde das eigentlich nicht. Da ließ ich es darauf ankommen. Etwas kess meinte ich, dann müsse er eben die Arbeitsverträge ändern.

Die Chirurgische Klinik war kurz vor dem ersten Weltkrieg fertig geworden. Etwas später lernte ich sogar noch einen alten Herrn kennen, der als Lehrling an den Geländern des Haupttreppenhauses mitgearbeitet hatte. Der Ordinarius für Chirurgie war OMR Prof. Dr. sc. med. Th. Becker, Nachfolger solch bedeutender Chirurgen wie Guleke oder Kuntzen. Der sc. med. war eigentlich die Habilitation der alten Schule, wie sie auch im Westen beibehalten wurde. Man nannte sie in der DDR die Promotion B, die auf den Dr. med. folgen konnte, die A also, denn wer den Titel sc. med. inne hatte, konnte zum Dozenten seines Fachgebietes und zum Professor berufen werden. Becker leitete die Klinik ab 1961. Aus Erfurt stammend, war er ein Schüler von Übermuth (Leipzig).

Die Zielaufgabe von Oberarzt Dr. Schmidt und mir bestand in der Einrichtung einer Aufnahmestation mit Schockraum als Bindeglied der Rettungskette zwischen Ereignisort und Klinik. Ebenso wurden wir mit dem der Aufbau einer Gruppe von Ärzten und mittlerem medizinischen Personal, so hieß das seinerzeit, für die SMH betraut. Von der Chirurgischen Poliklinik aus startete bisher, und sollte weiter starten, der Rettungswagen, besetzt mit Fahrer, Arzt und Schwester/Pfleger in den Stadt- und Landkreis Jenas. Die Dienstbereitschaften, die Organisation der Mitarbeiter, die Vorhaltung der notwendigen Materialien, das sollte von der Chirugie III aus erfolgen. Dazu hatten wir etwa acht Betten, in denen ebenso Patienten der Poliklinik nach Narkosen und kleineren Eingriffen betreut wurden. Kurzzeitpflege war das, nur für wenige Stunden, aber für die Patienten und die Poliklinik entlastend.

Damals wurde der sogenannte ambulante chirurgische Eingriff heftig diskutiert, wenn auch empfohlen. Wann macht man ihn? Welchen Umfang soll er haben? Welchen Patienten ist er zumutbar? Erstens lastete man damit beispielsweise in Jena die Ärzte der Poliklinik aus, erhielt ihre operativen Fähigkeiten und schuf einen Abbau der seinerzeit langen Wartezeiten auf Betten der chirurgischen Stationen. Besonders die einfachen Eingeweidebrüche (Hernien) haben wir damals in großer Zahl ambulant versorgt. Die Entnahme von Gewebeproben und Tumoren, kleinere handchirurgische Eingriffe, auch die Palette der septischen kleinen Chirurgie, »wo Eiter ist, da muss man schneiden«. Der Patient wurde nach der Allgemeinnarkose von der Poliklinik zu uns verlegt. Eine gewisse Zeit später erfolgte der Transport nach Hause. Das mag Vor- und Nachteile für den Laien und die Angehörigen gehabt haben. Im Großraum Jena machten die Operateure abends Hausbesuche. Die Wunddrainage erfolgte mittels Vakuumbeutel aus Plastik, der geformt war wie eine kleine Ziehharmonika, die es eigenartigerweise als Importgut aus Frankreich gab. War dergleichen nicht vorhanden, wurden 20 Zentimeter Plastikspritzen mit

Unterdruck versehen, der Kolben mit einer Sicherheitsnadel fixiert, und so an das Drain angeschlossen. An postoperative Komplikationen erinnere ich mich nicht, man musste jedoch vorher gut aufklären. Für den ängstlichen oder aber auch durch Kreislaufprobleme betroffenen Patienten war das nichts. Man hat sich eher die jüngeren und betreuten Kranken zur OP ausgesucht.

Daneben haben wir die Fälle der poliklinischen Handchirurgie betreut. Der Schockraum unserer Abteilung war für Reanimationen geeignet. Geräte und Zubehör lagen bereit. Sogar einen Defibrillator hatte ich organisiert. Den entdeckte ich eines Tages in Gera im medizinischen Versorgungskontor. Längere Zeit stand er schon dort. Nun bekam er Beine, in Richtung der SMH Jena.

Vom Stationszimmer aus konnten über eine Polizeirufanlage alle Kliniken Jenas, Feuerwehr und Polizei, die Intensivstationen und OP-Säle kontaktiert werden. Bei Massenunfällen war eine Konferenzschaltung möglich. Noch heute weiß ich nicht, wie konspirativ mein Chef diese Anlage in Berlin beschafft hatte! Es war technisch das Beste, was es in der DDR gab. Anfänglich aber mussten die Ärzte und Schwestern für die Arbeit der SMH noch zusätzlich ausgebildet werden. Arbeitsschritte wurden vorgestellt, geübt und eingeführt.

Zwischenzeitlich habe ich auch auf der großen Intensiv-Station mitgearbeitet. Da wurden mitunter drei bis vier Patienten gleichzeitig beatmet. Der Sauerstoff kam per Leitung aus einem Schuppen im Hof der Klinik, wo sechs große Flaschen als Batterien den Betrieb gewährleisteten. Es war Aufgabe des OP-Personals, diese Flaschen bei Bedarf zu wechseln! Die Vielfalt der Beatmungsgeräte war groß. Es gab einen Engström, dessen sonores Geräusch ich besonders liebte, dazu das Blubbern des Wasserschlosses! Das Klinikum besaß einen Dräger-Beatmungskopf, es gab DDR-Geräte von *MEDI*, sowjetische Produkte, die einen hohen Verschleiß an sich bewegenden Teilen aufwiesen. Mein liebstes Gerät war ein amerikanisches Produkt, der sogenannte *Bird Mark 8*. Der war leider nicht auf eine Langzeitbeatmung ausgerichtet. Aber das Gerät hatte man, im Gegensatz zu vielen anderen, so genial konstruiert, dass man beim Zusammensetzen nichts falsch machen konnte. Die In- und Exspirationsschenkel besaßen grundlegend grüne und rote Farbe, die Steckverbindungen passten nur zusammen, wenn man sie eben richtig steckte. In kurzer Zeit konnte man sich mit diesem Gerät befreunden. Da die Kapazität der Intensivplätze nicht ausreichte, hatte der VEB Carl Zeiss ein ehemaliges Lager für die Intensivstation zu einem Beatmungszimmer umgebaut. So etwas gab es auch in der DDR, da wurden außerhalb der Plansummen Geld und Materialien abgezweigt. Nach Feierabend haben uns dann Elektriker, Maler und Maurer von Zeiss den Raum hergerichtet.

Von der Intensivstation her kommend, ging es rechts in den OP-Trakt. Links war das Zimmer des, wie es damals auch gern hieß, »Zimmer des Alten«. Der

Ein damals benutzter Defibrillator aus polnischer Produktion

Blick in den Beatmungskoffer

hatte von dort aus seinen gewünschten Überblick. Gegenüber lag das Sekretariat, wo Frau W. und Frau M. herrschten. Letztere holte jeden Montag im Kiosk auf dem Hof eine Stange *Muratti*, eine teure Importzigarette, von der man aber auch vom »Alten« angeboten bekam, sofern man wollte und man einen Termin in seinem Zimmer hatte, inklusive guten bundesdeutschen Tees. Rechts daneben der »Tafelraum«, über den und in dem die leitende OP-Schwester Hilde herrschte. Hilde hatte Jahrzehnte Dienst auf dem Buckel, war sehr erfahren als Instrumentaria, behielt gern das letzte Wort. Der Name des Raumes leitete sich in der Tat von einer Tafel wie in der Schule ab. Auf dieser Tafel wurden vom Vertreter des Chefs, dass war seinerzeit der Thorax- und Gefäßchirurg Prof. Bartel, nach Besprechung die Operationen für den kommenden Tag mit ganz gewöhnlicher Schulkreide angeschrieben. Danach notierten die Anästhesisten die Narkoseverantwortlichen, danach kam Schwester Hilde. Nach Erledigung dieser Rund konnte jeder lesen, wer, in welchem Saal, woran, von wem operiert, narkotisiert, assistiert und instrumentiert wurde. Über der Ausgangstür zum Flur war eine Reckstange angebracht. Manche Pechvögel, die sich irgendetwas hatten zuschulden kommen lassen, wurden dort zu Klimmzügen verdonnert. Der Chef selbst zählte mit. Manch späterer Thüringer Chefarzt soll daran gehangen haben. Für Dozenten und Oberärzte hing eine zweite Reckstange im Zimmer des Chefs, zur diskreteren Nutzung bereit, so erzählte die Fama.

Danach ging es zum OP-Hauptflur, von dem die Vorbereitungs-, Waschräume und OP-Säle abzweigten, ebenso wie Materiallager und Steriräume. Der Chef operierte fast jeden Tag, legte großen Wert auf Pünktlichkeit und Verlässlichkeit. Er feierte gern, arbeitete aber täglich von sieben Uhr morgens bis sieben Uhr abends. Nie versäumte er es, zuerst zu grüßen, egal ob Professor oder Putzfrau. Nach seinem OP-Programm, meist Gallen- und Magenchirurgie, ging er durch die Säle und ließ sich sagen, was die anderen gerade machten. Dabei war sein Auftreten meist examinierenden, aber auch helfenden Charakters. Allerdings konnte er sich nicht damit abfinden, dass in »seinem« OP eine Nierenentnahme stattfinden sollte. Diese erste Nierenentnahme als Organspende wurde dann im aseptischen Saal der Poliklinik vorgenommen Er konnte sehr laut werden, eisig und bestimmend. Seine Erscheinung entsprach durchaus dem Bild des alten Klinkers deutscher Schule. Er trug, etwa 1,90 Meter groß, einen langen Sauerbruch-Mantel mit Porzellanknöpfen, leicht tailliert. Meist ging er in Begleitung des jeweiligen Chef-Assistenten, der auch Stationsarzt der Privatstation war. So schritt – ja, man jagte nicht, sondern man schritt – er auch zu Konsiliarbesuchen in andere Kliniken. Da gab es dann meist »Elefantentreffen« mit den anderen Ordinarien. So manifestierten sich die Vorstellungen von den »Halbgötter« in Weiß auf die schönste bildliche Art. Trotz meines Oberlippenbartes kamen der Ordinarius und ich gut zurecht. Wir hatten das einige Tage nach Dienstantritt besprochen. Der Chef hatte mich auf dem Flur angehalten und nach sehr höflicher Vorstellung und Begrüßung den Bart angesprochen. Er tolerierte den Bart, weil ich ja in der Rettung tätig war und im OP, wenn wirklich nötig, Mütze und Mundtuch trug. Er mochte aber nicht, dass man duckmäuserte. Eine ehrliche Antwort und ein hohes Allgemeinwissen waren für ihn wichtige Indikatoren für eine Persönlichkeit. Ich erinnere mich an eine Visite, die er auch bei uns in der Aufnahmestation machte. Dort lag eine alte Patientin, die vom Kirschbaum gefallen war, sich dabei beide Radien gebrochen und zusätzlich schwere Gesichtsverletzungen zugezogen hatte. Eine große genähte Naht, eben wie ein Schmiss im Gesicht zog ihn an. Nun wollte er wissen, wie man früher, in der Zeit der studentischen Mensuren, einen solchen Schmiss nannte. Die altgedienten Oberärzte erblassten und fingen an zu transpirieren. Da sah ich ihn an und meinte, in Wilhelm Buschs Geschichte vom Kandidaten Jobs habe es in solchem Fall geheißen »und haut ihm eine schöne Quarte in seine dicke fette Schwarte«!

Na, da hatte ich vielleicht Punkte gesammelt, bei ähnlichen Gelegenheiten ebenso. Becker feierte sehr gern, allerdings am liebsten mit der gesamten Mannschaft. Ich erinnere mich an schöne Faschingsabende auf dem *Fuchsturm* oder seine Empfänge im traditionellen *Bären* in Jena. Er hielt aber wenig davon, wenn manche nicht kamen oder Verhinderungen vorschützten. Beliebt waren seine Neujahrsvisiten. Er erschien am ersten Januar morgens im Stresemann-Anzug und begann seinen Rundgang durch die Klinik. Allen, Patienten wie Mitarbeitern, wurde zum Neuen Jahr gratuliert. Nachdem der »Alte« mit seiner Entourage oben in der Klinik die Station 11 besucht hatte, zog man in die Kantine. Dort gab es für alle, denen es erlaubt war, ein Frühstück. Häckerle und frische Brötchen, dazu wurde *Apoldaer Glocken-Hell* ausgeschenkt. Für die feinere Zunge gab es reichlich *Rotkäppchen Sekt* aus Freyburg an der Unstrut. Zum Abschluss seiner Jenaer Zeit hat Becker seinen *Kurzgefassten Operationskurs* herausgegeben – ein Büchlein zur praktischen Orientierung für junge Ärzte. Da konnte man sehen, wie der chirurgische Knoten zustande kam, wie man nähte und dergleichen Sachen. Das Buch hat der sehr im Zeichnen talentierte, spätere Traumatologe Prof. Markgraf mit kleinen Zeichnungen versehen. So erhielten sich einige kleine Skizzen von ehemaligen Mitarbeitern in diesem Büchlein.

Eine so große chirurgische Klinik hatte ich bisher noch nicht gesehen. Was herrschte da vom Erdgeschoss bis zum Dach für ein täglicher Verkehr an Publikum, Patienten und Mitarbeitern! Die aktuellen chirurgischen Disziplinen waren weit entwickelt. Ich entsinne mich an die Kinderchirurgie (Prof. Schickedanz), Thorax-und Gefäßchirurgie (Prof. Bartel),Traumatologie (dann Prof. Markgraf); etabliert wurde nach der Ära Guleke die Neurochirurgie (Dr. Sölch), spezielle Stationen für Urologie (OA Schiewe) und so viel anderes. Daneben gab es eine Urologische Klinik gegenüber der HNO-Klinik. In all diesen Abteilungen wurde operiert. Der Andrang auf unsere drei chirurgischen OP-Säle in der Bachstraße war ungeheuer groß. Einige Male mussten wir sogar in den Hörsaal ausweichen. Die alten Hörsäle waren seinerzeit so eingerichtet, dass man dank des Platzes operieren konnte. Ursprünglich wurden dort auch Operationen gezeigt, später aus Hygienegründen nicht mehr. Der große Hörsaal war der Ort für das »Hauptkolleg« des Chefs. Es würde hier zu weit führen, wenn ich all die Ereignisse und Besonderheiten erzählen wollte.

Zunächst im Rettungsdienst tätig, hatte ich mich nun auch in der OP-Anästhesie eingearbeitet. Da konnte es passieren, dass Brigitte und ich uns im Dienst ablösten. Denn ich hatte ja meine erste Tochter Franka und Brigitte nach Jena geholt. Zuerst bewohnten wir zwei Zimmer, was immerhin besser als nichts war. Von dort machte ich die Bereitschaftsdienste für die SMH. Über die DIVA-Anlage konnte ich selbst vom Zimmer aus die Station, die Leitstelle und den OP erreichen. Manchmal wurde ich auch für die gesamte Klinik als »Hauptnachtwache« eingeteilt. Das war eine spezielle Position, in der ich die Oberaufsicht über die vielen studentischen Nachtwachen auf den Stationen hatte. Man musste eventuell Infusionen wechseln oder legen, Spritzen geben und den studentischen Kräften helfen. Auch der Transport von in der Nacht zu operierenden Patienten von Station zum OP und retour war Aufgabe der Hauptnachtwache. Da musste man ordentlich durch die Klinik flitzen und wusste morgens um sechs sehr gut, was man gemacht hatte. Da hat man viel erlebt! Es gab eine Nachtschwester, die sehr ängstlich war, wenngleich auch kein heuriger Hase mehr. Aber ihre nächtlichen Arzt-Mobilisationen waren legendär! Ich erinnere mich an einen Anrufes, weil ein Patient ein »Brillenhämatom« habe. Dergleichen kann bei Schädeltraumen passieren. In diesem Falle waren es Abdrücke einer hölzernen Toilettenbrille, die sich der Patient, bedingt durch eine extrem lange Sitzung, zugezogen hatte!

Wir haben damals sehr viel gelacht, trotz großer Anspannung. Das hatte gar nichts mit Abstumpfung oder Teilnahmslosigkeit zu tun! Und zu jenen, die Lachen auslösten und es beförderten, habe ich immer gehören dürfen!

Auch in der Poliklinik gab es stets Anlässe zur Heiterkeit. Zu den Patienten waren wir immer freundlich und hilfsbereit. Es konnte aber auch passieren, dass wir gegenüber stark angetrunkenen oder den Schwestern gegenüber sich unbotmäßig aufführenden Personen eine härtere Gangart einschlugen, im Wort oder auch, wenn nötig, durch Fixierungen. Denn unsere trinkenden Stammkunden hatten wir bereits mit Geburtsdatum und Adresse im Hinterkopf gespeichert. Sehr stark alkoholisierte Patienten haben wir oft im Schockraum in Fußbodennähe abgelegt, damit sie nicht von den Tragen stürzen konnten. Sie kamen immer wieder in unsere Hände. Nach einer gewissen Zeit haben wir auch ein Rechnungsbuch angelegt. Darin wurden alle aufgeführt, die in besonderem Maße angetrunken versorgt werden mussten. Es kam ja zu Verschmutzungen der Krankenwagen und unserer Räume. Ich glaube, mit zwanzig oder dreißig Mark war man dabei. Einige zahlten, weil es ihnen peinlich war, andere zahlten nicht. Manche haben auch versucht, mit Blumen oder Pralinen ein paar Tage danach eine Art von Entschuldigung vorzubringen.

Ab und an sahen wir im Nachtdienst den hübschen Röntgen-Assistentinnen beim Duschen zu, ohne dass sie es bemerkten. Liebe Mädels, verzeiht uns das!

Nicht zu vergessen sei der damals blühende politische Witz, der in der DDR gern gepflegt und weitergetragen wurde. Er wurde vom Personal und den Patienten gleich geliebt und gepflegt.

Interessant waren für mich nach meiner bisherigen Arbeit in zwei kleineren Häusern, die Diagnosen der Kliniken in Jena, die stattgehabte Spezialisierung vieler Ärzte und die neuen therapeutischen Möglichkeiten. Es wurden auch von außerhalb immer wieder Patienten überwiesen, weil das Wissen der Uni-Kliniken für viele sehr wertvoll war. Das Herzstück der gesamten Medizin lag damals hauptsächlich in der Bachstraße. In diesen vielen und zum Teil alten bis sehr alten Gebäuden wurde das aktuelle medizinische Wissen angewandt. Ebenso waren diese Kliniken wichtige Arbeitgeber in der Universitätsstadt. Auf dem Gelände zwischen Bachstraße und Zeiss-Platz herrschte fortwährend reger Betrieb. Das Ausbildungsniveau der Ärzte war recht hoch. Ebenso die operativen Fähigkeiten, die von den Professoren Bartel und Becker sowie anderen unnachgiebig entwickelt wurden. Zur Facharztprüfung musste man einen ganzen Operationskatalog vorlegen können. Gewiss gab es auch subjektive Unterschiede, manche operierten sehr sicher und souverän in kürzester Zeit. Andere brauchten etwas länger, trotzdem waren die Bemühungen zu sehen, mit in die vorderen Reihen zu gelangen. Ich habe in den verschiedenen Kliniken viele Chirurgen, alte wie junge, operieren sehen. Manche hatten eben für die Chirurgie eine regelrechte Begabung. Totalausfälle waren höchst selten, kamen dann aber auch in den theoretischen Fächern zum Tragen, was vielleicht für diesen oder jenen besser war.

Dadurch, dass wir oben in der Schwestern-Etage wohnten, war man in alle Ereignisse eingebunden. Unsere Franka hat stets Menschen gefunden, die gern mit ihr spielten. Es gab aber auch Mitbewohner anderer Art, wie Kakerlaken und Pharaoameisen. Das war weniger schön, wenn man in den Küchen diese Tiere flitzen sah, sobald das Licht anging. Mithilfe großer Säuberungsaktionen versuchte man, wenn auch nur für eine gewisse Zeit, dieser Plagen Herr zu werden. Dann wurde die Klinik abschnittsweise besprüht und desinfiziert. Viel Arbeit für die Mitarbeiter, viel Ungemach für Besucher und Patienten.

Ich erinnere mich an einen Geburtstag von Brigitte. Ihre Mutter hatte aus Mecklenburg Baisers geschickt, die zum Kaffee auf den Tisch sollten. Beim Anbrechen eines dieser recht großen Baiserstücke fanden wir eine Pharaokönigin samt Hofstaat.

DIE ZWEIFEL

Nach den ersten zehn Jahren in verschiedensten Kliniken war ich in Jena zunächst auf meinem fachlichen und medizintechnischen Zenit angelangt. Die Summe an speziellen Operationen im Thorax- und Abdominalbereich, die Vielzahl von Polytraumen, die wir auch von außerhalb bekamen, ließen uns auch viele polytraumatisierte Patienten sehen. An manchen Tagen haben wir auf einer Intensivstation, der alten chirurgischen Wachstation, die so heute keiner mehr betreiben würde, vier bis sechs Beatmungen vornehmen müssen. Das geschah in unterschiedlichen Räumen mit Maschinen verschiedenster Hersteller. Man konnte nach gewisser Zeit schon aus der Entfernung hören, welche Maschine exakt lief und wo es Probleme gab. Einige Patienten wurden Stunden, manche Tage und Wochen beatmet. Mit all jenen bekannten Begleiterscheinungen, die man heute sicher anders behandeln kann.

Wir arbeiteten mit Langzeitrelaxantien, Analgetika und Sedativa, um die Patienten ruhigzustellen. Der Tag des Patienten war bestimmt von Medikamenteneinnahme und ärztlichen Tests. Umgeben von zwei oder drei Schwerstkranken, den Geräuschen der lebenserhaltenden Maschinen und Infusomaten, war das auch für einen Pfleger manchmal schwer zu ertragen. Ich fragte mich des Öfteren, ob im Inneren des Patienten nichts mehr war, was uns signalisieren konnte: »Mir geht es besser. Ich will selbst atmen. Ich höre euch, aber ich kann nichts sagen!« Das alles machte mir zu schaffen, wenngleich ich wusste, dass wir immer das Neueste und Beste in die Behandlung eingebunden hatten. Manchmal fragte ich mich, ob weniger mitunter mehr gewesen wäre. Solche Krisen habe gewiss nicht nur ich durchlebt. Eine Supervision für besondere Fälle kannten wir nicht. Eine solche Zeit des Zweifels hielt ich jedoch für normal.

Etliche von uns nahmen die Probleme auch mit in den Feierabend. Oben, in unseren Zimmern auf dem Schwesternflur, da haben wir den Tag oft Revue passieren lassen und über manchen Patienten gesprochen. Die Klinik ließ einen selbst nach Feierabend und trotz Wermut, Rotwein und starkem Kaffee nicht los. Wie hilfreich war es da manchmal, wenn durch Blick oder kurze Berührung einem das Wohlgeformte unter einem kurzen Schwesternkittel ins Auge sprang! Augenkontakt und kurzes Wort sorgten dann rasch für eine schnelle Entfernung von der diskutierenden Gruppe. Man war ja letztlich jung und froh, die schweren Gedanken über dem wohlgeformten Körper zu vergessen! Das galt für beide Seiten! Manchmal betrachte ich beinahe neidisch die heutigen Möglichkeiten der Seelsorge und Psychologie, mit diesen Problemen fertig zu werden, sofern es denn gelingt. Die Macht der erinnernden Bilder ist doch gewaltig.

Mit Wohlwollen beobachte ich, dass auch heute noch Mediziner ausführlich über die Tatsache nachdenken, ob alles operiert werden muss, oder ob weniger nicht mehr sein kann. Das Nachdenken über das Sterben hat neue Ansätze gefunden. Das ist gut für die, die dem Personal vertrauen müssen. Die nächsten Jahre werden wohl für eine veränderte, eine bessere Qualität sorgen müssen. Den Mitarbeitern, Patienten und meinen Enkeln wünsche ich das.

DER KAMPF UM EINE WOHNUNG

Wer die DDR kannte und in ihr lebte, weiß, dass eine der größten Herausforderungen darin bestand, eine Wohnung zu bekommen. Da wurde nicht auf eine besondere Lage oder Geräumigkeit spekuliert. Man hatte nichts zu fordern. Anbieter waren ausschließlich die kommunalen Wohnungsunternehmen (KWV genannt), oder auch genossenschaftlich organisierte Häuser. Wohnungen erhielt man auf Antrag, nur selten waren die Vermieter auch Privatleute. Nirgendwo sonst gab es bei der Lösung des Unterkunftproblems so emotionale und aufwühlende Szenen wie in den Sprechstunden der Wohnungsämter. Sicher ist auch in diesem Bereich viel geschoben und geschummelt wurden. Selbst feuchte und schimmlige Wohnungen, Kinder, Krankheiten oder Behinderungen steigerten die Hoffnung auf eine neue Wohnung nicht. Bestimmt kann der ein oder andere an dieser Stelle auch seine ganz persönliche Geschichte hierzu beitragen.

Brigitte und ich mussten uns 1979 besagtem Problem stellen, denn Alexanders Geburtstermin war für Februar berechnet. Was die Vergabe von Wohnungen anbelangte, hatten die Betriebe, darunter Carl Zeiss und Schott, die Nasen vorn und besaßen die meisten Kontingente. Uns war ziemlich egal, ob wir in ein altes Haus oder in einen Neubau einziehen konnten. Wichtig waren uns lediglich die eigenen vier Wände. Aber selbst in Jena mit den vielen Neubau-Vierteln schien es nahezu unmöglich, eine gute Wohnung zu bekommen. Im Vorfeld hatte ich schon, wie seinerzeit üblich war, die Klinikleitung und andere Dienststellen um Hilfe gebeten. Es folgten Eingaben, wie Petitionen heute heißen. In allerletzter Verzweiflung dichtete ich folgenden Reim:

Da, wo's nach Ratte riecht,
da, wo die Schabe kriecht,
da bin ich zu Haus.

Das war eine Beschreibung des zum Hörsaal führenden Klinikeinganges, wo man über eine Treppe hinab zu den Laborratten gelangte. Die Eingabenflut hatte ich im Laufe der Zeit steigen lassen. Als meine Schwiegermutter mal zu Besuch war, meinte sie, »ein älterer Pfleger« hätte einen Brief abgegeben. Der so Apostrophierte war der Kinderchirurg Prof. Schickedanz, der als Vertreter der Kliniksleitung eine Antwort übergeben wollte. Sein immer sehr bescheidenes Auftreten hatte dazu geführt, dass Oma Schütt ihm einen »Pfleger« zuerkannte! Dann kam ein anderer Umstand hilfreich dazu. Im Rahmen seiner Arbeit als Abgeordneter der Volkskammer hielt ein Arbeitsmediziner, selbst Prof. in Jena, eine Rede in unserem Hörsaal. Darin skizzierte er, welche Verbesserungen sich für Mitarbeiter im Gesundheitswesen im Laufe der späten 1970er-Jahre ergeben könnten. Das nahm ich sehr ernst und schrieb sogleich eine Eingabe an den Redner. Tatsächlich kam nach 14 Tagen ein Brief von Prof. Brückner zurück. Er habe die Eingabe, die er dringlich einstufte, in sein Volkskammer-Büro nach Berlin mitgenommen. Ich möge warten.

Ende Januar 1979 kam dann tatsächlich eine Nachricht aus der Wohnungsverwaltung der Universität. Danach gab es einen Besichtigungsschein für eine Wohnung in der Nuschke-Straße 1, heute wieder Botzstraße heißend. Der vorherige Inhaber der Wohnung, ein Jenaer Pharmakologe, hatte sich in der Nähe, am Steiger, eine Villa restauriert. An einem trüben winterlichen Nachmittag betraten wir, nach Passage eines schönen alten Treppenhauses mit Eichenparkettstufen und noch wohlerhaltenen Jugendstil-Bleiglasfenstern, unsere mögliche neue Wohnung. Zur Sicherheit hatten wir eine der in der Klinik verbreiteten Karbidlampen bei uns.

Vorderansicht Botzstraße heute

Zunächst floss etwas Essig in unseren seligen Besichtigungswein. Es handelte sich um eine sogenannte Teilwohnung. Das ganze Stockwerk unter dem Dach umfasste eine Fläche von gut 200 Quadratmetern. Die ehemalige große Küche und zwei Zimmer gehörten einer anderen Mietpartei, bestehend aus Mutter und Sohn. Trotzdem blieben fast 140 Quadratmeter für uns übrig. Wir hatten eine schmale Küche, ein kleines Bad, den großen Flur, und sogar einen Balkon mit herrlichem Blick über Jena-West hin zum Galgenberg. Ich erinnere noch unseren Aufschrei, als wir das Wohnzimmer betraten, dass sich über 44 Quadratmeter erstreckte. Dazu kam noch ein großes Kinderzimmer, ein Arbeitszimmer und ein Schlafzimmer mit dem Blick zum Stadtkirchenturm, damals noch ohne Haube, und zur Friedenskirche. Nachteil dieser Wohnung: Die Glockenschläge all dieser Uhren zu ertragen. Das hat uns nicht gestört. Neben dem Kinderzimmer und dem Arbeitszimmer führten Tapetentüren zu in den Dachschrägen eingelassenen schmalen Abstellkammern. Die boten reichlich Platz.

Am nächsten Tag raste ich förmlich in die Wohnungsstelle, um den sofortigen Bezug und die Annahme der Wohnung zustimmend zu überbringen. Nun also konnten die Arbeiten der Gewerke und der Einzug geplant werden. Es wurden reichlich Farben und Tapeten gekauft. Farben gab es allerdings selten sofort und in allen Nuancen, und wenn, dann nur sogenannte geleimte Wandfarbe. Im Bad, wo später ein Bekannter die Waschmaschine installierte, hatten wir glücklicherweise eine alte *Junkers*-Gasheizung und ließen uns noch dazu einen Wasser-Durchlauferhitzer einbauen. Die Küche oder die gemeinsam zu nutzende Toilette zu beheizen, war nicht möglich. Nur im Bereich der Zimmer waren Dauerbrennöfen und Kachelöfen vorhanden. Das bedeutete, täglich Asche zu entsorgen, bis unten zur Straße zu bringen, wo die Mülltonnen standen, und danach aus dem Keller vier Eimer, für jede Hand zwei, mit Briketts nach oben zu bugsieren. Dazu musste das erste Kind getragen werden, später noch der Säugling. Und obendrein die eingekauften Sachen. Man war aber noch jung und sehr kräftig, sodass es einen nicht gestört hat. Diese Wohnung haben wir einige Jahre gehabt. Heute kaum vorstellbar, dass die alten Fenster im Schlafzimmer völlig undicht, geschweige denn gedoppelt waren, sondern im Winter dicke Eisblumen aufwiesen. Es war sehr, sehr kalt. Wir mussten uns doch tatsächlich eine Heizdecke besorgen, um bei fast null Grad wenigstens ein angewärmtes Bett zu besitzen. Der Flur der Wohnung war äußerst geräumig. So konnten wir nach unserem Geschmack einrichten. Für drei Zimmer besorgten wir Fußbodenbelag, der ein wenig nach Parkett aussah. Er wurde von Hand zugeschnitten und gelegt.

Wir hielten eifrig nach alten, nicht zu teuren Möbeln Ausschau. Besonders das große Zimmer, von allen auch der Salon genannt, wurde liebevoll möbliert. Zwei alte Buffets, ein Jugendstil-Sofa mit Originalbezug, ein großer Esstisch für zwölf Personen, eine Wanduhr, aus einem Altenburger Bauernhaus, sowie ein Harmonium und etliche Bilder formierten die Einrichtung. Es war derart viel Platz, dass die Kinder sogar mit dem Dreirad problemlos um den Tisch fahren konnten. Die etwa sechs Meter lange Fensterfront schmückten schöne Gardinen und entsprechende Vorhänge, genäht von einer lieben Freundin. Auf dem Balkon war Platz für einige Stühle, manchmal auch den Kinderwagen, und für selbst gezogene, sehr wohlschmeckende Tomaten. Unsere Freunde überschwemmten bald diese Wohnung, sodass wir ab und an am Briefkasten einen Zettel anhängen mussten, wir wären nicht da.

Die zahlreichen Baumwollwindeln, die man damals noch hatte, so 60 Stück pro Woche, brachten wir zum Trocknen auf den Boden. Pampers und Konsorten? Fehlanzeige. Man hatte Baumwollwindeln, dazu Einlagen aus der Papierfabrik *Kriebstein*, die sogenannten *Kriepa*-Windeln. Die gab es aber auch nicht immer und überall. Brigitte war glücklich, wenn sie diese Windeln am Engelplatz in einer Drogerie, manchmal sogar vom Lastwagen herunter, bekam. Um die Windeln zusammenzuhalten, zog man Gummihöschen darüber, die sogenannte Spreizeinlagen besaßen, die ich als junger Vater gern auch als »Kackbretter« bezeichnet habe. Das Anziehen der Kinder kostete viel Zeit und auch manche Mark. Das Windeln war zudem eine logistische Herausforderung. Denn über das Windel- und Hosenpaket zog man noch Strumpfhosen, während die Kleinen alberten und mit den Beinen strampelten. Und morgens raste die Zeit.

Diese Wohnung, in der sich nun das Leben von drei, dann vier von Olszewskis abspielte, hatten wir im Februar 1979 bezogen. Alexander zog nach seiner Geburt am 12. Februar auch mit ein, und es war gut, dass zwischen Schlaf- und Arbeitszimmer etliche Meter und Wände lagen! Der Junge brüllte die halbe Nacht! Irgendwann müssen wir wohl vergessen haben, ihm sein Fläschchen zu geben und siehe da, der Schreihals blieb von Stund an in den Nächten stumm!

Trotzdem, und so geht es wohl den meisten, die erste Wohnung war trotz aller Mängel Palast und Heimstatt zugleich. Die Miete für diese 140 Quadratmeter betrug, man halte sich fest, etwa 55 Ostmark! Wir hätten beide zusammen sogar 150 zahlen können, das gab unser Gehalt schon her. Aber die billigen Mieten waren eben ein sozialpolitisches Pfund, mit dem die DDR gern nach außen wucherte.

MIETER ALS ORGANISATOR

Ein gelernter DDR-Bürger musste stets ein Organisator sein. Vom Obst bis zu den Handwerkern, von den Büchern bis sonst wohin, musste man sehen, wie man zu etwas kam.

Nach einiger Zeit offenbarte unsere eigentlich schöne Wohnung augenfällige Mängel. Der Fußboden zeigte sich an einigen Stellen recht nachgiebig. Saß man zu mehreren auf dem Balkon, der durch etwa sechs Meter langen Bohlen befestigt war, spürte man deutlich die Tritte im Wohnzimmer. Aber wir hatten keine Angst, obwohl es im Falle eines Absturzes circa 17 Meter in die Tiefe hätte gehen können. Die Fenster insgesamt waren alt und undicht, zudem klemmten sie. Die Elektrik stammte mit Sicherheit noch aus der Vorkriegszeit. Manchmal war der Strom weg, obwohl die Sicherungen nicht heraussprangen. Sicherungen, ihr Menschen von heute, bestanden damals noch aus Keramik und mussten, sollte sich ihr rotes oder grünes Plättchen lösen und der Strom ausfallen, aus- und neue wieder hereingedreht werden. Also mussten stets genügend Sicherungen bereitliegen. Obwohl das Haus einen herrschaftlichen Charakter hatte, war im dritten Stock auf Stroh verputzt worden. Diese Wände wackelten ab und zu sanft.

Durch das Haus verliefen zwei Wasserleitungen, das Wasser kam aus Bleirohren, die um 1900 eingezogen waren. Es passierte häufig, besonders nachts, dass diese Leitungen rissen und irgendwo im Haus jemand einen Wasserschaden feststellen musste. Dies wiederum bedeutete, dass man morgens bisweilen kein Wasser hatte und unten im Hauseingang auf einen Zettel stieß, der den Defekt mitteilte. Das konnte schon recht störend sein, denn die Handwerker kamen ja nicht sofort. Einmal hatten wir den Übeltäter selbst im Bad. Kinder und Wäsche waschen? Keine Chance. Trotz vieler dringlicher Versuche traf kein Klempner ein. Als ich dann – mittlerweile war Freitag geworden – aus der Klinik kam und zu Hause auf ein hochgradig erregtes Eheweib traf, ging ich zu einer mündlichen Petition in die Kreisleitung der SED, in der Nähe des Saalbahnhofs gelegen. Mit dem Vorsatz, die Genossen wirst du jetzt packen in ihrem Ehrgeiz und der stets vorgetragenen Fürsorglichkeit gegenüber der Bevölkerung. Aus heutiger Sicht völliger Schwachsinn, die Zentrale einer führenden Partei aufzusuchen, um ein defektes Bleiwasserrohr reparieren zu lassen. Also, ich trat ein, bat um Rücksprache in einem besonderen Fall und wurde in ein kleines Zimmer gebeten. Durch die Tür hörte ich, wie die Empfangsdame, besser Empfangsgenossin, einen Mitarbeiter rief. Nicht ohne Verweis auf die Entscheidung der Ersten Sekretärin der Kreisleitung Jena, die in ihrer Handtasche auch immer eine Pistole bei sich trug, man solle jeden anhören und vorlassen. Nach einiger Zeit erschien ein älterer Mitarbeiter. Dem habe ich zunächst sagen müssen, ich sei nicht in seiner Partei, sondern evangelischer Christ usw. Das freute ihn mächtig. Er ließ sich den ganzen Hergang detailliert vortragen und zeichnete sogar die Position des defekten Bleirohres auf. Er würde sich um Hilfe bemühen, könne aber nichts versprechen, so beschied er mir. Mein Vorsprechen, inklusive der Wegstrecke, dauerte etwa eineinhalb Stunde. Das es etwas bewirkt hatte, glaubte ich kaum. Aber siehe da, als ich in unsere Straße einbog an diesem späten Freitagnachmittag sah ich ein Moped mit Anhänger vor dem Haus stehen, ein Zeichen für Handwerker im Einsatz. Und als ich die Wohnung betrat, kamen meine Kleinen und zeigten mir einen fremden Onkel. Das war der Gute, der das Rohr lötete, auf dass wir wieder Wasser empfingen. Am Montag habe ich mich dann, der guten Ordnung halber, bei den Genossen bedankt.

Leider wiederholten sich dergleichen Dinge, und man konnte ja nicht jedes Mal zu den führenden Parteistrategen gehen. Zu all dem kam, dass das Dach des Hauses, im Krieg mit Dachpappe notgedeckt, den Regen aufnahm wie ein Schwamm und uns dann das Nass in beinah jedem Zimmer bescherte. Nach gewisser Zeit wusste man, wo auf dem Boden und in den Räumen Eimer und Schüsseln zu platzieren waren. Dem damals berufenen Ordinarius für Gynäkologie, Prof. Stech, war im OP der Frauenklinik zu Ohren gekommen, dass ich diese Wohnung bezogen hatte. Mit freundlichem Mitleid erzählte er mir, dass er mit seinen Eltern auch lange dort gewohnt hatte und mir auf dem Boden genau die Stellen zeigen könne, wo man den Regen auffangende Gefäße stellen müsse.

Ein Reparaturprogramm musste her. Das gestaltete sich nicht einfach, weniger des Geldes wegen, sondern es fehlten die notwendigen Materialien. Seine Wünsche trug man zu den öffentlichen Sprechstunden bei der Kommunalen Wohnungsverwaltung vor, dort dem zuständigen Verwalter. Entweder war ich gut, oder Brigitte sehr bissig, es gelang, manches ins Rollen zu bringen. Nach einiger Zeit wurden die alten Bleirohre entfernt und gegen neue Wasserleitungen ausgetauscht. Man ließ individuelle Holzfenster anfertigen. Eine Abschlussklasse Elektriker einer Ausbildungseinrichtung des Handwerkes rückte den maroden Stromleitungen des gesamten Hauses zu Leibe. Brigitte hat in dieser Zeit als »Bauherrin« gewirkt, und bekochte und bemutterte die verschiedenen Gewerke. Das hatte auch späterhin allerhand Vorteile. Nachdem alles fertig war, wollte ich als krönenden Abschluss das alte Pappdach in Angriff nehmen. Dachpappe hatte ich auf abenteuerlich verschlungenen Wegen schon »besorgt«, nur noch ein Gerüst fehlte mir. Aber ich wusste, das die Kirchgemeinde eines als Gabe einer Patengemeinde aus dem Westen erhalten würde. Man versicherte mir, es leihen zu können. Aber nach dem Übertritt über die Grenze, so die Auskunft des kirchlichen Bauamtes, hatte das gute Alu-Gerüst sich in der kleinen DDR verlaufen und ward nicht mehr gesehen. Ich gab auf. Eine Kernsanierung des Hauses ist nach 1990 sogar mit einem Bauherrenpreis ausgezeichnet worden.

Babywaage aus dem Kreißsaal der Jenaer Frauenklinik

LEBEN IN JENA – KINDER ERLEBEN

Die Wohnung im Westviertel Jenas war, trotz aller Mängel, schön und geräumig – der richtige Ort, um die Kinder aufwachsen zu sehen. Die Entfernung zur Klinik war nicht groß, Kinderkrippe und Kindergarten lagen auf dem Weg. Allerdings mussten wir die Kleinen morgens spätestens gegen halb sechs wecken, um die Zeit einzuhalten. Um sechs war schließlich Dienstbeginn, im OP etwas später. Diese Morgenstunde hatte besonders im Winter weniger Gold im Munde, eher Babywindeln, Asche und Briketts. Die Öfen mussten bereits früh beheizt werden, um sie beim Verlassen der Wohnung schließen zu können. An sehr kalten Tagen wurde am Nachmittag noch einmal befeuert. Neben dem Beheizen bereiteten wir das Frühstück vor, zogen zwei Kinder komplett an (besonders schwer im Winter mit den dicken Sachen), trugen sie drei Etagen nach unten, setzen sie in die Wagen und fuhren los. Gegen 15 Uhr war Feierabend, es ging zurück, aber nicht ohne noch ein paar Besorgungen zu machen. Schließlich gab es damals manche Produkte nur am Nachmittag. An Gemüse, Obst und anderes war oft nur über Beziehungen zu kommen. Wir hatten in unserem Viertel den Fleischer *Moser*, die Drogerie *Bein*, an der Leutra einen Gemüseladen (der Verkäufer wurde wegen seiner Gesichtszierde Onkel Schwarzbart genannt), hier und da noch andere Geschäfte, in der Wagnergasse auch einen kleinen Einzelhandel. Den Drogist Bein suchten wir besonders dann auf, wenn im Kindergarten Kopfläuse auftraten, um uns mit Staubkämmen und *Goldgeist* zum Haare waschen einzudecken.

Nahe der damals sehr bekannten Gaststätte *Kleinvogel* lag ein großes Lebensmittelgeschäft. Das wurde, und ich nenne die Namen wegen des Klanges immer wieder gern, betrieben von Anneliese Rückriem und Jochen Gebranzig. Vom Hering bis zur Praline – alles war da. Besonders wenn man seine Nase öfter zeigte, kam es zu gewissen Sympathien. So erhielt Brigitte zu Ostern oder Weihnachten immer wieder, bereits in grobe Tüten verpackt, Eier aus Marzipan oder Schokoladenweihnachtsmänner. Bananen reichte man bereits gut verpackt über den Tresen. Das war im Übrigen eine in der ganzen DDR verbreitete Methode, gute Kunden mit dieser sogenannten »Bückwaren« bei Laune zu halten. Uns kam zugute, dass manche Ladeninhaber um unsere Arbeit in der Klinik wussten und uns das ab und an auf die geschilderte Art honorierten.

Anfang der 1980er-Jahre gab es in der DDR einen politischen Witz. Man sollte erklären, welches die wichtigsten Tage der Woche wären. Dienstag und Donnerstag war die Antwort. Warum? Dienstag kommt *Dallas* und Donnerstag gibt es Fleisch! Der erste Teil bezog sich auf eine amerikanische Fernsehserie, deren Protagonist, Larry Hagman, immer noch lebt. Die DDR-Bevölkerung sah das mit Leidenschaft. Der zweite Teil zielte ab auf die Verknappung von Fleisch wegen ungünstiger Erträge der Schlachttierbestände. Es gab damals sogar einen Metzger, den man auch den »Professorenfleischer« nannte. Der wiederum war nicht in der Lage, das wenige Fleisch für alle Kunden zu verarbeiten. So packte er eben Fleischpakete, die – daher der Name – von den Professorenfrauen abgeholt wurden. Ich erinnere seine stets leeren Wursthaken im Laden in der Erfurter Straße. Wir suchten noch lieber unseren Stammfleischer *Moser und Jakob* auf, auch wenn man vor dem Wochenende für einen Einkauf wegen der langen Warteschlange Stunden veranschlagen musste.

Da unsere Kleinen sehr schlecht aßen, haben wir stets riesige Mengen Milch (im Plastikschlauch) und Buttermilchquark eingekauft. Tatsächlich half uns unsere Arbeit durch Poliklinik und Krankentransporte oft zu guten Sachen, die der Handel nicht immer vorrätig hatte. Bei dem eben erwähnten Lebensmittelgeschäft gab es immer frische Landeier, die der Besitzer in den Dörfern einsammelte. Daneben wurde man zu fast ritterlichem Rang erhoben, wenn man von ihm das so beliebte *Singer Bier* beziehen durfte. Das stammte aus einer ganz kleinen Privatbrauerei und man bekam in der Regel nur am Freitag pro Nase zehn Flaschen. *Singer Bier* war lecker und süffig, nach bayerischer Art gebraut!

Wenn wir frei hatten, gingen wir auf den Wochenmarkt am Hanfried. Der beherbergte ein riesiges Angebot von Kleinbauern und Gärtnern – Ströme an Obst, Gemüse und Blumen! Dort traf man auch die halbe Klinik! Allerdings, musste man schon sehr früh da sein, nach zehn Uhr war's schon wieder vorbei mit der Herrlichkeit.

ARBEIT UND KINDER

Heute frage ich mich manchmal, wie wir das trotz allen Dienstes, der schwierigen Umstände des täglichen Lebens, der zu gewährleisteten Betreuungssituation unserer zwei kleinen Kinder geschafft haben. Nun, gewiss war man jung und außerordentlich bei Kräften! So habe ich zum Beispiel den größten Teil der neuen Wohnungseinrichtung allein nach oben gebracht. Das Schlafzimmer, Hunderte von Büchern, die Schränke und Büffets – ich weiß nicht, wie das ging. Den Schreibtisch, ein schönes antikes Stück, konnte man nur um seine Platte, die drei Zentimeter dick war, reduzieren. Die drei Schubladen ließen sich entfernen. Dann stieg ich in die Mitte des guten Stückes, hob es an und trug es die Treppen erst nach unten, dann nach oben. Die Einzelmöbel für die Küche – schwere, sogenannte Sprelacart-Möbel – wurden geliefert und im Erdgeschoss abgestellt. Das Transportunternehmen trug nichts zum Kunden nach oben! Ich musste so vorgehen, dass ich den einzelnen Schrank drehte, die Türen öffnete und dann das Ganze, auf Schulter und Hals sitzend, ein Nackentuch als Polster gelegt, Stufe für Stufe nach oben brachte. Insgesamt waren es sieben Schränke!

Obwohl damals alles nicht leicht war, fehlte es unseren Kleinen, Franka und Alexander, an nichts. Nur leider sahen sie ihre Großeltern recht wenig. Brigittes Eltern lebten in Mecklenburg, meine Mutter in Altenburg. Da gab es wenig Besuch und Hilfe. Die Entfernung war zu groß. Da wir Eltern beide Einzelkinder sind, gab es meinerseits keine weiteren Verwandten. Bei Brigitte waren es etwas mehr, die zur Familie zählten, aber auch die wohnten weit weg im Norden.

Die Kinder hatten ein ausreichend großes Zimmer zum Spielen und Schlafen. Sie erhielten all jene Zuwendung, die heute manchmal vermisst wird. Wir, oder bei Bereitschaft einer von uns, holten sie ab. Dann wurde der Markt besucht und etwas eingekauft. Bei gutem Wetter sind wir gern mit ihnen am Lommerweg entlang spaziert, heraus aus der Klinik, oft bis hin zur Papiermühle. Dabei bestimmten wir Bäume, Pflanzen, Blumen und Vögel, beobachteten den Wechsel der Jahreszeiten und die kleinen Dinge am Wegesrand. An freien Tagen oder an den Wochenenden ging es auf die schönen Jenenser Höhen. Landgrafen, Fuchsturm und Jenzig wurden bewandert. Damals stiegen wir die Stufen des kurzen Weges empor, heute nehmen wir lieber eine Kraftdroschke. Man muss bedenken, dass wir die Strecke zuerst mit zwei Kindern, dann mithin noch einen Kinderwagen zu bewältigen hatten.

Die großen Feste der Kirche und des Jahres besprachen wir mit unseren Kleinen einfühlsam und weckten kindliches Verstehen. Im Advent haben wir es immer geschafft, nachmittags bei Kerzen und Adventsliedern von der Schallplatte die Festtage vorzubereiten. Am Heiligen Abend schmückte alljährlich ein herrlicher großer Baum das Wohnzimmer, immer mit Wachskerzen versehen. Der wurde erst nach der Christvesper in seine Pracht versetzt! Diese Tradition haben wir bis heute beibehalten. Auch die Enkel kennen Opas und Omas klassischen Weihnachtsbaum. Wir haben den Kindern beigebracht, dass es neben Schnatterei und herumtollen auch ruhige und besinnliche Zeiten zu geben hat.

Die Wachskerzen an unserem Weihnachtsbaum hat manchen wegen der Brandgefahr verwundert. Aber wir haben den kleinen Kinderhänden anschaulich gezeigt, wie sehr Tannennadeln pieken können, und erklärt, wie gefährlich offenes Feuer ist. Es gelang, ihnen beizubringen, dass man die Kerzen in Ruhe brennen lässt, dabeisitzt und, wenn es Zeit ist, die Lichter gelöscht werden.

Besonders gefiel unseren Kinder das Vorlesen am Abend, auf Bücher wurde viel Wert gelegt. Aber sie mussten dafür auch bestimmte Regeln einhalten, wie zum Beispiel das Aufräumen vor dem abendlichen Baden. So sind sie nie in den fragwürdigen Geruch einer antiautoritären Erziehung gekommen. Manchmal war es schwer für die Kleinen, die Regeln zu erkennen und sich danach zu halten. Unnachgiebig haben wir uns dann durchgesetzt. Manchmal ließen sich Strafen oder gar eine Ohrfeige nicht vermeiden. Bei schlechtem Verhalten fiel dann auch schon mal der geliebte *Sandmann* aus. Auch wenn die Erziehungsmaßnahmen heute womöglich andere sind, bestätigen uns die Großen immer wieder, dass ihnen all das nicht geschadet hat. Zur Erziehung gehörten auch alle Grundsätzlichkeiten des Umganges mit Nachbarn und Freunden, das Grüßen und grundsätzliche Freundlichkeit.

Mussten wir am Nachmittag wirklich eine Strafe verhängen, sobald die Kinder zu Bett waren, war das vergessen und mit sanfter Hand übergaben wir sie dem Schlaf. Manchmal habe ich für Franka und Alexander auch am Harmonium gespielt – das mochten sie sehr. An unsere schlagende Wanduhr haben sie sich schnell gewöhnt. Angst kannten sie nicht.

Stethoskope und Ärzte waren ihnen durch unsere Arbeit bestens vertraut. Franka riss sich in der Kinderklinik stets die Jacke auf, um abgehört zu werden.

Auch zu Hilfsbereitschaft haben wir sie erzogen. Eines Sonnabends im Sommer kam mir eine Idee. In der Lutherstraße, rechts neben der damaligen Poliklinik, befand sich ein kleines evangelische Altersheim. Auf dem Markt sagte ich den Kindern – damals waren sie vielleicht so zwei oder drei – wir wollen Blumen für alte Leute kaufen, die sehr wenig Besuch bekommen! Mit Temperament und voll Freude machten sie mit! Die Sträuße waren äußerst preiswert. Mit einem Arm voll Blumen gingen wir dann vom Hanfried über den Holzmarkt, die Esplanade herunter, an der Post vorbei zur Lutherstraße. In dem erwähnten Haus lebten 16 alte Menschen. Es gab keinen Aufzug. Wer oben lebte, blieb oben, sollte er die Treppe nicht mehr bewältigten können. Franka und Alexander gingen von Zimmer zu Zimmer, verteilten ihre Blumen und erfreuten sich an der Rührung der alten Bewohner. Nicht ganz ohne Eigennutz, denn aus manchem Schrank kroch eine Tafel Westschokolade heraus. Diesen Vorgang wiederholten wir an manch anderem Samstag. Und als Weihnachten heranrückte, haben wir für die Bewohner das Weihnachtsessen besorgt – etwas Stollen, etwas Wein, etwas Ente, etwas Musik.

Hatten Brigitte und ich am Sonntag keinen Dienst, was selten vorkam, gingen wir in die Friedenskirche. Dort sang eine ältere Lehrerin im Chor, die mit Tochter und Sohn im Erdgeschoss unseres Hauses lebte und unseren Kindern sehr sympathisch war. Manchmal krabbelte unser Sohn zwischen den Pauken und den Sängern herum, was aber keinen störte. Die Gemeindearbeit, unseren Pfarrer Dr. Schack und viele gute Freunde haben wir da immer wieder erfahren und gern mitgemacht. Predigt und Kirchenmusik waren ausgezeichnet. Allerdings konnten wir uns zu der Zeit nicht zur Säuglingstaufe entschließen. Dazu kamen unsere drei Kinder erst viel später. Der Kirchgang bot gleichwohl Gelegenheit, den Leuten zu demonstrieren, wohin man am Sonntag geht und wofür man sich hält. Deshalb trugen wir unsere Gesangbücher auch immer offen!

Nun hatten wir in Jena einen erfreulichen Stand unseres Familienlebens erreicht. Ein Kranz guter Freunde und engagierter netter Kollegen gesellte sich hinzu. Das tägliche Leben war nicht ganz einfach, aber wir haben unsere Kinder in ihren ersten Jahren wunderbar erleben dürfen. Dafür ist Gott heute noch zu danken! Denn, gerade weil wir im Gesundheitswesen arbeiteten, wussten wir um viele Eltern mit Problemkindern, Kindern mit kleineren und größeren Behinderungen, mit spastischen Zuständen. Manchmal wenn solche Kinder in der Klinik operiert werden mussten, war man doch abends froh, zwei, wenn auch schmutzige und gern um des Kaisers Bart streitende Kinder gesund um sich zu haben wissen. Vor allem, solche Fälle gab es auch, wenn diese Kinder schon älter waren. Ich habe in der Klinik einen geistig behinderten Mann gesehen, der bei seiner Mutter lebte. Der kam immer gern in die Poliklinik, um Wasser zu trinken. Die Mutter war schon über 70 und er etwa Mitte vierzig. Welche Last haben solche Eltern zu tragen! Für Franka und Alexander waren die Jenaer Jahre eben die Jahre ihrer ersten Erfahrungen mit jenem sonderbaren Umstand, den man ein glückliches Leben nennt.

BESONDERHEITEN DER JENAER TAGE

Es wurde hart gearbeitet, viele Dienste in der Poliklinik und später im OP kamen hinzu. Auch das Arbeiten in der Poliklinik der Chirurgischen Klinik gestaltete sich sehr interessant, wenngleich auch stressig. Täglich drängten Massen an Patienten über die poliklinische Anmeldung zu uns. Es wurde nach Plan operiert, doch oft kamen Notfälle dazu. Es gab zwei große Verbandsräume und zwei Sprechstunden für Männer und Frauen.

Bis heute ist uns aus dieser Zeit die Freundschaft zu R. J. erhalten geblieben, der seinerzeit ebenfalls dort tätig war. Wir haben viel zusammen gearbeitet und gelacht. Manchmal, wenn es nachts ganz ruhig war, haben wir, in Krankenstühlen sitzend, mit Schrubbern Ball gespielt. Wir kannten nach einiger Zeit auch unsere speziellen Patienten, wie sie so jede Klinik hat. Die erschienen meist nachts. So zum Beispiel ein kleiner, finster dreinblickender Mann, der stets Stiefel trug. Er selbst ordnete sich als »Oberst des polnischen Geheimdienstes« ein. In der Tat musste er sehr genau beobachtet werden, denn er trug in einem der Stiefel immer eine scharfe Klinge bei sich. Ein anderer hatte nach unzähligen nächtlichen Konsultationen, nach denen er immer die Klinik verließ, die mitgegebenen Tabletten mit dem Fuß weggekickt. Bei diesem Patient wurde Hypertromb, von ihm so fantasievoll genannt, diagnostiziert. Ähnlich wie in den *Buddenbrocks* meinte er, zu kurze Nerven zu haben. Einmal sah er mich in einer gut besuchten Verkaufsstelle, wo ich mit Brigitte und den Kindern stand, und rief, mit dem Finger auf mich zeigend: »Da ist auch so ein Verbrecher, ein Mörder im weißen Kittel.« Es war ihm eben nicht zu helfen, auch die Psychiatrie wollte sich mit dem »Kurznervigen« nicht befassen.

Auch in der SMH wurden uns pausenlos Leistungen abverlangt, unsere Einsatzfrequenz stieg immer weiter. Zu jener Zeit haben wir das gesamte Taschenmaterial der SMH umgetauscht. Die großen alten DRK-Taschen, genannt die »grauen Elefanten«, wurde bald ersetzt durch aufklappbare Werkzeugkästen aus Plastik.

Ein solcher Kasten hat uns einmal fast das Leben gerettet. Bei einem Einsatz in der Nähe des Magdelstieges hatte ein junger Mann die elterliche Wohnung zu Kleinholz verarbeitet. Als wir klingelten, riss er die Tür auf und kam wutentbrannt auf uns zugerannt, eine gewaltige Axt schwingend. Ich wollte nicht erst prüfen, ob diese scharf war. Die rechte Hand, in der ich besagten Plastikkasten hielt, hob ich reflexartig hoch, im selben Moment fuhr die Axt hinein. Der Kasten zersprang in seine Einzelteile. »Abbruch, alles nach unten«, konnte ich noch rufen. Schnell standen wir wieder auf der Straße. Die Polizei war ebenfalls angerückt. Ich erfuhr, wie Rettung und Bürokratie ineinandergriffen. Der Mann sollte durch einen gezielten Schuss außer Gefecht gesetzt werden.

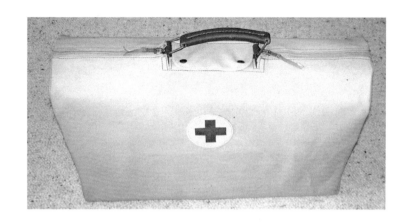

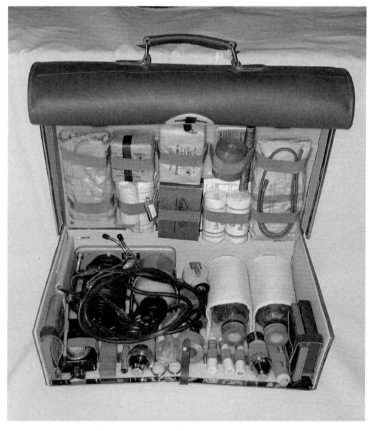

Rettungskoffer »grauer Elefant« von außen und innen

Den durfte jedoch, warum auch immer, nur ein bestimmter Polizist abgeben. Erst nachdem der gefunden war, schritt man zur Tat. Ein Schuss in den Unterschenkel streckte den Mann zu Boden, dann nahmen wir ihn in unsere Obhut. Soweit ich mich erinnere, blieb sein Aufenthalt die nächsten Jahre das psychiatrische Krankenhaus von Stadtroda.

Neben all diesen dienstlichen Belangen kamen die kulturellen und persönlichen Dinge nicht zu kurz. Es machte Freude, Studenten und Schwesternschülerinnen das Wissen zu vermitteln, das wir schon hatten. Ebenso der Umgang mit den jungen Ärzten, die ihre ersten Rettungsfahrten mit dem Chef oder mir absolvierten.

In dieser Zeit wurde die SMH grundlegend modernisiert. Den Umbau begannen wir im Herbst 1976. Natürlich blieben die Fahrzeuge im Hof des DRK, auch die Leitstelle wurde in der Erfurter Straße belassen. Zunächst eröffneten wir im Erdgeschoss der Klinik unsere Station Chirurgie III. Wir wollten zum Platzmangel in der Poliklinik, in die lebensbedrohlich Erkrankte normalerweise eingewiesen wurden, eine Alternative bieten. Schwestern wurden gesucht, gefunden und für kommende Aufgaben vorbereitet. Im Stationszimmer installierte man eine große *Diva*-Telefonanlage. Der gekachelte Untersuchungsraum wurde zum Schockraum. Es wurde ein EDV-kompatibles SMH-Protokoll erstellt, das es so vorher nicht gab. Wir schafften an, was die Medizintechnik hergab. Natürlich in finanziell engen Grenzen. Einen Defibrillator orderten wir, eine Landkarte der Umgebung von Jena, die uns anzeigte, welche Einsätze unter welchen Diagnosen uns wohin geführt hatten. Für den Schwerverletztentransport erhielten wir eine Vakuummatratze, die einen festen Transport sicherte. Hunderte Kleinigkeiten und größere Probleme mussten bedacht und bewältigt werden. Die Klinik begann sich für uns zu interessieren. Jedoch gab es auch die typischen Eifersüchteleien vonseiten jener, die bisher von der Poliklinik aus den Rettungsdienst absicherten. Das ging so weit, dass mir eine ältere Schwester nach einem Einsatz vorwarf, keine Magill-Fasszange in der Tasche gefunden zu haben, nach der der Arzt verlangt hatte. Postwendend öffnete ich besagte Tasche, griff nach dem Instrument und fragte, was das denn sei. »Ach so also sieht die aus!«, tat sie verwundert. Danach herrschte Ruhe! Man hat nicht noch einmal versucht, unsere Abteilung zu diffamieren.

Vor der ersten Fahrt hatten wir die SMH 2 für einige Tage stillgelegt, um bestimmte Dinge zu verbessern. Für die gesamte Beatmung und die Medikamente hatten wir Werkzeugkoffer aus Plastik im Heimwerker-Laden erworben. Diese Kästen waren leicht, besaßen ein gutes Fassungsvermögen und klappten leicht auf. Im November 1976 stand der Wagen für eine ganze Woche vor der Klinik. Die Wände wurden für eine neue Art der Sauerstofflagerung ausgeschnitten, um mehr Stauraum für Infusionen und Verbände zu schaffen. Das

Wageninnere wurde aus Gründen der Innenraumdesinfektion mit damals erhältlicher Klebetapete ausgekleidet. So kamen die grünen Kacheln in den Wagen! Manche nannten in scherzhaft »Ollis Campingküche«.

Den modernisierten Wagen haben wir anschließend fotografiert. Dieses Bild war 2011 zu Ehren gekommen und zierte ein Plakat des Hygienemuseums zu Dresden. Davon im dritten Buch mehr.

Rückblickend muss man sagen, dass die Einarbeitungsphase stressig war. Wir hatten ja nur eine SMH 2. Wenn dieses Auto defekt war, fuhr das DRK mit einem einfachen Barkas vor. Wir haben ihnen dann beigebracht, dass wir solche Ausfälle kompensieren müssen. So gewöhnten sie sich an, Defekte umgehend zu melden. Zudem lag in der Abteilung komplettes Ersatzmaterial für unterwegs bereits. Mit der Zeit gewöhnte man sich an die fachlichen Ansprüche der neuen SMH-Leitung.

Eine enge Zusammenarbeit suchten wir mit der sogenannten Zentralen Werkstatt der Universität und fanden dort interessierte und pfiffige Mitarbeiter. Diese äußerst erfindungsreichen Kollegen hatten uns einen Rahmen gearbeitet, den man über eine Matte klappen konnte, ohne den Patienten bewegen zu müssen. Mit Hilfe von rutschfesten Klemmen konnte man den Erkrankten am Rahmen befestigen und dank einer hydraulischen Trittpumpe, beispielsweise über dem Röntgentisch, leicht ablegen. So etwas fiel unter den Begriff der sogenannten Neuerertätigkeit.

Heute zum Beispiel ist die Stimulation des Herzens mittels Schrittmacher Standard. Damals waren wir noch nicht so weit. Die meisten besaßen keinen Defi, wie man ihn sogar jetzt in Kaufhäusern oder im Flugzeug vorfinden kann! Nach eingehenden Literaturstudien nahmen wir mit den Notfall-Internisten von Nord I Kontakt auf, um Abhilfe zu schaffen. Nord I war die internistische Intensivstation der alten Inneren Klinik in der Bachstraße. Dort brachten wir zunächst die Infarkte und internen Notfälle unter. Zusammen mit dieser Abteilung ließen wir uns Stimulatoren für das Herz entwickeln, die über die Speiseröhre eingeführt wurden und Mithilfe von Stromfrequenzen das Herz retrosternal stimulieren sollten. Dazu gab es einen Kasten, der für Impuls und Stromstärke sorgte. Diesen Apparat und einige verschieden starke Sonden führten wir nun im Wagen mit.

In der Jenaer Zeit erlebte ich auch den Wechsel in der Verabreichung von Konservenblut. Die bisher üblichen Blutkonserven bestanden aus dickem Glas, verschlossen mit einem Gummistopfen, an dem auch eine Probe des Spenderblutes angehängt war. Diese Flaschen wurden nach der Blutspende im Keller der Klinik aufbereitet und sterilisiert. Dort holte man sie im Bedarfsfall. Ende der 1970er-Jahre kam es zur Veränderung. Das Blut und die verschiedenen Blutprodukte wurden nun in Plastikbeuteln angeboten. Das war

Das Innere eines Verbandskastens aus Holz

Viel gebrauchte Arzneimittel

wohl eine Folge militärmedizinischer Erkenntnisse. Denn einen Plastikbeutel konnte man auch unter einem Verwundeten platzieren, sodass er sich nach Anlage einer Kanüle durch den durch das Gewicht des Patienten ausgeübten Druck leerte. Zu den Beuteln gab es eine labortechnisch verbesserte Variante des Bedside-Testes, den man vorm Verabreichen des Blutes durchführte. Trotz aller dieser Maßnahmen kam es zu meiner Zeit ein mal vor, dass in einem Patientenzimmer eine fertige Konserve am Ständer hing. Ein Patient, gerade aus dem OP geholt, wurde daran angeschlossen. Innerhalb kurzer Zeit war er tot. Es war die falsche Konserve und der falsche Patient gewesen!

In der Jenaer Zeit haben Brigitte und ich ein riesiges Aufkommen an Patienten unterschiedlichster Diagnosen gesehen. Das schulte ungemein und man bekam das Gefühl, auch an Fortschritten der Fachgebiete teilhaben zu dürfen. Zum Beispiel die Angiographien mittels Kontrastmedikament. Da konnte man viel sehen und insbesondere Rückschlüsse auf Gefäßveränderungen oder Blutungen ziehen. Narkose- und Beatmungsmethoden waren subtiler geworden, Neues kam schneller bei uns an, so die Bronchoskopien und die Jet-Beatmung. Zur Assistenz in der Anästhesie zog man in die Urologische, die HNO- und Frauenklinik. So sah man ebenso die dortigen Krankheitsbilder und dazugehörenden Operationen. In der Jenaer HNO habe ich ein zweites Mal einen Eingriff an mir selbst erleben müssen. Ich

*Plasmaexpander
Gelafusal*

litt immer wieder unter einer Stumpftonsillitis, die daher rührte, dass meine Rachenmandeln seinerzeit nicht sehr tief abgesetzt waren. Man empfahl mir eine Re-Tonsillektomie und bot den Chef als Operateur an. Dessen Statistik wies aber kaum Tonsillektomien auf, wohingegen ein Facharzt bereits über 300 durchgeführt hatte. Also entschied ich mich für Letzteren und ließ mich von ihm operieren. Dieser Arzt hat viele Jahre an der Jenaer Klinik verbracht und ist dann sogar noch Professor geworden. Meine OP verlief gut! Dieser Arzt hat dann auch Franka und Alexander die Mandeln entfernt.

In Jena waren äußerst individuelle, wenn nicht gar skurrile Typen ansässig. So lebte in unserer Nähe zum Beispiel ein niedergelassener Chirurg, der seine Praxis jeden Tag schon um 6 Uhr morgens öffnete. Er war ein schon in den Siebzigern befindlicher, kleiner Mann, der ebenfalls Hausarzt der katholischen Schwesternschaft in der Semmelweißstraße war. Er fuhr einen VW Käfer, der aussah, als wäre er ferngesteuert, denn der kleine Doktor konnte kaum über das Lenkrad sehen. Er soll fachlich nicht schlecht gewesen sein, seine

Einweisungsdiagnosen stimmten stets! Es wurde kolportiert, dass er mit 78 Jahren seine Sprechstundenhilfe geehelicht habe, die auch schon etwas in die Jahre gekommen war. Aus dieser Verbindung gab es ein Kind.

Ein weiterer auffallender Zeitgenosse war ein damals berühmter Veterinär und geschätzter Buchautor. Der wohnte neben dem Straßenbahndepot, bei der Poliklinik in einer schönen Villa mit riesiger Bibliothek. Unverheiratet, liebte er die höher prozentigen geistigen Getränke. Und dann ging es schon mal die breite Villentreppe herab! Distorsionen und Rettungseinsatz hatten die Stürze zur Folge. Und seine Haushälterin verteilte dann an alle helfenden umstehenden Personen reichlich 50-Mark-Scheine, nicht jedoch an uns. Der würdige alte Herr wurde dann in die Poliklinik gebracht und gehörte automatisch zu den Privatpatienten unseres Ordinarius. Es war auch üblich, dass bestimmte Patienten mit diffizilen Diagnosen für das Hauptkolleg des Chefs aufgenommen wurden und am Montag in den Hörsaal gerollt wurden. Im Hauptkolleg Chirurgie stellte man sie dann der Studentenschaft vor und erläuterte die spezielle Problematik. Als Prof. Becker dann 1981 in den Ruhestand ging, habe ich in einer Ansprache auf dem Landgrafen über diese Hörsaalmethodik gesprochen. Das gefiel ihm sehr! Im Übrigen haben wir dort oben die Gaststätte fröhlich feiernd »leer getrunken«, morgens gegen vier gab es nur noch einige Flaschen mit Selterswasser.

Im Bereich des Magdelstieg wohnte eine stadtbekannte Ärztin, bei der man jederzeit einen Krankenschein erhielt. Man musste, wenn es nachts war, nur klingeln und den Sozialversicherungsausweis in einen Korb legen. Der schwebte dann nach oben und erschien einen Moment später wieder mit dem gewünschten Papier.

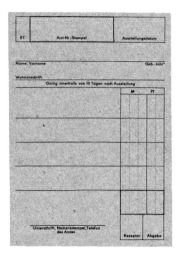

Vom Arzt auszustellendes Rezept

In der Nähe der einstigen die Sparkasse, gab es einen bekannten »Krankschreiber«. Der half jedem, der kam. Er praktizierte in einem riesigen Raum, den ein Vorhang teilte, der private Möbel inklusive Bett verbarg. Dieser gute Mann wurde eines nachts Teil unserer SMH-Statistik, hatte er doch versucht, das Licht der Nachttischlampe zu löschen, indem er das etwas alte Stromkabel mit einer Schere durchtrennte. Ähnliche Originale lernte man auch durch Einsätze kennen oder über die Kinder. Franka und Alexander hatten eine liebe Art, mit älteren Menschen anzubändeln. So lernten wir beispielsweise die Witwe eines seinerzeit bekannten Zahnmediziners kennen, die wiederum den Kontakt zur Witwe eines in Jena sehr berühmt gewesenen Ordinarius für Psychiatrie herstellte. Und nur weil Alexander nach dem Kindergarten versuchte, dem netten alten Dackel der reizenden alten Dame eine digitale Untersuchung, also mit dem Zeigefinger, des Afters zukommen zu lassen! Diese alten Damen waren für mich natürlich wandelnde Zeugen der Medizingeschichte Jenas, sie hatten viel erlebt und konnten erzählen! Nebenbei bemerkt, luden sie uns und wir sie gern zum Essen ein!

Sehr gut erinnere ich mich an das Städtische Krankenhaus Jenas, im Norden der Stadt gelegen. Das war ein alter Bau unter der ärztlichen Führung von Chefarzt Dr. Jorke, später auch Prof. Der Gute konnte sich mühen wie er wollte, die örtlichen Gegebenheiten waren eben nicht ideal! Mit der Eröffnung des KIM – nicht zu verwechseln mit der eines Eierkombinates der DDR mit dem Marktslogan »Köstlich Immer Marktfrisch « – sondern als unsere neue Klinik für Innere Medizin in Jena Neulobeda! Die Inbetriebnahme jener Klinik war schon etwas Besonderes. Die berühmte Station Nord I wurde geschlossen und ein Busverkehr zwischen der Bachstraße und Neulobeda, für Laborbefunde, Konsiliarien und anderes hergestellt. Da draußen herrschten nun modernere Verhältnisse, die Arbeit für das Personal war leichter geworden. Bis die anderen Abteilungen aus der Stadtmitte dort hinziehen konnten, sollten noch Jahrzehnte vergehen.

In diese interessanten Zeiten fiel das Angebot meines Klinikdirektors, ich solle überlegen, doch noch Medizin zu studieren. Die Abiturzulassungsverweigerung aus ideologischen Gründen Ende der 1950er-Jahre hatte aus mir nur einen 10-Klassen-Absolventen und späteren Fachschulabsolventen gemacht, auch wenn ich aus dieser Vorbildung das Beste herausgeholt habe. Über dieses Hindernis werde man hinwegkommen, meinte mein Klinikchef. Und was die hohen Hürden bis zum Physikum anbelangte, habe er schon mit den befreundeten Theoretikern gesprochen. Also war die Aufforderung klar, bewirb dich als stud. med.! Und das mit 33 Lebensjahren, die nicht ganz so ruhig verlaufen waren!

Also haben Brigitte und ich den Vorschlag nüchtern analysiert. Meine tiefe Verwurzelung in den Kliniken von Jena, eine nicht schlechte und zum Teil doch schon tiefere medizinische autodidaktische Bildung, die Bekanntheit bei den Ordinarien und anderen Medizinern, all das schienen positive Vorzeichen. Dazu der Reiz, einer der ältesten Studenten und somit auch, nach zehn Jahren, einer der ältesten geprüften Fachärzte eines Faches zu sein. Also sagte ich dem erfreuten Ordinarius zu, erstellte meine Unterlagen und wartete. Es dauerte gar nicht lang und ein Termin beim sogenannten Prorektor für Studienangelegenheiten wurde vereinbart. Da trat ich frohgemut ein. Im Raum saßen drei

Personen, zwei vorn und eine Person hinten. Nach Besprechung der Unterlagen und einer Zustimmung zu meinen Bemühungen stellte sich eine positive Stimmung ein. Allerdings hatte eine der Personen noch eine Frage hinsichtlich meines gesellschaftlichen und politischen Standpunktes. Dass ich in der Kirche war, wussten sie natürlich. Daraus machte ich keinen Hehl. Sowieso war man auch in der Einheitsgewerkschaft FDGB. Die Frage lief aber auf eine Parteizugehörigkeit hinaus. Damit war natürlich nur die SED, nicht eine der anderen sogenannten Blockparteien, gemeint. Das kam für mich nicht in Frage. Wiederum wurde der Fakt besprochen, wie mir doch die Parteigruppe im Studium und bei etwaigen Examina helfen könne. Un jener, der hinten saß, und es nicht nötig hatte, sich vorzustellen, wurde dann direkt. Man müsse sich, wenn man so viel Gutes Seitens der DDR erfahren habe, zu einer parteilichen Position bequemen. Das hatte ich gewiss immer getan, aber meine Parteinahme für die Dinge in der DDR war eine grundsätzlich andere als die der drei Herren. Also ergriff ich das Wort und erklärte kurzerhand, dass ich meine Bewerbung sofort zurückzöge, da sie das Studium an politische Bedingungen knüpften. Das löste ein gewaltiges Gezeter aus, dem ich mich schnell entzog und abschließend sagte: »Wenn Sie mir nur mit Hilfe der Partei den Studienbeginn ermöglichen wollen, muss ich ablehnen. Eben weil ich nicht will, dass die Kommilitonen sagen, guckt euch den alten Sack an! Der kann nichts, aber die Partei hilft ihm durch alles hindurch!« Sprach's aus und ging! In der Klinik habe ich dem Ordinarius umgehend berichtet, ich bliebe lieber ein einigermaßen kluger leitender Krankenpfleger als ein späterer Arzt auf Parteigrundlage. Das verstand er und es wurde nie wieder darüber gesprochen.

Ein Brief vom Wehrkreiskommando

Inmitten dieser schönen, von Dienst, Engagement und Kinderfreuden geprägten Zeit erreichte mich eines Tages ein Brief vom Wehrkreiskommando Jena. Ich sei – man bedenke als Vater von drei Kindern und 35 Jahre alt – für einen sogenannten Reservistenlehrgang vorgesehen. Eine Vorstellung beim Kommando, damals in der Saalbahnhofstraße, war schon im Brief terminiert. Meine eigentliche Musterung für die Nationale Volksarmee lag allerdings schon einige Jahre zurück. Sie hatte 1963 stattgefunden. Seither hatte man mich nicht gewollt. Ohne Bedenken ging ich hin, bereit, meine originäre Art zu behalten, komme, was wolle. Man sagte, ich sei zu den Nachrichtentruppen, zu einem Regiment in Frankfurt/Oder eingeteilt. Einen medizinisch-berufsausübenden Einwand gegen die technische Truppe ließ man nicht zu. Der Lehrgang, wie sie es nannten, sollte von Januar bis April dauern. Es tat sich die Frage auf, warum ich kein dienstbeschränkendes Attest hätte, das würden alle aus den Kliniken so machen. Im Moment fehle es mir an nichts, was sich in der Dienststelle in Frankfurt sich ergeben würde, könne ich nicht wissen, lautete mein Einwand. Für Großmutter war diese Zeit viel schlimmer, war sie doch mit Franka und Alexander plötzlich allein in der riesigen Wohnung mit Kohlen, Einkauf und allem! Besonders schwer waren die Fahrten mit den Kinderwagen zur Kinderklinik am Westbahnhof, bei Schnee und Matsch und Eis! Aber derartiger Einspruch galt nicht!

Also begab ich mich über Leipzig und Cottbus an die Oder, in das alte Frankfurt. Das Nachrichtenregiment lag im Ortsteil Rosengarten, hinter den Kasernen der Roten Armee. Mit jenen hatten wir eigentlich wenig Berührung, nur bei Schießübungen stellten wir fest, dass die Russen dahin zu Fuß marschierten und zwar viel Munition in den Taschen hatten, jedoch eine schlechte Verpflegung besaßen. In einem Kompaniegebäude alter Bauart betrat ich als 35-jähriger Reservist meine Unterkunft, eine Stube für 8 Soldaten. Hier begab ich mich in die Hände eines Unteroffiziers, eines Spießes der Kompanie und eines etwas schwachbrüstigen Leutnants. Die höheren Chargen nahm ich zunächst gar nicht wahr. Davon aber gab es auf dem Gelände reichlich. Das einzig Gute in diesen zwölf Wochen bestand in der auf 22 bis 6 Uhr angelegte regelmäßige Nachtruhe. Den Tag verbrachten wir mit der Ausbildung an der Waffe und für die Nachrichtentechnik zu. In der Tat ging mich die medizinische Versorgung nichts an, ich war ein sogenannter Baumaffe, eben ein Soldat, der Telefonleitungen im Wald, unter und auf Bäumen zu verlegen hatte. Jeden Morgen gegen 8 Uhr ging es hinaus in die schönen Kiefernwälder um Frankfurt. In einem Erdloch postiert, bildete ich die Anfangsstelle einer Kabelleitung, die meine Kompaniefreunde und Teile meines Zuges von großen, auf Lkw befindlichen Kabeltrommeln abwickelten. Alle 500 Meter wurde eine neue Trommel angeschlossen, dann klingelte es bei mir. Wenn ich den Anrufer gut verstand, zumeist war das der Fall, hatte ich mit dem Ruf »höre mit fünnef« in die Leitung zu bestätigen. Dazwischen gab es nicht viel zu tun, ich hatte ordentlich Streuselschnecken vom Frühstück, einen Klapphocker und Zigaretten dabei. Gut getarnt mit Netz und verwischten Schneespuren, beobachtete ich die Vögel, so manches Wild und ab und an einen Förster. Mittags ging es dann zurück. Einmal wurde das Besteigen von Bäumen mit Steigeisen als Trainingsmaßnahme angesetzt. Wer mich kennt, der weiß, dass mich weder die Steigeisen noch das Gebrüll der Offiziere auch nur 1 Meter den Baum emporgebracht hätten. Unser Dienst glich sich tagein tagaus. Man hatte uns erklärt, dass unser Nachrichtenregiment für den Ernstfall als Verbindungsstelle zwischen dem Minister für Nationale Verteidigung, General Hoffmann, und dem Marschall der Roten Armee, Ustinow, gedacht war. Es wurden ab und zu auch

Alarme ausgelöst, bei denen man sich zu einer Zeit von x plus 50 Minuten als Regiment aufzustellen hatte. Unser lieber Uffz, der seine alten und gut gebildeten Reservisten sehr mochte – er wollte ja auch selber noch studieren – gab uns stets vorher Bescheid. So standen wir also um drei nach dem Weckerklingeln auf, kochten uns Kaffee, rasierten und wuschen uns und hatten gemachte Betten, wenn die Sirene um vier Uhr heulte. Zum Kochen des Kaffees auf der Stube gab es eine sehr eigenwillige Vorrichtung: einen abgewandelten Tauchsieder, der ultraschnell das Wasser erhitzte. Wir hatten uns vorgenommen, immer als erste an der Waffenkammer zu sein. Keiner hat je mitgekriegt, wieso das funktionieren konnte. Manches aus dem militärischen Alltag klärte einen für den Alltag sehr auf. Die NVA war wohl in der Tat die letzte Armee preußischen Charakters auf deutschem Boden. Alles war wie in der preußischen Tradition früherer Zeiten: Uniformschnitte, der Drill, die Ordnung, die Spieße als »Mutter der Kompanie«, das Grüßen und die Strafen. Die uns kaum bekannte Bundeswehr erschien dem gegenüber fast wie eine Jugendorganisation der FDP. Wir mussten viel Sport treiben, was ja noch erträglich war. Das Laufen, Übungen mit Gewichten und der Aufenthalt im Wald waren zu ertragen. Einmal habe ich sogar als begleitender Sanitäter bedeutende Entscheidungen getroffen. Auf der sogenannten Sturmbahn waren die Planken und Gräben so vereist, dass es böse Stürze inklusive Frakturen gab. Nach der vierten Fraktur trat ich vor den befehlshabenden Hauptmann. Die Verantwortung für die Fortsetzung der Übung müsse ich aus medizinischen Gründen ablehnen. Er solle alles beenden. Er schrie ganz fürchterlich und hatte nichts verstanden. Wenn aber ein Maß von 1,70 Meter gegen 1,84 Meter anbrüllt, ist der Effekt nicht gut. Ich sammelte meine Klinikstimme und brüllte besser zurück. Mit Bassstimme wiederholte ich meine Feststellung. Luftschnappend und mir alle höllischen Strafen androhend, ließ er aber dennoch abbrechen. Ähnliches passierte mit unserem Major. Das Schießen lief bereits, als er befahl, dass »der Sani auch schießen« solle. Ich hatte zwar meine Kalaschnikow dabei, aber auch Dioptrien von minus 6 und 7 auf den Augen, also hohe Kurzsichtigkeit. Er ließ diesen Einwand nicht gelten. Die Anlage war hochmodern, am Ende gab es Trefferanzeigen und elektronisch gesteuerte, sich aufrichtende Gegner aus Pappe. Der Genosse Major ließ mich hinlegen, brachte meine Beine in die notwendige gespreizte Position, und los ging es! In der Entfernung sah ich nicht so recht die Ziele und hatte aus Versehen die Automatik auf Dauer, statt auf Einzelfeuer gestellt. Kurzum, nach wenigen Minuten hatte ich das Magazin mit hundert Schuss geleert, um mich sprangen die Patronen und die Anlage war mit ihren Leitungen und Anzeigen in Grund und Boden geschossen. Das löste einen kreischenden kleinen Napoleonsmajor aus und bescherte mir für den Rest der Zeit ein Schießverbot!

Des Weiteren sorgten bestimmte Schulungen für Irritationen seitens der Politoffiziere. Einmal referierte ein Hauptmann über die Gefahr und Boshaftigkeit, die von der Nato ausginge. Die hätte seit Kurzem *Awacs*-Flugzeuge, mit denen sie weit in den Warschauer Pakt hinein sehen konnte. Ebenso hätte sie nun Flugzeuge, die in wenigen Minuten hinter dem Ural sein könnten. Das brachte mich zur Frage, was unsere Alarmzeit von 50 Minuten bei solch einer Nato-Technik bedeuten könnte. Wären wir dann im Ernstfall noch vor oder schon hinter der Front? Solche Fragen mochte man nicht! Ebenso wurde von uns das Überwinden der Sturmbahn verlangt, eines sehr feinsinnig ausgeklügelten Hindernisparcours. Da gab es unterirdisch ein System von Betonröhren, durch das man kriechen musste, den Fuchsbau. In selbigem hatte ich mich verhakt, mit Helm und Gewehr und Atompäckchen, und nun also einen menschlichen Verschluss im System gleich einem Ileus verursacht. Durch Rufen wurde just eine Mannschaft von drei Mitsoldaten gebildet, die eine gute halbe Stunde brauchte, den Reservisten von Olszewski zu befreien. Zugegeben, auch unser Leutnant hatte es mit mir oder uns nicht ganz einfach. Eines Tages stand er an der hohen Bretterwand, der Eskaladierwand, und beobachtete, wie ich diese Wand nicht bezwang. Er gab noch gute Tipps, die jedoch nicht viel fruchteten. Immer wieder brummte ich wie ein dicker Käfer gegen diese Wand, prallte ab und fand mich rücklings auf dem Boden wieder. Selbst hat er es dann auch probiert, kam aber auch nicht herüber. Im Wald dann nahm ich ihn beiseite und sagte: »Genosse Leutnant, wenn ich wieder in Jena in meiner Klinik bin, sollte ich mich verlassen können, dass nicht die Reservisten, sondern die Berufsoffiziere das Vaterland, das sozialistische, in effektiver Weise verteidigen und ihr Handwerk, wie ich das meine, beherrschen«. Er sah betroffen zu Boden. Es muss ihn hart getroffen haben. Abends als wir wie immer als Kompanie gemeinsam zum Essen marschierten, sah man ihn abseits im Trainingsanzug heftig üben. Also hatte er mich gut verstanden!

In diesen drei Monaten »genoss« ich das kasernierte Leben in all seinen merkwürdigen Ausformungen. Zum Tag der Nationalen Volksarmee hatten wir für einen Aufmarsch des ganzen Regimentes geübt. Auf einer Tribüne standen die militärische Führung wie auch Vertreter der Bezirks- und Parteileitung der SED aus Frankfurt/Oder. Dazu noch die sogenannten Vertreter der Massenorganisationen wie FDGB, Gesellschaft für Sport und Technik, der Kampfgruppen und einige Veteranen des Klassenkampfes. An dieser Bühne marschierten wir vorbei, das Gewehr in Präsentierhaltung, die Köpfe nach rechts oder links nach Befehl gerichtet und die Beine im Stechschritt nach alter preußischer Art hoch und gestreckt gehoben.

Ausgang für die Stadt habe ich nur ein oder zwei mal erbeten. Einmal hielt mich in der Stadt ein sehr goldener Offizier an und fragte mich, wieso ich ihn nicht gegrüßt hätte, er sei der Standortälteste daselbst. Ich wusste nicht, was das war und ging grüßend noch einmal an ihm und seiner Frau vorbei. Die beiden alten Leute haben sich sehr gefreut.

Das Essen in dieser Kaserne war nicht so schlecht wie man es von Armeekost erwartet hätte. Man probierte gerade eine Art Buffettsystem, bei dem man sich den Teller zum Frühstück oder Abendbrot selbst nach Belieben befüllen konnte. Bohnenkaffe gab es reichlich, schon morgens. An den Wochenenden fanden sich auch höher prozentige Getränke in den Kasernen, manchmal, so schätze ich, war die sogenannte Verteidigungsbereitschaft dann doch sehr eingeschränkt. Auch als Wache wurde ich eingesetzt. Da war eine Diensteinheit von 24 Stunden zu bewältigen. Morgens mussten alle Offiziere und Zivilangestellten, die vor Ort wohnten, das Tor, unseren wachsamen Blicken ausgesetzt, passieren. Und die Torwache war autoritär! So kamen wir einmal darauf, uns entgegengehaltene Dienstausweise, die noch nicht den aktuellen Dienstgrad auswiesen, also eigentlich nicht gültig waren, einzuziehen. Der Stapel wurde dann ins Kommandantengebäude gebracht. Der Oberst, er war vom Panzerfahren sehr taub geworden, tobte gewaltig vor seinen Offizieren. Die Wache wurde am Freitag beim Appell belobigt. Das bedeutete, übers Wochenende nach Jena zu fahren, zu Frau und Kindern. Zwar nicht lukrativ wegen der langen Bahnfahrt, aber immerhin war man bis Sonntag abends raus! Bei der Belobigung kam es noch zu einer kleinen Panne. Der Major sprach sie aus und ich sagte »herzlichen Dank«. Er blieb stehen und sah mich fragend an.

Also trat ich nochmals an ihn heran: »Genosse Major, ich danke für den Urlaub«.

Er stand weiter da, als hätte ich mit ihm Chinesisch geredet. Unruhe kam in den Reihen auf. Da eilte unser Uffz nach vorn und flüsterte mir ins Ohr:

»Du musst sagen: ›Ich diene der Deutschen Demokratischen Republik.‹ So lautet die Dankesformel. Du bist hier nicht bei Tante Erna«.

Also gab ich mir einen Ruck und sagte:

»Herzlichen Dank, ach ja, und ich diene der Deutschen Demokratischen Republik!«

Nun erhielt ich meinen Urlaubsschein, zog die Ausgangsuniform an, eilte zur Wache, die kritisch nach der Kleiderordnung sah, und hinweg zum Bahnhof. So einen Urlaub habe ich wohl drei mal erhalten, meist als Dank für irgendeine Aktion. So auch hier: Man hatte uns wie üblich zur Wache vergattert. Das hieß, man wurde unterrichtet, wer hinein- oder hinauswollte und wem man Rechenschaft und Meldung schuldete, zudem gab es Hinweise, wie Unbefugte zu stellen waren.

Mein Posten war einmal ein kleines Munitionslager nahe der Küche. Frankfurt liegt ja irgendwie doch zwischen Berlin und Warschau, und so überflogen auch Passagierflugzeuge unseren Luftraum. Das meldete ich bei jedem Überflug dem wachhabenden Offizier, ob es ihm passte oder nicht, was ich eher annahm. Denn fremde überfliegende Objekte waren nun mal zu melden! So geschah es auch, dass der Koch gegen 22 Uhr die Küche verließ, und sich rauchend meinen Bunkern näherte. Dem Reglement folgend, und da kam man sich schon wie im alten Preußen vor, rief ich: »Halt, wer da?«.

Er sei doch der Koch, antwortete es aus der Dunkelheit. Der war Zivilange-stellter. Nach weiteren Anrufen und der Aufforderung, die Hände zu erheben, denen er nicht nachkam, war mein Repertoire erschöpft. Nun hätte ich schie-ßen müssen! Das aber fiel mir im Traum nicht ein! Ich transformierte meine Regeln und schrie: »Hinlegen, Hände über den Kopf!« Da schien ihm zu däm-mern, dass ich es ernst meinte. Also platzierte er sich schön auf den Asphalt, während ich zum Fernsprecher ging und der Wache die Festnahme einer unbe-fugt sich im Gelände aufhaltenden Person meldete. Was für ein Alarm! Freitags darauf Belobigung und Heimfahrt! Bei diesen kurzen Urlaubsfahrten habe ich übrigens nie Zivil angezogen, wie es die meisten taten. In meiner schlichten Soldatenuniform ging ich durch Jena und besuchte meine Freunde und Kolle-gen in der Klinik! Das hat mir nichts ausgemacht, aber viele Bekannte meinten, ich hätte doch eine Majorsfigur und sei nur Soldat. Nach drei Monaten war diese Zeit vorbei. Ich war wieder Zivilist. Und um die Erkenntnis reicher, das alles Reden über die Stärken und die Überlegenheit der roten Warschauer Ar-meen nur zum Teil stimmte. Glück hatten wir auch, dass wir nicht zu Dingen herangezogen wurden, die uns in Gewissenskonflikte hätten bringen können. Denn die Veränderung der Zustände in Polen beispielsweise hätte man auch mit Roter Armee und NVA aufhalten können. Alexander und Franka waren froh, nicht mehr rufen zu müssen »Papa dat«. Danach hat es keine weitere Einberufung in die Armee oder zur »Fahne«, wie es in der DDR hieß, gegeben. Ich wurde als Soldat entlassen und musste mich nicht mit dem Begriff des Ge-freiten herumschlagen. Es liegt allerdings die Vermutung nahe, dass ein Chro-nist des Regimentes alle Dinge, die sich der Reservist von Olszewski geleistet hatte, als Vorkommnisse notiert und das Ganze im Bezirk Gera gemeldet hatte.

REISEN UND URLAUB

Natürlich hatte man auch in der DDR seinen tariflich zugesagten Urlaub. Den haben wir meist zu Hause verbracht, die Tage dann mit kleinen Reisen und Wanderungen verschönt. Manche hatten dafür auch ein Auto, Trabant, Wart-burg oder Fiat oder Lada aus der Sowjetunion, vielleicht auch einen Skoda MB 1000. Wir selbst haben erst nach 1990 ein Auto erhalten. Zudem mangelte es bei mir an einer Fahrerlaubnis, Brigitte hatte sie in Suhl. Zum anderen hatte ich eine zunehmend stärker werdende Brille. Und letztendlich war es uns finanziell nicht möglich, ein Auto neu zu kaufen oder zu überhöhten Preisen auf dem schwarzen Kfz-Markt zu erwerben. Der gewöhnliche Bürger reiste daher mit den Zügen der Deutschen Reichsbahn. Ja, ihr lest richtig, trotz des untergegangenen Deutschen Reiches hatte sich die »Reichsbahn« gehalten. Sie war oft Inbegriff des Spottes, Adressat von Wut und angestautem Ärger. Sie war mal zu langsam, mal zu spät, mal zu schmutzig, mal ohne Speisen und Getränke und auch oft übervoll! Ja, das war sie wohl. Sie war viel gescholten und heftig geschmäht! Sie hatte auch zwei angestammte Feinde: den eisigen Winter und den heißen Sommer. Eines aber ist mir heute sehr deutlich geworden, nie, aber nie hätte ich glauben wollen, dass die Bundesbahn es auf ebenjene Missachtung ihres Management bringen würde!

Allerdings war das Reisen ohne Auto, jedoch mit Kindern, Kinderwagen und Gepäck eine gewaltige Herausforderung. Natürlich reiste man nicht so, wie es heute die neuen Generationen kennen. Die Urlaubsorte waren eindeutig geografisch und vor allem politisch begrenzt. Es gab Urlaubsplätze von der Gewerkschaft, um die man sich Anfang des Jahres bemühen musste. Meist waren es zu wenige, an attraktiven Orten, wie den Ostseebädern zum Beispiel, noch weniger. Private Unterkünfte wie Hotels und Pensionen waren uns meist auch zu teuer oder eben doch nicht zu haben. Ich erinnere mich, einmal das Glück gehabt zu haben, im bekannten *Panorama*-Hotel in Oberhof im Winter ein großes Zimmer buchen zu können. Das war eine feine Zeit. Da hatten wir uns auch zum Essen mit den alten Suhler Freunden R. verabredet. Der Höhepunkt des Abends war die Übergabe eines Doktorhutes. Die gab es in der DDR eigentlich nicht mehr. Unser Freund hatte aber gerade promoviert. In Jena existierten jedoch noch alte Putz- und Hutmacherinnen. Gegenüber vom Anatomieturm arbeitete eine solche. Die machte mir einen Doktorhut. Den haben wir dann im Hotel abends unserem Freund überreicht und aufgesetzt.

Im Großen und Ganzen beschränkten wir uns auf einige wenige sommerliche oder winterliche Reisen zu den Großeltern nach Mecklenburg oder zu meiner Mutter nach Altenburg. Das Reisen mit der Bahn war nicht allzu komfortabel. Meist ging es morgens sehr früh zum Saalbahnhof, um den D-Zug zumindest bis Berlin-Lichtenberg zu erreichen. Mit Essen und Trinken, einem Töpfchen, Spielzeug und zwei Koffern ging es dann los. Waschlappen mussten auch sein. Platzkarten gab es nicht immer, die Züge waren meist sehr voll. In Mecklenburg holte uns dann Brigittes Vater in Waren oder Neubrandenburg mit seinem 311er Wartburg ab. Bei ihm war es dann recht nett, wenngleich auch beengt, in einer Zwei-Zimmer-Wohnung. Stavenhagen mochte ich sehr, besonders die das Reutersche Platt sprechenden älteren Bewohner. Brigittes Vater besorgte für uns immer Aal, besonderen Fisch wie Zander oder marinierte Heringe und Lübzer Pils.

Meine Heimatstadt Altenburg besuchten Brigitte und ich ebenfalls oft und gern, Schloss und Inselzoo waren sehr beliebt bei den Kindern. Durch das Altenburger Schloss konnte ich sie alle gut führen und ihnen viel zeigen und erklären. Da sprudelte »der Born« vor Wissen und Geschichten. Staunend hörte man damals Besucher aus dem Westen von Reisen reden, die nach Griechenland, Italien oder noch woanders hin führen konnten. War das weit entfernt, nicht auszudenken. Da ich ein besonderes Faible für Alpen und Berge hatte, habe ich immer bekundet, dass ich die Alpen sehen möchte, bevor ich erblinde. Nahe war ich dran, aber das erzählt der dritte Band ab 1990. Manche der Kollegen aus den Kliniken fuhren auch nach Ungarn oder Bulgarien. In der Poliklinik arbeitete eine besonders reisefreudige Schwester, die alle Orte besucht hatte, an die man als DDR-Bürger gelangen konnte. Das aber war finanziell doch recht aufwendig, sodass wir darauf verzichten mussten.

Das Leben hat uns aber auch zu Hause in Jena mit vielen schönen Wanderungen beschenkt, mit Besuchen guter Freunde und einer guten Gesundheit, sodass wir nicht den Eindruck hatten, etwas zu versäumen. Wir sind oft zu Fuß zu den Schlachtfeldern oberhalb von Jena gewandert, haben uns die Gedenkstätte angesehen und erzählen lassen, dass es vor Jahren einen, Napoleon sehr ähnlichen, Gastwirt gab, der sich auf einem Pferd in Positur stellte! In den frühen 1980er-Jahren kehrte man sehr gern *Im grünen Baum zur Nachtigall* ein, einer sehr behaglich eingerichteten Restauration. Landgraf und Fuchsturm als Hausberge Jenas waren ebenfalls oft unsere Ziele. Da gab es stets Musik, guten Kuchen und den Hinweis »Rost brennt«, was für Thüringer sehr wichtig ist. Bevor ich heiratete, habe ich mit Kollegen manchmal an Wochenenden herrliche Fahrten mit dem Landbus bis Sitzendorf gemacht. Da wurde in der Linde gefrühstückt, danach fuhr man mit der Bergbahn nach Oberweißbach. Einmal haben wir die Bahn verpasst und sind, um die Wartezeit nicht aufbringen zu müssen, den Aufstieg entlang der Seilscheiben der Bahn empor geklettert. Die mit uns am Nachmittag abfahrenden Besucher haben nicht schlecht gestaunt, als sie unsere Fußspuren entdeckten!

DIE WESTBERLINER FREUNDE

Eigentlich habe ich schon vor einigen Seiten unsere »Armut« an Verwandten beschrieben. Bedingt durch eine gewisse Belesenheit und Offenheit gegenüber vielen Strömungen des täglichen Lebens waren uns aber immer wieder Menschen zugewachsen. Wir »sammelten« sozusagen Freunde und Bekannte. So auch in Jena. Sie kamen aus der Universität, aus den Kliniken, aus ganz Thüringen.

Man muss aber auch wissen, dass uns das nahe gelegene Hermsdorfer Kreuz und die Autobahn von da nach München und Frankfurt am Main, einen steten Strom von verunfallten Patienten brachten. In den meisten Fällen Transitreisende, die sich in der DDR nicht aufhalten durften. Es geschah sehr oft, dass wir gerade Westberliner Patienten hatten, die im Stress des Grenzüberganges, vorher oder retour, wegen Übermüdung oder zu hoher Geschwindigkeiten verunfallten. Da habe ich interessante Patienten gehabt, zum Beispiel einen jungen Mann aus einer bekannten Pharma-Familie oder einen jungen Studenten, der dann als bekannter Orthopäde eine Klinik in Westberlin leitete. Kurios war die Geschichte eines Pärchens, das mit einem Alfa Romeo verunglückte. Sie kamen zurück vom Nürburgring, wo ein Rennen stattgefunden hatte. In der Nähe von Jena war die Fahrt zu Ende. Der junge Fahrer lag auf meiner Station, sein Mädel in der HNO-Klinik, warum weiß ich nicht mehr. Der Junge war unruhig. Es dauerte damals sehr lange, bis über eine spezielle Rufnummer der Uni eine telefonische Verbindung nach Berlin-West zustande kam. Man konnte ja nicht selbst wählen, schon gar nicht vom Dienstapparat einer sozialistischen Einrichtung. So wurde seine Unruhe immer größer! Er sorgte sich um sein Mädel, aber auch sehr um die Frage, wie der *Alfa* den Unfall überstanden hatte. Die Polizei sprach von einem Totalschaden! Da brach er zusammen. Nicht medizinische Gründe, wenngleich psychologische schon da waren, sondern der Umstand der Tour von West-Berlin in den Westen und retour waren für ihn niederschmetternd. Folgendes trat zutage: Das Mädel war die Tochter seines Ausbilders, des Chefs der *Romeo*-Werkstatt. Das Auto war übers Wochenende »geborgt«, oder besser gesagt, aus der Garage entwendet worden. Väterchen wusste davon nichts. Im Verlauf der nächsten Tage erfuhr ich, dass er das Töchterchen aus der HNO geholt und sofort nach West-Berlin gebracht hatte. Dem Lehrling wurde in gleichem Atemzug umgehend gekündigt. Jener fuhr dann, seelisch schwer beladen mit Schuld und sicher materiell auch mit Ersatzforderungen versehen, zurück nach Berlin! All diese Fällen waren stets mit enormem bürokratischen Aufwand und allerlei West-Ost-Passproblemen verbunden. Eines Tages wurden auch Brigitte und ich mit so etwas konfrontiert. Es kamen zu uns M. und M.

Die waren als Studenten nach dem Examen an der FU in Berlin sehr früh morgens losgefahren, um Verwandte in Kärnten zu besuchen. Nebenbei gesagt, Kärnten klang für uns köstlich und unerreichbar! Am Hermsdorfer Kreuz dann verunfallten sie, er nur leicht verletzt, sie jedoch sehr schwer. Als ich abends zum Dienst kam, lag er im Bett und fragte mich, wie es denn seiner Freundin ginge. Ich sagte zu, mich zu erkundigen. Das Protokoll der Rettungsfahrt war schon recht eindeutig. Auf der Intensivstation dann, als ich nachsah, begriff ich sofort, dass hier ein schwer beherrschbarer traumatologischer Fall vorlag. Die Patientin war nicht ansprechbar. Nach meiner Informationsrunde ging ich wieder hinunter zu dem jungen Mann. Ich musste ihm sagen, dass seine M. noch Wochen, wenn nicht gar Monate bis zur Genesung in Jena bleiben würde. Der Student musste bald wieder nach West-Berlin zurück, da er ja kein Visum für den Aufenthalt in der DDR hatte. Er aber wollte bei seiner Freundin bleiben. Deswegen beschloss er sich im *Interhotel* in Jena, am Holzmarkt gelegen, für die nächste Zeit einzumieten. Aber die stets devisenhungrige DDR hatte hier hohe Preise angesetzt, die in Westmark zu zahlen waren. Es war bald klar, das Kapital würde selbst mit Hilfe aller Eltern aus West-Berlin nicht reichen! Da gab ich mir einen Ruck und, ohne Prüfung des überhaupt Erlaubten, machte ich ihm ein Angebot. Wenn er es wünsche, könne er im Arbeitszimmer bei uns wohnen, bis M. verlegt werden könne! Er müsse aber das Essen, das wir hätten, die Anwesenheit zweier lebhafter Kinder, nämlich Alexander und Franka, ertragen und ein wenig im Hause behilflich sein. Mit Oma hatte ich das nicht vorbesprechen können. Er hat dann das Angebot sofort seiner Mutter mitgeteilt – man war sehr erfreut in Berlin! Nun musste ich das nur noch Oma sagen und der Aufenthalt konnte organisiert werden. Oma hat sofort ihr gutes Herz geöffnet, ohne Vorbehalt sagte sie Ja. Und schließlich hatten wir auch genügend Platz, besagtes Zimmer maß 25 Quadratmeter und bot einen herrlichen Blick auf Jena West. Nun setzte sich am nächsten Tag ein Vorgang in Bewegung, der mich, tief im Kalten Krieg angesiedelt, bis heute etwas sprachlos macht. Zunächst erklärte ein Traumatologe, der Aufenthalt der Patientin würde sehr lange dauern, medizinische Komplikationen seien nicht ausgeschlossen. Erster Schriftsatz! Des Weiteren hatte ich für die Meldestelle der VP eine Einladung an Herrn M. T. zu formulieren, er könne bei uns wohnen und so durch täglichen Besuch seiner Frau beistehen. Beide Schriftsätze trug ich zur Polizei. Es war wohl Mitte der Woche. M. musste allerdings am nächsten Tage wieder nach West-Berlin ausreisen, denn das Transitvisum ließ sich nicht zum Dauer-Visum umformen. Also fuhr M. mit dem Interzonenzug nach Berlin zurück. Am nächsten Tag ging ich zur VP, erhielt ohne weitere Fragen die Zulassung für den Daueraufenthalt in Jena. Dritter Schriftsatz! Nun ging ich zur Post am Engelplatz und konnte ein erlaubtes und vorgefertigtes Telegramm (wisst ihr, was ein Telegramm ist?) absetzen. Das gelangte als Einreisevisum also nach Berlin.

Am Sonnabend dann war M. unter Begleitung weiterer Familienangehöriger nach Jena zurückgekehrt!

Dann begann eine spannende Zeit. M., der in Berlin durchaus der damals sogenannten alternativen Liste zuzuzählen war, und sich also wohl auch etwas links angesiedelt hatte, lebte plötzlich in der DDR. Die hatten sie, eben Studenten an der FU, wie seinerzeit Mao und HoChi Minh, immer über den grünen Klee als das bessere Deutschland gelobt! Nun also saß M. in jenem gelobten Land. Von Juni bis Oktober lebte er wie wir, las DDR-Zeitungen, ging sehr gern einkaufen und wunderte sich des Öfteren, dieses oder jenes simple Gut nicht bekommen zu haben. Ich weiß noch, er ging freitags gern zum Fleischer *Moser* oder zu Fleischer *Jakob* in der Bachstraße, gleich am F-Haus. Stolz war er dann, in der Schlange der zweite oder dritte zu sein! Kein Wunder, wir hatten ihn ja um halb sieben losgeschickt! Er lernte die Buchhandlungen in Jena kennen und konstatierte die Abwesenheit der in Berlin-West viel gelesenen Autoren. Aber er gewöhnte sich an alles und wir hatten nach einigen Tagen eine sehr enge, fast verwandtschaftliche Beziehung aufgebaut. Die Kinder verstanden sich prächtig mit ihm. Mit der Zeit lernten wir auch die Familien aus West-Berlin und von anderswo kennen. Man war uns wohl sehr dankbar. Wenn ich sagte, ich müsste für diese sehr große Wohnung nur 55 Ostmark zahlen, da fielen sie fast um. Ihre Verwandte in der Klinik bekam alles Gute mitgebracht, was man im Westen damals schon hatte und wir eigentlich nur von den Werbeblöcken im Fernsehen kannten. Es erschienen alle paar Tage wunderbare Säfte, Joghurt und andere Speisen und Getränke. Allein konnte sie das gar nicht verbrauchen. Also hatte die liebe Verwandtschaft alle Leckereien bei uns deponiert. Von Mitbringseln für uns ganz zu schweigen. Ich weiß gar nicht mehr, wie viel Kaffee (West-Kaffee!) in unserem großen Büffett lagerte, von *Apfelkorn*, *Asbach Uralt* und guten Weinen ganz zu schweigen. Bestimmte Verwandte wies man beim Grenzübertritt in Berlin sogar an: »Heute haben Sie nur Durchreise, also bitte nicht in Jena abfahren zu v. O!«.

Eines Tages hing an unserem Türknauf ein Beutel mit irgendwelchen braunen, ja was wohl, Kartoffeln? Na, die haben wir doch reichlich. Als M. dann kam, fragten wir ihn nach dem Inhalt und auch, wie man das kocht. Zu unserem großen Erstaunen erklärte er uns, dass es sich um Kiwis handelte. Die hatten wir noch nie gesehen oder gekostet! Zu meinem Geburtstag brachten sie ein riesiges Kasseler mit. Diese Feier war im Übrigen so turbulent, dass wir plötzlich unsere wankende kleine Franka bemerkten, die sich an Resten von *Apfelkorn* gütlich getan hatte. Hochrot saß sie in einer Ecke und wollte sich ausschütten vor Lachen!

Unterdessen besserte sich der Zustand von M. Wenngleich noch einige chirurgische Eingriffe nötig waren. Wir haben sie oft in der Klinik besucht und von Land und Leuten erzählt. M. als unser Hausgenosse war begeistert von Jena und Umgebung. Er hat an vielen Ausflügen teilgenommen und einige unserer engeren Freunde kennengelernt. Im Oktober dann konnte ich den Heimtransport nach West-Berlin anmelden. Mit unserem Jenaer Wagen fuhren wir bis zur Raststätte Michendorf, wo ich aussteigen musste. Die DRK-Leute durften bis Dreilinden an die Grenze fahren, wo dann der Westberliner Krankenwagen wartete. M. hat sich dann recht gut erholt. Ein Jahr später haben sie geheiratet. Einige Zeit danach haben sie uns mit dem Auto besucht und wir unternahmen eine herrliche große Rundfahrt durch Thüringen. Lange Jahre kamen dann die schönen Pakete zu Ostern und zu Weihnachten, eben jene, die für die Ostnase so herrlich dufteten. M. selbst hat uns auch noch in Staaken besucht. Am 9. November 1989, als ich morgens vom Fall der Mauer hörte, sagte ich den Kindern, morgen besuchen wir Onkel M. und Tante M. in West-Berlin. So taten wir auch. Nach der Scheidung der beiden war der Kontakt abgebrochen. Doch Ende der 1990er-Jahre da trafen wir M. in einem Flugzeug auf dem Rückflug von Atlanta nach Berlin-Tegel!

Besuch aus Berlin-West bei uns in Jena so einfach und reibungslos! Eine bestimmte Behörde hat aber mit Sicherheit einen Vermerk gemacht. Und in der Tat, als M. und M. sich zum nächsten Besuch anmeldeten, erschien eines Abends ein Mann bei uns, der meinte, wir könnten diesen Studenten doch Meinungen über den Westen oder die gute DDR entlocken. Vielleicht ergäbe sich eine gute Zusammenarbeit. Sehr höflich, aber eisig kalt, baten wir ihn, unsere Wohnung zu verlassen. Wir haben ihn nicht wieder gesehen.

NOTFÄLLE

Der Rettungswagen war mit den Jahren so etwas wie mein zweites Zuhause geworden. Dieses Gefühl hatte ich bereits in Suhl und es verstärkte sich noch in Jena. Manchmal schmunzelten die Kollegen auch über meinen Diensteifer. In Suhl war es in der Tat so! Wenn absolut keine Notrufe einliefen, konnte ich schon verdrießlich werden. Es war die Art von Tätigkeit, die ich wünschte, die mir lag und die ich körperlich auch gut leisten konnte. Erst nach zwanzig Jahren protestierten meine Bandscheiben.

Die Arbeit im Rettungswesen ist sehr schwer. Es gibt kaum einen Ort, wo der Notfallpatient sich nicht befinden konnte! Keller oder letzte Etage, Fabrikhalle, Eisenbahntrasse, Fahrstuhlschacht, auf dem Baum oder im Tiefschnee, auf und neben der Straße, an diesen Auffindungsorten waren wir stets gefordert! Hitze oder klirrende Kälte, Tag oder Nacht stellten kein Hindernis dar.

Die Arbeit in diesem DDR-spezifischen Rettungsdienst, genannt die Schnelle Medizinische Hilfe, hat mich bis 1990 getragen, an verschiedene Orte geführt und in verschiedenen Positionen gesehen.

Hier muss man, geneigte Leser, einen Einschub machen. Sonst mangelt es am Verständnis für diese Zeilen, die mir so wichtig sind. Viele werden sich fragen, was die SMH war? Wo waren denn ASB, DRK, Johanniter oder Malteser?

Ja, meine Lieben, es gab nur das DRK. Das hatte sich in der DDR gehalten. Der ASB war bereits von den Nazis verboten worden, in der DDR hatte sich daran nichts geändert. Die Kirchen wussten auch damals schon um die Diakonie und Caritas. Diese Einrichtungen erfreuten sich großer Wertschätzung. Sie wurden stets auf verschlungenen Wegen mit Geld oder Technik unterstützt. Der Staat allein hätte das alles nicht geschafft. Es gab in Genthin ein Johanniter-Krankenhaus, wenn auch ohne Ordensritter wie in der Bundesrepublik. Hier und da existierten evangelische und katholische Krankenhäuser von exzellentem Ruf mit gutem Personal, jedoch zumeist in sehr alten Gebäuden. Für manchen Patienten, Arzt, Pfleger oder manche Schwester waren es zudem Rückzugsorte von der täglichen Ideologie der DDR. Allerdings beteiligten sich diese kirchlichen Werke nicht an den Rettungsdiensten. Geistig und geistlich von ihnen profitieren, konnte man aber allemal. Ich erinnere mich an wunderbare Begegnungen im Diako (Diakonissenkrankenhaus) in Eisenach! Dort war man in der Lage, die technische Ausstattung durch kirchliche Verbindungen in den Westen auf einem hohen Niveau zu halten. Ambulanten Krankentransport oder Rettungsdienste sah man jedoch nicht vor.

SMH 3 vor dem Einsatz;
oben zwischen den Rundumleuchten die weit hallende Sirene

Es gab auch einige Privatstationen von Chirurgen und Internisten. In Zeitz existierte zudem eine der ganz wenigen privaten Kliniken der DDR – die Klinik von Dr. Scheibe, dessen Sohn das Haus später weiterführte. Hier operierte man hauptsächlich Eingeweidebrüche. In Jena waren zudem noch einige private Kliniken vorhanden, die sich der Frauenheilkunde verschrieben hatten.

Rettung und Notfall blieben allein dem DRK der DDR vorbehalten. In den 1970er-Jahren waren in beinahe allen Kreisen der DDR die organisatorischen Arbeiten zum Aufbau der SMH abgeschlossen. Der Begriff SMH umfasste das gesamte System. Gewiss war es unterschiedlich in Qualität und personeller Ausstattung. Doch es gab Fahrzeuge, Leitstellen mit sogenannten Dispatchern für den Transport-und Notfalleinsatz der *Barkas*-Wagen, die den Funkverkehr führten und die Wagen leiteten. Es hatte sich eine organisatorische Unterteilung herausgebildet.

Die DMH, der Wagen mit Arzt, Schwester/Pfleger und Fahrer, blieb dem eigentlichen akuten Ereignis vorbehalten. Daneben organisierte sich der DHD, der Dringliche Hausbesuchsdienst. Das waren zumeist Ärzte für Allgemeinmedizin, also eigentlich Hausärzte, die zu Hausbesuchen bei Patienten, besonders nachts, an den Feiertagen und Wochenenden anrückten. Der Arzt wurde zum Patienten gebracht. In einigen Städten gab es überdies den Kinderärztlichen Hausbesuchsdienst. In der Hauptstadt der DDR, Berlin, existierte sogar ein spezieller Wagen mit Hebamme und Inkubator für schwierige Geburtsfälle – der sogenannte »Storchenwagen«. An besondere Notfälle dieser Art habe ich keine Erinnerung. Das lag wohl an der sehr engmaschigen Betreuung in den Kliniken. Freiberufliche Hebammen kannte man damals auch nicht. An einige Geburten im Rettungswagen der SMH erinnere ich mich, die verliefen alle komplikationslos. Das größte Problem war oft der mitfahrende SMH-Arzt, der die letzte Entbindung meist als Student erlebt hatte. Ich habe zudem zwei Mal in D-Zügen bei Geburten geholfen, in denen keine Geburtshelfer waren – auch das ging glatt. Es bedurfte nur klarer Anweisungen! Die haben die Mitreisenden und Eisenbahner befolgt.

Den allgemeinen Transport von Patienten erledigte der normale Krankentransport. Private Gesellschaften oder Organisationen für die mobile Patientenversorgung gab es nicht.

Die SMH war nach damaligen Möglichkeiten technisch und medizinisch auf den Notfall vorbereitet. Die sogenannten »Dispatcher« in der Leitstellen des DRK wurden so geschult, dass sie den medizinischen Betrieb verstanden. Da es sich um angelernte, meist sehr willige und sich bildende Mitarbeiter handelte, gab es zusehends Fortschritte. Ich habe schon verlangt, dass sie einen Unterschied zwischen einer zerebrovaskulären Insuffizienz und einer Radiusfraktur erkannten. Nach Durchgabe des Einsatzortes und des möglichen Ereignisses

*Bestandteile der Sprechverbindung
zur Leitstelle*

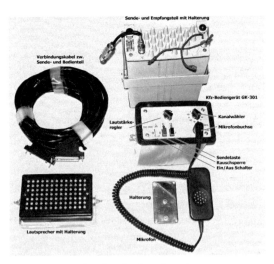

Funktechnik – damals

vor Ort fuhren wir unvermittelt los. Oft eine Fahrt ins Ungewisse, denn die Qualität der Ansagen am Telefon war meist nicht die Beste. Es gab, wie heute auch, Fehlalarme, aus Jux und Tollerei, besonders in Ferienzeiten. Die Bereitschaft der anderen Verkehrsteilnehmer, uns wenn möglich ungehindert die Vorfahrt zu geben, war etwas besser als heute. Trotzdem gab es auch hier und da die üblichen Behinderungen, der fehlende Blick in den Rückspiegel, das Gespräch mit dem Beifahrer. Handys waren noch nicht in der Welt. In Häusern oder Betrieben, besonders bei Ereignissen auf den Dörfern, ging man dem SMH-Team hilfreich zur Hand. Ich kann mich an keinerlei Aggression gegen uns oder die Feuerwehr erinnern, wie es heute ab und an vorkommen soll. Ich entsinne mich an einen Ort über dem Saaletal, wo die Gemeinde von der herführenden Straße bis zum Haus des Betroffenen eine Kette von blinkenden Taschenlampe organisiert hatte. So war es leicht, den Ereignisort im Dunkel der Nacht zu finden. Die Zusammenarbeit mit Polizei und Feuerwehr war sehr gut und kameradschaftlich geprägt. Man brauchte einander! Besonderer Partner war die Verkehrspolizei, mit der man den engsten Kontakt pflegte.

Was wir kaum besaßen, waren psychologische Möglichkeiten für die Trauerarbeit oder das Verarbeiten drastischer Situationen am Ereignisort. Es gab keine Notfallseelsorger, denn Seelsorger waren mitunter schon in den Kliniken unerwünscht. Eine Supervision im heutigen Sinne existierte noch nicht. Gewiss besprach man das ein oder andere Ereignis ab und an beim Kaffee. Letztendlich fand aber wohl doch eine Verdrängung statt.

Es ist mir noch gegenwärtig, wie unser Chef und ich von unseren Schwestern sogar eine bestimmte Härte im Einsatz verlangen mussten, um fachliche Qualität zu gewährleisten. Es ging so weit, dass beispielsweise gefordert wurde, ein aus einem Haus gefallenes Kind in aller Form notfallmedizinisch zu versorgen, auch wenn es das Eigene wäre. Danach erst könne der Zusammenbruch erfolgen. Trauerarbeit musste geleistet werden. Das war oft nur schwer zu verkraften. Meine Schwestern haben mir manchmal sehr leid getan. In den ersten Jahren im Dienst hatte ich selbst auch oft Albträume. Träume, in denen endlose Gänge voller Leichen und Körperteile immerfort auftauchten. Erst nach vielen Jahren sind diese Bilder wieder verschwunden. Ebenso wuchsen mit den SMH-Jahren die körperlichen Beschwerden, besonders im Gelenk- und Wirbelsäulenbereich. Im Rettungsdienst musste schließlich oft aus physiologisch ungünstigsten Positionen geborgen und gehoben werden. Scherenbretter oder Tragen mit abklappbaren Rädern, die wir aus Filmen aus dem Westen oder von Messen kannten sowie die ganzen heute üblichen Hilfsmittel, die hatten wir nicht. Muskelkraft musste her! Und voll Achtung und in liebevoller Dankbarkeit will ich heute an alle Schwestern und Pfleger denken, die diesen Dienst mit getragen haben. Getragen im wahrsten Sinn des Wortes! Unsere kleinste Schwester in Jena maß knapp 1,60 Meter! Ist es ein Schelm, der glaubt, man könne so eine Arbeit bis zum 67. Lebensjahr oder länger leisten? Nein, kein Schelm ist das, sondern ein im staatlichen Auftrag handelnder Ignorant! Der Dienst bei der SMH ging einem bisweilen sehr nahe. Umso mehr freute es einen, wenn man den Patienten nach Wochen sah und er sich auf dem Weg der Gesundung befand. Das war die tiefste Befriedigung, die man empfinden konnte.

SELBSTMORDVERSUCH – PULSADER AUFGESCHNITTEN!

Dieser einen Einsatz auslösende Ruf aus der Leitstelle war sehr häufig als Einsatzgrund zu vermerken. Meist riefen Kollegen, Angehörige oder Nachbarn an. Die Medizinstatistiken der DDR verzeichneten einen hohen Anstieg der verschiedensten Selbsttötungen. Selten gelang der Suizid aber auch tatsächlich. Die Methoden fanden Eingang in unsere DMH-Protokolle und zeigten eine gewisse Bandbreite der versuchten oder demonstrativ vorgetragenen und durchgeführten Suizide. Nicht selten verursachten Schnitte in den rechten und linken Unterarm erhebliche Verletzungen, aber meist etwas weniger dramatische Blutungen. Die wichtigen arteriellen Blutbahnen hatten die wenigsten Patienten geöffnet. Dank des vorwiegenden Quersetzens der Messerschnitte im Bereich der Handgelenke stellten wir glücklicherweise oftmals nur venöse Blutungen fest. Das Problem ließ sich in den meisten Fällen mit sterilen Kompressen und einem guten Verband lösen. Danach erfolgte das Aufsuchen der chirurgischen Poliklinik zur Naht oder Versorgung.

Hin und wieder begegneten einem auch suiziderfahrene Patienten, die schon Narben am inneren Unterarmbereich aufwiesen. Nach der chirurgischen Behandlung wurde dann in den Fällen, wo Patient und Angehörige es wünschten, der Weg in die ambulante Psychiatrie gebahnt. Das war, den geringen Kapazitäten geschuldet, bisweilen ein langwieriger Weg. Viele dieser Patienten sah man öfter.

Es kam vor, dass Patienten das eben erwähnte Verfahren mit der Einnahme von Medikamenten kombinierten. Schlaftabletten, aber auch beruhigende Mittel wie das sehr verbreitete Faustan wurden zusätzlich eingenommen. Ebenso gab es Zusammenstellungen mit Alkohol. Stadtgas inhalierten die Betroffenen bisweilen ebenfalls. Oft musste mühsam geforscht werden, was wann in welcher Kombination geschluckt worden war. Es galt, getrunkene Mengen an Alkohol feststellen oder im Gespräch listig zu eruieren. Bei manchen Patienten lagen noch Medikamentenpackungen herum, was die Arbeit erleichterte.

Wurden wir zu einem Suizidversuch im Haushalt oder Betrieb gerufen, waren wir alsbald umgeben von erregten, die Situation nicht verstehenden

Angehörigen oder Kollegen, Vätern oder Müttern, Kindern oder Enkeln. Da erschaffte dann der Grundsatz »Ruhe und alle raus!« Ordnung.

Viele dieser Suizidversuche waren demonstrativ angelegt, oft als Hilferuf, die Umgebung möge sich besser um einen kümmern. Mit der Zeit kannte man auch die einschlägigen Patienten und Adressen. Es traf eigentlich alle Bevölkerungsschichten – den einfachen Arbeiter wie die Krankenschwester oder die promovierte Wissenschaftlerin. Die Mehrzahl überlebte diese Versuche nach chirurgischer Versorgung, Magenspülung und stationärem Aufenthalt. Oft war es schwer, bei nicht ansprechbarem Patienten herauszufinden, was er denn genommen hatte. Um dem Abhilfe zu verschaffen, verabreichte man in den 1980er-Jahren im Westen ein Medikament, das den Patienten nach Injektion kurz aufwachen ließ. So konnte man Daten und Einnahme von Medikamenten erfragen. Das Mittel war also recht hilfreich, in der DDR aber leider selbst durch Import nicht zu haben. Erst in Staaken, baute uns der Falkenseer Apotheker das Mittel nach. In seiner Apotheke! Der Nachteil bestand jedoch in der kurzen Haltbarkeit. Ein Freund hat es sogar in W. durch mich bekommen.

Der drastische Suizid dagegen war seltener. Tod durch Erhängen oder Fenstersturz aus großer Höhe kam auch hin und wieder vor. Einmal haben wir einen alten Herrn in seiner Gartenlaube gefunden, der sich tatsächlich die Handgelenksarterien rechts und links aufgeschnitten hatte und regelrecht verblutet war. Da die Laube seinen Kindern vererbt werden sollte, hatte er die Hände und damit sich in einen Eimer ausbluten lassen. Selbstverbrennungen habe ich nicht erlebt, der Fall Brüsewitz geschah 1975 bei Zeitz, also nicht in unserem Einzugsgebiet. Die Selbsttötung durch Schussverletzungen kann ich ebenfalls nicht bestätigen. Wenngleich dies bei der Polizei, der NVA oder anderen Formationen aber durchaus vorgekommen sein soll. Schwere Kopfverletzungen durch Schläge mit einem Beil kennt die Gerichtsmedizin sehr gut und hat sie auch ausgestellt – mir ist so etwas damals nicht untergekommen. Mehrmals allerdings fuhren wir zu suizidalen Schädelverletzungen im ländlichen Raum. Da gab es den sogenannten Kernerschen Bolzenschussapparat, der eigentlich auf Schlachthöfen eingesetzt wurde. Der durch große Kraft getriebene Bolzen wurde in solchen Fällen frontal an der Stirn oder seitlich angesetzt. Nicht alle dieser Patienten verstarben sofort am Unfallort, es gelang meist der Transport in das Krankenhaus. Nach einer Schädel-OP und anderen hinzutretenden komplizierten Situationen und Schäden verstarben diese Patienten jedoch meist innerhalb einer Woche, soweit ich mich erinnern kann.

Nicht ganz unproblematisch war der Umgang mit Ereignisorten, an denen, vermutlich oder auch sehr gut riechbar, entweder durch Unfall oder in suizidaler Absicht, Stadtgas eine Rolle spielte. Um undichte Leitungen und Gasschläuche rechtzeitig lokalisieren zu können, waren dem Gas Geruchsstoffe beigegeben. Manches Leck wurde so schnell entdeckt. Hatte aber jemand vergessen, den Gasherd abzustellen oder in Tötungsabsicht alle Hähne geöffnet, dann war Gefahr im Verzug! Für die Helfer ebenso wie für die Familie! In Jena hatten wir ein sogenanntes Gasspürgerät angeschafft, das immer in der SMH mitgeführt wurde. Mit Hilfe einer kleinen Pumpeinrichtung konnte man ein Glasröhrchen mit angesaugter Luft füllen. Ein Indikator zeigte nach kurzer Zeit eine mögliche Gaskonzentration, die man ablesen konnte.

In einigen Fällen erinnere ich mich an eine zu späte Alarmierung der Rettungskräfte. Es konnte nur noch der Tod festgestellt werden. Es handelte sich sowohl um tote Einzelpersonen, als auch Ehepaare, die wir nach Öffnung der Wohnungen durch Feuerwehr und Polizei vorfanden.

Im Übrigen soll hier an dieser Stelle an jene gedacht werden, die als Partner und Helfer zur Seite standen. Da sind zunächst die Kameraden der Feuerwehren zu nennen. Sie trafen oftmals als Erste am Unfallort ein und hatten schon diesen oder jenen Handgriff erledigt, ehe wir ankamen. Sie waren aber immer froh, wenn die tatsächlich qualifizierte ärztliche Hilfe nahte. Gleiches galt für die Angehörigen der sogenannten Volkspolizei. Besonders durch die gemeinsame Arbeit bei Verkehrsunfälle haben sich hier, und das gilt für meine verschiedenen Wirkungsorte, freundschaftliche und sehr vertraute Bindungen ergeben. Man kannte sich, zumal man sich zum Teil sogar mehrfach am Tag traf. Egal ob auf den innerstädtischen Straßen oder den Abschnitten der Autobahn. Verkehrspolizisten waren in erster Linie in ihrem Fach zu Hause, so traten sie auch auf. Für uns waren sie Vertraute am Ereignisort, dank derer wir einige Hände mehr zur Hilfe hatten. Polizei und Feuerwehr gehörten wie heute an die Unfallorte. Ähnlich verhielt es sich mit der Kripo, die unter besonderen Umständen ebenfalls informiert und hinzugebeten wurde. Besonders in Fällen unnatürlichen Todes, schwerer tödlicher Verbrennungen, wie auch bei Suiziden wurden sie kontaktiert. In einigen Fällen blieben sie zur kriminaltechnischen Untersuchung vor Ort. Sie kamen oft anschließend in die Kliniken, um sich über Verbleib und Zustand mancher Patienten zu informieren. Das war im Großen und Ganzen eine von gegenseitigem Verstehen geprägte Zusammenarbeit.

Daneben gab es aber auch noch jene, die für die Kreisdienststelle der Staatssicherheit arbeiteten, wenngleich sie sich im akuten Fall auch nur selten offenbarten. Sie nannten kaum Namen oder Dienstgrade. Bei schweren Unfällen auf den uns zustehenden Abschnitten der Transitautobahn, wenn es um West-Fahrzeuge ging, da allerdings standen sie manchmal in diskreter Entfernung und beobachteten uns und die anderen. Seltener aber waren Nachfragen dieser Leute. Sie erhielten ihre Antworten wohl durch eigene Arbeit oder durch Dritte. An einen Unterleutnant dieser Dienststelle erinnere ich mich noch gut. Der war äußerst neugierig. Dies führte sogar soweit, dass er, um Vertrauen zu gewinnen, kleine, wenn auch unbedeutende, Interna aus seinem Dienstbereich preisgab, was ihm sicher nicht gestattet war. Man soll eigentlich nie vom Aussehen her auf Menschen schließen, aber er passte schon vom Auftreten und seiner Art her in die Kategorie Spitzel. Daher habe ich ihn auch immer wieder bremsen müssen, wenn er zu persönlich wurde. Sicher haben diese Menschen alles gewusst, was wir nicht wissen konnten. Es war die Aura dieser Dienststellen, die einen unangenehm kühl umwehte. Wir hatten schon am Ende der 1970er-Jahre in Jena, wie auch in ganz Thüringen, Patienten gehabt, die am System DDR zweifelten. So zum Beispiel Roland Jahn, Lutz Rathenow und viele andere aus dem Umfeld der Jenaer Dissidenten-Szene, die ihre Erfahrungen gemacht hatten mit den Stasi-Dienststellen. Andere agierten im kirchlichen Bereich, was mir persönlich, um es ehrlich zu sagen, damals nicht behagte. Sie agierten unter dem Dach kirchlicher Räume, ohne aber Kirche und den Glauben im eigentlichen Sinne voranzubringen. Nachdem ich die vielen Schriften zu diesem Thema nach 1990 gelesen habe, stellte ich fest, wie viele Bekannte, auch aus dem nahen Umfeld, in dieser Szene aktiv waren. Wie man sie aber getroffen, gebeugt und gedemütigt hat, das weiß man leider erst heute. Viele wollten und haben der DDR den Rücken gekehrt, die Eltern in Jena zurückgelassen, freiwillig oder gezwungen. Als ich Ende der 1980er-Jahre in Berlin lebte, wusste ich von vielen, dass sie in Westberlin untergekommen waren. Dahin waren sie ausgereist worden und saßen nun viel zusammen. Sie hingen, wenn auch nun frei, fest an der Thüringer Heimat. Der Verlust schmerzte doch stark.

Ich habe mir vorgenommen, demnächst in den Akten der Stasi-Behörde nachzulesen und hoffe dabei, keine Überraschungen zu erleben. Wir selber haben nie, auch später in Berlin nicht, einen Weggang aus der DDR in Betracht gezogen. Das hatte verschiedene Gründe. Erstens hatten wir keine direkten Verwandten im Westen. Zweitens besaßen wir als Familie, dann mit drei Kindern, ein relativ gutes Auskommen. Durch unseren christlichen Glauben waren wir an unsere Kirche hier gebunden und waren sicher, nicht an allen Fleischtöpfen sitzen oder stets und ständig vom Besten haben zu müssen. Eine Ausreise im üblichen DDR-Procedere, wie es dann in den 1980er-Jahren üblich war, kam wegen der Bücher und Möbel erst gar nicht infrage. Und nicht zuletzt wollten wir den »Organen«, die uns sicher beobachteten, nicht die Freude machen, noch mehr kritische und fragende Menschen zu verlieren. Selbst in den letzten Monaten der DDR haben wir diese Haltung beibehalten, davon werde ich am Ende dieses Buches berichten.

Allerdings hatte ich auch einen gewissen Ehrgeiz, wollte mehr in Richtung Ausbildung von Studenten und Pflegekräften gehen. Das habe ich mit Freude in Jena gemacht, zumal wir dort Zugriff auf ein schwedisches Reha-Modell, eine Resusci-Anne, hatten, mit dem wir umherzogen.

In Jena selbst gab es zunächst keine Aussicht auf frei werdende leitende Positionen. Also sah ich mich um. Dabei stellte ich fest, dass man, aus welchen Gründen auch immer, in Nordhausen einen großen Krankenhaus-Neubau vorgenommen hatte. Das interessierte mich, besonders die SMH vor Ort und die moderne Ausstattung. Meine Bewerbung war erfolgreich und es kam die Zeit, von Jena Abschied zu nehmen. Auf abenteuerliche Weise, die den Gepflogenheiten der DDR durchaus entsprach, zogen wir nun nach Nordhausen um.

IM KRANKENHAUS AM RANDE DES LANDES

Umzug hieß in der DDR eben nicht, so ohne Weiteres ein Speditionsunternehmen mit der Aufgabe zu betrauen. Die staatlicherseits vorgehaltenen Kapazitäten waren gering, private Spediteure rar. Der VEB Kraftverkehr hatte längere bis sehr lange Wartezeiten. Wollte man von A nach B, so wie wir von Jena nach Nordhausen, musste man Leute kennen. Und die kannte ich, denn bereits ein viertel Jahr vor unserem Ortswechsel hatte ich in Nordhausen meine Stelle angetreten. In der Rettungsstelle, verbunden mit dem SMH-Dienst. Als vorläufige Unterkunft bewohnte ich ein schönes Dachzimmer bei einer wunderbaren Familie. Die hatten ihr Haus, sicher zum Ärger vieler staatsnaher Bürger und der Behörden, schon nach außen als ein Haus der Kirche gestaltet. Im Vorgarten gab es einen Schaukasten, der über Gemeindearbeit und Gottesdienstzeiten informierte. Da kam ich unter, wurde integriert und lernte viele gleich Gesonnene kennen, die auch so ihre DDR-Probleme mit sich trugen. Abends, es war Frühsommer, kamen oft größere Runden im Garten zusammen. Darunter auch eine Familie aus der Nachbarschaft. Wer hätte 1982 geglaubt, dass die Ehefrau nach 1990 einmal die Oberbürgermeisterin von Nordhausen und Präside der EKD werden würde! Und selbst unsere so liebe ehemalige Vermieterin des Dachzimmers hat 1990 für eine grüne Stadtpolitik in Nordhausen Verantwortung getragen.

Somit gab es Verbindungen zu Menschen, die andere Menschen kannten, die einen LKW oder ähnliche Möglichkeiten zum Transport besaßen. So gelangte ein Lastzug mit Anhänger zu uns nach Jena. Mit einigen Freunden verluden wir unsere Habe. Franka und Alexander hatten wir für ein paar Tage zu meiner Mutter nach Altenburg gebracht. Die Wochen zuvor hatte Brigitte wochenlang leere Infusionskartons und Zeitungen als Verpackungsmaterial gesammelt. Die vielen Bücher habe ich übrigens immer zu etwa zehn Stück mit Bindfaden zusammengebunden. Eine oben angesetzte Schlaufe erleichtere dann das Tragen.

Die neue Wohnung in Nordhausen – ein Wohnungstauschobjekt – war kleiner. So kam es, dass einige der schönen alten Möbel in Jena zwar verkauft waren, der Rest aber immer noch zu viel war. Schweren Herzens musste einiges unverkauft zurückgelassen oder verschenkt werden. Am späten Abend dann stand unsere gesamte Habe in der Nebelung-Straße in Nordhausen. Meine größte Sorge war, wie wir das am nächsten Tag alles zu viert oder fünft in die zweite Etage bugsieren sollten. Hier half meine Quartiergeberin. Nach dem Sonntagsgottesdienst in der Altendorfer Kirche bat sie die Gemeinde, uns doch zu helfen. Siehe, es war eine Hilfe nach Gottes Art, denn etwa zwanzig Personen zogen mit uns. Flugs war der Lastzug ausgeräumt und die Wohnung so weit, so gut bezogen. Meiner lieben Familie H. bin ich noch heute sehr zu Dank verpflichtet. Auch hier gab es nach 1989 erstaunliche Wendungen ins politische Umfeld hinein. Wir stehen noch in Kontakt!

KRANKENHAUS MIT WESTBLICK

Das Nordhäuser Krankenhaus präsentierte sich als kompletter Neubau. Bislang hatte man im nahen Ilfeld die Gebäude eines alten Klosters als Klinikum nutzen müssen. Nun war alles vom Feinsten! Ein Bettenhaus fand sich ebenso wie ein moderner OP-Trakt. Der Neubau beherbergte fast alle klinischen Disziplinen, besaß eine zentrale Sterilisation, eine Rettungsstelle mit Schockräumen und eine zentrale Sauerstoffversorgung. Man hatte Neurochirurgie, Gefäßchirurgie und Traumatologie integriert. Dazu Poliklinik, Rettungswagen- und Leitstelle, reichlich Nebenräume. Einfach toll! Wenn man oben in der letzten Etage des Bettenhauses stand, konnte man in den südlichen Harz sehen. Die Staatsgrenze lag nahe. Deswegen erhielten wir Mitarbeiter der Rettungsstelle auch Passierscheine, so wie die Menschen aus den an der Grenze, im Gebiet der Sperrzone, liegenden Dörfern. Diese Scheine hatten wir stets mitzuführen, wenn es in das Grenzgebiet hineinging, was nicht selten vorkam. Wenn man sich das so vor Augen hielt, stellte sich schon die Frage, warum so ein großartiger Neubaumodernes Klinikum in einer Kreisstadt errichtet wurde? Und eben nicht in Erfurt, der Bezirksstadt, deren Medizinische Akademie nicht mit dem besten Bauzustand aufwarten konnte.

Auf die Frage bekam man leider keine Antwort. Man konnte nur spekulieren. Entweder hatte ein leitender Genosse diesen gewaltigen Investitionsbrocken über Beziehungen bis in das Politbüro der SED erhalten. Vielleicht hatten die Genossen in Nordhausen obsiegt über Erfurt? Eine weitere, doch recht plausible Erklärung hatte ein Genosse bereit. Neben der Funktion als Kreiskrankenhaus Nordhausen diente es den Truppen der Warschauer Vertragsstaaten als Lazarett. Die NVA und die Rote Armee hatten, wie wir später erfuhren, eine schnelle und plötzliche Invasion der Bundesrepublik in den Plänen ihrer Generalstäbe vorgesehen. Daher war ein Lazarett in dieser Lage sicher notwendig.

Wie dem auch sei, das tägliche Arbeiten bereitete mir Freude. Das Krankenhaus liegt auch heute noch am Rande eines kleinen Neubaugebietes, das schon damals eine Gaststätte und Kaufhalle vorhielt. Von manchen Wohnblöcken der Stolberger Straße aus hatte man einen herrlichen Blick hinein in die Goldene Aue – in Richtung Kyffhäuser!

Der Personalbestand des Klinikums musste des Neubaues wegen schnell aufgestockt werden. So kamen neben uns auch etliche andere Neue dazu. Dennoch hatte ich bisweilen den Eindruck, dass der Neubau recht zögerlich angenommen wurde und man sich nach den Ilfelder Verhältnissen zurücksehnte! Das habe ich nicht verstanden!

Meine Arbeit fand sich in der Rettungsstelle und auf dem SMH-Wagen. Brigitte nahm sich zunächst der OP-Anästhesie an, kapitulierte aber bald vor bestimmten personellen Positionen. Den Rest ihrer Nordhäuser Zeit hat sie dann mit Freude in der Leitstelle gearbeitet. Eines Kollegen erinnere ich mich sehr gern, der in Nordhausen geboren war, viel wusste und seinen Dienst mit Freude absolvierte. Er hatte als Kind die schweren Bombenangriffe miterleben müssen. Darüber sprachen wir oft. Hatten wir Nachtdienst, und es erreichten uns schwangere Frauen per Krankenwagen oder Ähnlichem mussten wir sie in den Kreißsaal bringen. Dann schrieben wir morgens in das Übergabebuch, je nach Anzahl, wir hätten »junge Mütter zur Ernte ihrer Leibesfrüchte« in den Kreißsaal gebracht. Diese Sprechart war uns mit der Zeit so zugewachsen. So reaktivierten wir auch für die Nordhäuser Straßenbahn, die vom Bahnhof bis fast vor das Krankenhaus klettern musste, Begriffe wie Kondukteur, Perron oder Billett. In dieser Zeit fanden wir auch die Bezeichnung »Kraftdroschke« für Taxi wieder, die ich auch heute noch oft verwende.

Ein Problem auf dem Flur unserer Rettungsstelle waren die aus Glas gefertigten frei liegenden Röhren für die Sauerstoffanschlüsse. Um diese sauber zu halten, »erfanden« wir ein wunderbares System. Es gab einen Transportwagen, auf den wir einen OP-Hocker stellten. Auf jenem nahm nun B. Platz, da er sehr groß, aber zugleich sehr schlank war. Daneben stellten wir einen Eimer mit warmem Wasser. Nun also, entlang des Flures den Röhren an der Decke folgend, wischte B. mit dem Lappen eben jene Röhren ab, während ich den Wagen schob. Das Staubproblem war gelöst, die herzlich lachenden Mitarbeiter anderer Abteilungen haben wir durchaus registriert.

Im Sommer sind wir in Nordhausen angekommen, nach einem dreiviertel Jahr stellten wir fest, dass es weder einen fachlichen Fortschritt gab noch Aussicht auf eine leitende Stellen. Mehrere unserer Freunde, die wir gewonnen hatten, stellten fest, dass man aus Nordhausen sein musste, wollte man zum

Erfolg kommen. Heute wird das hoffentlich anders sein. Wir entschieden uns, unseren Aufenthalt nicht zu verlängern.

Trotz alledem haben wir in Rettungsstelle und Notdienst allerhand interessante Krankheitsbilder gesehen und auch die weitere Bildung nicht schleifen lassen. Nordhausen war im Übrigen der Ort, den Krankentransporte aus vielen Orten der DDR anfahren mussten. Die Patienten waren dabei Querschnittspatienten, meist junge Leute, die häufig vom BWS-Bereich und tiefer an gelähmt waren. Sie kamen in eine Reha-Klinik nach Sülzhayn, das im Sperrgebiet lag. Also musste in Nordhausen umgelagert werden und Krankentransporteure, die einen Passierschein hatten, fuhren dann weiter. Es hat damals einen viel diskutierten und gelesenen Roman gegeben, der stark autobiografische Züge trug, verfasst von einem solchen Querschnittpatienten. Sülzhayn war seinerzeit die Stadt in der DDR, in der man die meisten Rollstühle sehen konnte.

ZWISCHEN UNTER- UND OBERSTADT

Unsere Arbeitstelle lag auf dem Berg. Mit der Straßenbahn war das Krankenhaus gut zu erreichen. In Nordhausen, so schien es, wohnte man besonders gut in der Oberstadt. Luft und Aussicht waren besser. Der alte Ortskern hatte durch Bombenschäden im Krieg gewaltige Lücken erfahren müssen. Die Stadt war dadurch arg gebeutelt. Gewiss befanden sich hier und da noch historische Gebäude und Kirchen. Es gab Neubaugebiete, die man hatte errichten müssen, um den großen Betrieben Wohnungen für ihre Arbeitskräfte zur Verfügung zu stellen. Eine ansehnliche Kreisstadt hatte sich entwickelt. Auch einkaufen konnte man, wenngleich die in der DDR bekannten Mangelanzeichen zu spüren waren. Etwas eigenartig schien der Charakter der Menschen, auch jener, mit denen man täglich zu tun hatte. Vielleicht war es die Nähe zur Grenze, vielleicht die Nähe zum Eichsfeld. Die gemischte atheistisch-katholisch-evangelische Bevölkerung erschloss sich uns nicht. Das war uns bisher noch nie passiert.

Unsere Wohnung im zweiten Stock in einer Straße zwischen Ober- und Unterstadt war letztlich doch zu klein, dunkel und nicht schön einzurichten. Gut, das Bad konnte man mit einem Gasheizer erwärmen, jedoch besaß es kein Fenster. Die Küche hatten wir mit den damals bekannten, schwer zu bekommenden Fliesentapeten ausgekleidet. Die hatte ich schon zuvor in Jena zum Tapezieren der SMH 2 benutzt. Zum Beheizen der Küche verhalf uns ein sogenannter Kohlebeistellherd, den damals viele Menschen hatten.

Aber so richtig warm wurden wir mit Nordhausen nicht. Vielleicht hatte uns Jena auch zu sehr verwöhnt. Die Kinder kamen, anfangs zu unserer Freude, im evangelischen Kindergarten unter. Das sollte eigentlich etwas Besonderes sein, zu damaliger Zeit, war es aber leider nicht. Der Besuch war teurer als im staatlichen Kindergarten, die Räume lagen im Erdgeschoss eines älteren Hauses. Franka und Alexander gingen nicht gern hin, morgens gab es viel Abschiedsschmerz. Bekanntschaften schlossen sich kaum. So erging es uns in unserer Nordhäuser Zeit selbst in der Kirche. Besuchte man am Sonntag den Gottesdienst, waren alle, auch die aus dem Krankenhaus, die zur Gemeinde gehörten, recht freundlich. Am Montag tat man dann wieder so, als habe man sich noch nie gesehen. Nur um ganz wenig Bekannte wussten wir. Anderen Zugezogenen ging es ähnlich. Sicher gab es Ausnahmen, so der erwähnte B. zum Beispiel, der uns öfter in seinen Garten einlud. Dann zeigte er uns stolz seine Gemüse und sonstigen Erträge. Größere Ausflüge haben wir nicht gemacht, abgesehen von ein paar Fahrten mit dem sogenannten Quirl, besser bekannt als die Harzquerbahn. Natürlich fuhr man 1983 noch nicht auf den Brocken.

Bäcker existierten in Nordhausen gefühlt mehr als heute. Den in unserer Nähe mochten wir, er hieß netterweise *Schlotterhose*, seine Spezialität war eine gefüllte runde Streuseltorte. Die Eichsfelder Spezialität »Feldgieker« hat man damals nicht erhalten. Oder wenn, dann nur unter dem Ladentisch.

Die Nordhäuser hatten einen eigenen Sprachstil. Sie nannten eine Limonade »Brusen zu drissig«, es gab »Pereln«, »Brötchens« und im Bedarfsfall war man mit dem Knöchel «ümjecknickelt«. *Doppelkorn* spielte immer noch eine große Rolle, das Werk exportierte enorm. Man ließ sich immer wieder Neues einfallen, um den Kornumsatz zu steigern. Da wurde dann *Doppelkorn* mit Halberstädter Würstchen gekoppelt und teuer im Delikat-Laden verkauft. Und die DDR brauchte sich in der Statistik beim Verbrauch von Schnaps in keinem Fall hinten anstellen. Es wurde gewaltig getrunken! Die neuen Betriebe Nordhausens, darunter der Schachtbau, hatten wirtschaftlich schon Bedeutung. Man war doch letztlich weit über »Hanewacker« hinausgekommen. Das war ein seit Jahrzehnten in Nordhausen produzierter Kautabak, im norddeutschen eher »Priem« genannt. Vor einigen Jahren habe ich gesehen, wie der produziert wird. Es hat eine Weile gedauert, bis sich mein Magen wieder erholt hat.

Auch meinen Freund aus Eisenach, Dr. S., hielt es nur wenig länger in dieser Stadt am Südharz. Dabei besaß er doch eine schöne Wohnung in der Oberstadt. Im gleichen Haus wohnte eine Kindergärtnerin, die in den 1950er-Jahren das in allen Kindergärten der DDR bekannte und viel gesungene Lied von der »kleinen, weißen Friedenstaube« gedichtet hatte. Die Rüstung der NVA und die Taube verstanden sich allerdings, im Nachhinein betrachtet, eher mittelprächtig. Letztlich blieben uns bis heute an Nordhausen Erinnerungen an einige wenige nette Menschen, die schöne Umgebung, manchen Gottesdienst in der Altendorfer Kirche oder in St. Blasii, ebenso an ein recht gutes Theater.

Zu unserem Glück rief 1983 Prof. Scheidler zur Gründung einer Gesellschaft für Notfallmedizin der DDR auf. Sofort habe ich mich gemeldet, um einzutreten. Diese Entscheidung sollte sich als richtig erweisen. Wir fuhren gern zu den Treffen und Tagungen und begründeten damit eine interessante ehrenamtliche Arbeit, die bis 1990 anhielt. Nach einigen Monaten haben wir unsere Nordhäuser Befindlichkeiten ehrlich summiert, analysiert und beschlossen, neue Stellen zu suchen. Brigitte und ich sahen uns in Wittenberge und im Stift Bethlehem in Ludwigslust um nach Jena oder Suhl hätten wir auch sofort wieder gekonnt. Jedoch klaffte zwischen Stellenzusage und Arbeitsbeginn ein tiefer Graben, der die Frage nach dem Wohnen so schwer machte.

Letztlich gefiel uns das Angebot des im Kreis Nauen gelegenen Krankenhauses in Staaken. Es vereinte Chirurgie und Innere, Gynäkologie und HNO, Augen-Haut- und Kinderklinik und besaß einem hohen Anteil operierender Ärzte. Das überzeugte zwar, aber da war noch der Standort! Denn diese Klinik lag an der Berliner Mauer, von ihr umschlossen. Nächster Westberliner Bezugspunkt, Spandau – unerreichbar. Nächste Orte im Osten waren Dallgow, Falkensee und Potsdam. Immer entlang der Berliner Mauer. Wieso musste denn ausgerechnet da eine Klinik stehen? Die Erklärung war denkbar einfach. Vor 1961 lag Staaken als Spandau-West in Berlin, es gab noch den S-Bahnhof Staaken, der aber nicht mehr benutzt wurde. Die älteren Mitarbeiter gingen noch in Spandau einkaufen ins Kino. Davon redeten sie oft! Als dann im August 1961 die Mauer gebaut wurde, fielen sie von dieser Zuordnung ab und wohnten plötzlich an der Grenze. Potsdam und Falkensee waren die neuen Bezugsorte. Das stellte sich in Staaken unterschiedlich dar. An einer Ortsstraße schlossen sich bei Annäherung von Zügen aus Berlin-West oder Hamburg die Tore. Man musste warten, bis die Passage beendet war. Die Einheimischen nannten diesen Vorgang »warten am Affengitter«. Hinter dem Bahnhof Albrechtshof, da, wo die Straßen nur nummeriert waren, verlief die Grenze über die Straße. Das hieß also, wenn Frau Schulze zu Frau Lehmann auf die andere Seite wollte, brauchte sie einen Passierschein! Diese aberwitzige, politisch jedoch gewollte Situation bestand bis Herbst 1989!

Zunächst war das uns beim sogenannten Kadergespräch in der Kaderabteilung, so hieß das in der DDR, nicht klar. Obwohl man schon bemerkte, dass der D-Zug, aus dem man in Potsdam Hauptbahnhof stieg – damals lag er an anderer Stelle als heute –, keine Anschlüsse in Richtung Staaken direkt auswies. Wir nahmen also eine Kraftdroschke und ließen uns ins Krankenhaus Staaken fahren. Nach den Gesprächen mit der Kaderleiterin und der Genossin Oberin herrschte Einvernehmen. Die angebotenen Stellen in der Abteilung Anästhesie waren finanziell nicht schlecht ausgestattet. Es wurde eine Wohnung mit Balkon und dreieinhalb Zimmern mit Bad im ersten Obergeschoss eines Neubaus der frühen 1960er-Jahre angeboten. Kindergarten und Krippe, Schule und Hort lagen zum Greifen nah. Die Wohnung hat sie uns sofort gezeigt. Sie war renoviert, zwar mit Öfen, Badeofen und Herd, aber das war ja für einen gelernten DDR-Bürger keine Hürde. Der Balkon war sehr groß und ließ den Blick zu auf eine Straße, ein Maisfeld und die nur ein wenig entfernt liegenden Häuser von Spandau und natürlich die Mauer! Über eine weiter entfernt liegende Brücke sah man die großen gelben Busse von West-Berlin fahren, dahinter Hochhäuser. Links im Winkel der Mauer lag die Grundschule für die Klassen eins bis vier. Die durften die Eltern aber nicht betreten, sie lag für Unbefugte schon im Schussfeld der Grenztruppen der NVA. Das sahen wir aber eigentlich ohne weitere Einwände recht gelassen.

Nach der Wohnungsbesichtigung ging es zum Fachgespräch zum Chef der Anästhesie. Das war ein sehr eigenwilliger, vom Leben hart gewordener und sicher auch nicht mehr ganz gesunder Herr der Leipziger Schule. Er sprach außerordentlich freundlich und freute sich, als er in die Tiefe des Fachgebietes abfragend stieß, das er zwei sehr helle und wissende Leute vor sich hatte. Nach Erörterung der täglichen Arbeitsabläufe und der Betrachtung aller Narkosen brauchenden Abteilungen wussten Brigitte und ich, dass wir hier richtig waren! Das Bonbon des Gespräches waren aber seine Vorstellungen vom Dienst am Tage und in den Bereitschaften. Er erklärte uns, er mache zehn Dienste im Monat. Den Rest würden seine Leute übernehmen. Seine Leute bestanden aus vier Fachschwestern für Anästhesie, zum Teil noch in Ausbildung. Dazu nun glücklicherweise noch wir beide. Er hatte ein bestimmtes Procedere erarbeitet, ein Kompendium von Medikamenten und Dosierungen erstellt, aus dem nach Alter, Zustand und Gewicht Masken- und intravenöse Narkosen verabreicht werden mussten. Zum Ganzen gehörte noch eine kleine Intensivstation, die er, meiner Meinung nach, mit den Möglichkeiten der 1980er-Jahre hervorragend betreute und deren Ergebnisse sich auch bei schwersten Fällen sehen lassen konnte. Seine Flüssigkeitsbilanzen beim Patienten wie die medikamentöse Führung waren beeindruckend. Kurzfristige postoperative Beatmungen ließen uns aber dann auch an die Grenzen stoßen.

Wenn also, so sagte er, alle seine Bedingungen erfüllt werden würden, so freue er sich im Namen seiner Abteilung über eine Zusammenarbeit. Nach dem Gespräch standen wir draußen an einer Bushaltestelle, etwas sprachlos, was uns selten passierte. Zu Großmutter sagte ich, man hat uns eben pro forma zwei »Oberarztstellen« angeboten! Nach Klärung der restlichen Formalitäten, dem Versenden der sogenannten Kaderakten hin und her, entschied sich die Klinikleitung für uns.

Nun musste in Nordhausen rasch gekündigt und ein erneuter Umzug organisiert werden. Dabei half uns abermals unser Bekannter aus dem

Transportgewerbe, wenngleich er uns ungern ziehen ließen. Im frühen September 1983 fuhren wir in einem Saporoshez, einem kleinen robusten sowjetischen Automobil, von Nordhausen nach Staaken, wo wir das Tor des Fliegerhorstes gegen Mittag passierten. Wieso Fliegerhorst?

Lest bitte weiter!

IM KRANKENHAUS MIT TOWER

In der Tat sollten wir ab sofort auf einem Gelände, das schon vor dem Krieg militärisch genutzt wurde, leben und arbeiten. Der Flugplatz Staaken war mit Start- und Landebahnen, Tower, Kasernengebäuden, Tiefbunkern und MG-Schützen-Bunkern in den 1930er-Jahren errichtet worden. Die bekannte Fliegerin Hanna Reitsch soll, so wird kolportiert, da mit laufenden Motoren gewartet haben, um Hitler aus der schon unter schwerem Druck liegenden Reichskanzlei zu holen. Das fand aber wohl nicht statt. Nach dem Krieg wusste man nicht so recht, was aus den aus bestem Stahlbeton mit dicken Mauern ausgeführten Häusern werden sollte. Das betonierte Rollfeld war ebenfalls noch vorhanden. Erst der Bau der Mauer 1961 änderte diese Situation schlagartig. Spandau und die im Westen gelegenen Kliniken Berlins fielen für die Versorgung aus. In Nauen stand nur ein kleines Stadtkrankenhaus, Potsdam war weiter weg, ebenso Hennigsdorf. Daher wurden nun unter manchen baulichen Mühen aus den Kasernen Kliniken mit Stationen und Fahrstühlen. Der Sitz des Kommandanten mit dem etwas zerschossenen Tower erwuchs zum Verwaltungsgebäude.

Der Umbau aller Gebäude aus bestem Bunkerbeton gestaltete sich als schwierig – es waren keine Häuser, in denen man einfach so einen Nagel in die Wand hämmern konnte. Die Radiologie zog in ein dickes Gemäuer, in dem großen Festsaal daneben, früher das Offizierskasino, kam die Küche unter. Ein Teil der unterirdischen Bunker wurde zugeschüttet. Die Ein-Mann-Anlagen nach allen Himmelsrichtungen blieben bestehen. Sie ergaben ein wunderbares Spielfeld für die im Gelände wohnenden Kinder der Krankenhausmitarbeiter. Im großen Besprechungsraum des Hauptgebäudes, das insgesamt noch den Charakter brauner Reichskanzlei-Architektur atmete, stand noch der riesige, v-förmig zugeschnittene Tisch des Kommandanten. Am Rande des Objektes standen drei hübsche, sehr massiv aus Ziegeln gebaute Häuser. In ihrem Inneren fanden sich sehr gut geschnittene Wohnungen. Darin wohnten ehemals die kommandierenden Offiziere mit ihren Familien. Wie wir später feststellten, gab es unter jedem Haus einen sicheren Luftschutzbunker mit entsprechender Stahltür. Unser Haus, in das wir nun in die erste Etage einzogen, war etwa 1962 gebaut worden. Damals musste man Neubauten errichten, um neu-es Personal unterzubringen. Mit uns wohnten vier Familien, die sich alle vom Krankenhaus ernährten, sprich da Stellen hatten. Am Abend des Einzugstages saßen wir am Abendbrotstisch, die Gardinen fehlten noch, und sahen die in Berlin-Tegel startenden und landenden Flugzeuge. Im ausgezeichneten Fern-sehbild begrüßte uns die *Berliner Abendschau*! Regierender Bürgermeister von Berlin-West war damals Eberhard Diepgen. Ein ganz netter Fernsehmitarbeiter grüßte nach der *Abendschau* immer mit dem Satz »Macht's jut, Nachbarn«. Ein neuer Lebensabschnitt konnte beginnen!

DIENSTE UND NARKOSEN

In der Mitte des ehemaligen Truppenkomplexes lagen unsere beiden wichtigs-ten Kliniken, die Frauenklinik und die Chirurgische Klinik. Sie beanspruchten den größten Teil unserer täglichen Narkosearbeit. Daran schloss sich die OP-Palette der HNO und der Augenklinik an. Am äußersten Ende des Geländes, fast schon beim Freibad, lag die Hautklinik. Deren Chef operierte auch Phimo-sen und riss komplett verpilzte Finger- und Zehennägel bei Patienten unter Narkose heraus. Zu den »Pilznägeln« gingen meine Schwestern ungern. Es soll aber so gewesen sein, dass die nach dem Eingriff mit Salbenverbänden verse-henen Hände und Füße nicht so schmerzten, wie man befürchten konnte. Wir haben diese Eingriffe meist mit Ketanest als Narkotikum versorgt.

Die große Innere Abteilung und die Kinderklinik haben uns des Öfteren mit Notfällen beschäftigt. Der Rettungswagen wurde von Falkensee und Nauen aus gesteuert und besetzt. Mit dem direkten Einsatz hatten wir fortan seltener zu tun, aber mit den Folgen natürlich.

Nach unserer Einarbeitung gestaltete sich unser Arbeitsablauf von 1983 bis 1987 täglich wie folgt. Am Morgen ging man in die Klinik zu der Narkose, der man am Tag zuvor eingeteilt worden war. Bei größeren Operationen begleite-te man den Chef zum Patientengespräch und verordnete die Prämedikation. Danach erfolgten die Eingriffe. Je nach Größe und Schwere der Operationen assistierte man dem Chef bei den Intubationsnarkosen. Das betraf die großen Eingriffe in der Chirurgie und der Frauenklinik. Er war sehr eigen und suchte stets die Perfektion. Die Maskennarkosen und die diversen intravenösen Nar-kosen verabreichte der eingeteilte Mitarbeiter. Der Chefarzt legte großen Wert auf exakte Führung der Narkoseprotokolle. Mittags traf man sich dann zur Manöverkritik, die Protokolle wurden von ihm durchgesehen und abgezeich-net. Was nicht gut gelaufen war, besprach man miteinander. Daraus konnte jeder lernen.

Die Intensivstation mit sechs Betten wurde von einer eigenen Schwestern-schaft betrieben, gehörte aber auch zu unserem Arbeitsgebiet, sodass wir hier natürlich mithalfen. Die Chirurgie besaß einige hervorragende Operateure und Spezialgebiete wie Bauchchirurgie, Traumatologie und Kinderchirurgie. Der chirurgische Chef war zu Beginn unserer Arbeit noch in Afrika gewesen, später aber ebenfalls im OP anzutreffen. Das Unfallfach vertrat ein jüngerer Oberarzt, der sich sehr gut entwickelte. Die Chirurgie des Bauches betrieb ein älterer Kollege, ein ewig vorhandenes Streitobjekt für unseren Chef. Die Qualität seiner Operationen im Ober- und Unterbauch wie das Beherrschen schwerer Ileuszustände waren jedoch ausgezeichnet. Was er ablieferte, hatte Hand und Fuß. Hätte es nicht die ein oder andere fachliche und zwischenmenschliche Streiterei gegeben, es wären paradiesische Zustände gewesen. Doch das Para-dies lag eben andernorts. Ich erinnere mich dort an eine Oberärztin, die ein wunderbares Geschick am OP-Tisch besaß und sich ihre Stellung ohne die heu-te oft angeregte Frauenquote erarbeitet hatte. Im Dienst waren alle gleich, auch im OP der Frauenklinik musste jeder mit dem Chef arbeiten. Nachts waren die Indikationen meist extrauterine Schwangerschaften und eilige Geburtsfälle, die durch den bekannten Kaiserschnitt behoben wurden. Oft genug habe ich gesehen, wie kompliziert die sogenannte Sectio Caesarea sein konnte, und wie nahe manche Mutter an einem letalen Ausgang war. Da hieß es, eilig die Narko-se einleiten, unter besonderen Vorzeichen intubieren, um Mutter und Kind so wenig wie möglich zu belasten. Wie befreit wirkten alle, wenn der operierende Gynäkologe das Kind holte, der Hebamme gab und der erste Schrei ertönte! Das man sich heute einen Kaiserschnitt wünschen kann, ohne dass es medi-zinisch nötig wäre, ist mir etwas schleierhaft. Wenngleich die Methoden der Patientenführung, die bildlichen Ansichten und die Untersuchungen natürlich besser sind als damals. Wir mussten unsere Schwangeren nach Potsdam fah-ren, denn wir besaßen kein Ultraschall- oder Sonografiegerät. Trotzdem lebt der Teufel vom Detail, und der Blutverlust und eine Narbe im Uterus sind auch keine besonders rosigen Aussichten. Aber so tickt eben der Zeitgeist!

So war es also am Tage, wenn Operationen den Vormittag beherrschten. In der Regel wurde bis 13 oder 15 Uhr das reguläre Programm abgearbeitet. Schon da konnten Kandidaten für den Dienst eingewiesen sein, kommend aus Sprechstunden oder den umliegenden Polikliniken. Nach dem Programm hatten alle, Leitende wie Azubis, OP-Hilfen wie Schwestern die Säle und Ne-benräume zu putzen, die notwendigen Desinfektionen durchzuführen und den OP-Bereich wieder funktionsfähig zu machen. Besondere Sorgfalt erfuhren die aseptischen und septischen Tischbereiche. Es gab nämlich keine Putzkolonne, die als Dienstleister von draußen kam. Dieser gemeinsame körperliche Einsatz war die Grundlage eines erfolgreichen weiteren Tages und nicht zum Nachteil einer sich verbunden fühlenden Gemeinschaft. Ebenso wurde alles Material und Gerät aus den Außenstandorten gesäubert und desinfiziert. Für uns war seinerzeit die Kaltsterilisation mit Peressigsäure das Mittel der Wahl. Tuben und Schläuche, Masken und Beutel behandelten wir so. Nach einer gewissen Zeit, als ich bereits leitender Pfleger war, gelang es mir, unter unendlichen Mühen, einen Gassterilisator anzuschaffen. Dessen Technologie befand sich sicher noch in den Anfängen. Man benötigte für ihn einen Extraraum, um das ablaufende Gas nach außen zu führen. Seine Kapazität war außerdem nicht so groß wie die herkömmlicher Steris. 1986 gehörten zu diesem Gerät die für die Sterilisation notwendige Schlauchfolie in verschiedenen Breiten sowie ein Einschweißgerät für die zu sterilisierenden Materialien. Welch ein Fortschritt! Da ich auch in Staaken wieder eine sogenannte Prostatiker-Sprechstunde führte, habe ich diese neue Technik für die guten importierten Rüsch-Katheter, Sonden, Handschuhe und Blasenspritzen nutzen können. Denn ich machte wegen des schlechten Zustandes der alten urologischen Patienten den Wechsel auch zu Hause, wohin dann mit dem DRK gefahren werden musste. Im Gegensatz zu meinen Prostatiker-Erfahrungen der frühen 1970er-Jahren, führten die Chirurgen in Staaken keine Prostatektomien mehr durch. In den Gesprächen mit meinen Patienten habe ich sie schonend auf die Methoden neuer Urologie hingewiesen. Die alten Herren wurden der Urologischen Klinik im Bezirkskrankenhaus Potsdam überwiesen. Mehr als noch vor 15 Jahre überstanden den Eingriff mit recht guten Ergebnissen.

Wie ich eingangs ausführte, tat der Chef zehn Dienste im Monat, darunter ein komplettes Wochenende. Das hieß, im Dienst zu sein, regulär von Freitagmorgen, ab 16 Uhr im Bereitschaftsdienst, bis Montag nach dem Programm! Drei mal 24 Stunden also! Da konnte bei der Größe des Hauses schon so einiges passieren. Regelmäßig fand sich am Wochenende eine kleine chirurgische Szene in der Ambulanz ein, die hin und wieder minimale Eingriffe auch unter Narkose erforderte. Da wurden Abszesse gespalten, Radiusfrakturen gerichtet, Kopfplatzwunden genäht und so manches Schädel-Hirn-Trauma gesehen. Auch spielten die aus Berlin gern im Falkenseer und Staakener Raum angesiedelten Datschenbesitzer an den Wochenenden eine größere Rolle! Da gab es fortwährend etwas zu nähen, auszureißen, zu schneiden oder zu gipsen. Bei unserem Einstellungsgespräch hatte man uns auch einen, seit 1961 nicht mehr betretenen Garten nahe der Grenze angeboten. Nach langem Abwägen des Für und Wider haben wir ihn aber nicht genommen. Denn bei aller Freude über eigene Gemüsesorten, Obst und anderes, wir hätten die nötige Zeit, und das sogar meist allein, bedingt durch den Dienst, keinesfalls aufbringen können. Im Kreis Nauen kann ich auch nicht den Alkoholabusus vergessen, der uns im Krankenhaus in seinen Folgen nicht nur umschiffte, sondern frontal traf!

Denn der Kreis Nauen besaß einen in der Statistik der ansässigen Alkoholiker sehr medaillenverdächtigen vorderen Platz. Dazu kam die Aufnahme von Deliranten, in der Regel von der Inneren kommend, auf unsere kleine Intensiveinheit. Die Anrufe von der Inneren ereilten uns meist am Wochenende oder am Abend. Ich erinnere mich an die Bitte um Übernahme eines Deliranten, der behauptete, dass im Garten vor seiner Klinik »ein Bär und eine Wildkatze Bäume ausreißen und zehn kleine Russenkinder dabei zusehen«. Den haben wir gleich aufgenommen und ihn, wie üblich, fest fixiert, dann Distraneurin per Infusion verabreicht. Diese Therapie war nicht ganz ungefährlich, die atemdepressive Wirkung des Medikaments war bekannt. Oft wurden jene Patienten ins Bezirkskrankenhaus für Psychiatrie nach Brandenburg verlegt. Für diese Fälle, wenn die Innere im Bereitschaftsdienst anrief, hatte ich immer Arm- und Fußmanschetten aus Leder, viele elastische Binden und anderes zu Hause vorrätig. Wenn dann der Patient fachgerecht verpackt war und die Infusion lief, ich meinen Notfallkoffer bereit hatte, begann die Fahrt nach Brandenburg. Oft waren diese Patienten dort schon bekannt, viele hatten schon Entzüge gemacht. Manche saßen auch schon am nächsten Tag wieder zu Hause und tranken weiter.

Die immer wieder auftretenden Suizidanten aller Art rundeten in der Regel das Wochenendbild ab, sodass man auf der Intensivstation seine Arbeit fand. So war es gut, dass nicht noch der Rettungsdienst hinzutrat. Die SMH allerdings besetzten wir, wenn es um Verlegungen nach Potsdam oder gar Berlin in die Charité oder das Krankenhaus im Friedrichshain ging.

Ich erinnere mich an einen Hochzeitstag, als ich Großmutter, weil ich Dienst hatte, statt zum Kaffee zu einer Verlegungsfahrt nach Potsdam einlud. Vier Hände waren manchmal sehr hilfreich! Im Übrigen waren diese Fahrten keine Ausflüge der vergnügungssteuerpflichtigen Art. Man musste, besonders bei neurochirurgischen Verletzungen, die schnell eine akute Blutung nach sich ziehen konnten, äußerst langsam fahren. Die Straßen waren von schlechter Beschaffenheit, erst wenn man Velten passiert hatte, durfte etwas aufgeatmet werden. Manchmal konnte es passieren, dass ein Patient bei Ankunft in Berlin, trotz aller Vorsicht, eine Pupillendifferenz aufwies. Diese Verlegungen waren im Übrigen meist erst nach langen Telefonaten möglich. Denn auch die Berliner Kliniken hatten genug Zulauf von Patienten, die eine intensive Betreuung durch einen Spezialisten benötigten. Deswegen habe ich immer exakt darauf geachtet, dass alle Unterlagen, Röntgenbilder und Laborbefunde, alle Konsiliarberichte auf der in Berlin zu erreichenden Station übergeben werden konnten. Denn, verzeiht, liebe Kollegen von damals, manchmal ritt euch doch der Hochmut oder eine gewisse Arroganz, die man gegenüber dem »kleinen armseligen Kreiskrankenhaus« ab und zu zum Ausdruck brachte. Wir hatten nun mal keine spezialisierte Röntgen-Abteilung, keine Ultraschallgeräte, keine Dialysemöglichkeit und schon gar nicht einen Tomografen! Das allein rechtfertige schon die Entscheidung zur Verlegung! Wenn wir schwer traumatisierte Patienten hatten, wurde alles getan und herausgeholt, was möglich war. Ich erinnere mich, dass ich einmal eine Oberärztin der Radiologie in Jena per Telefon um Rat gebeten habe. Es ging um den Ausfall des Nierensytems, die Ausscheidung stand. In Potsdam hatte man uns eine Übernahme des Patienten nur dann zugesagt, wenn wir die Probleme im Bereich der Nieren darstellen könnten. Nach Rat aus Jena, der im Übrigen ganz schnell und riesig nett am Telefon gegeben wurde, haben wir mit Kontrastmittel und Röntgen am Bett des Patienten, er konnte nicht mehr in die Röntgen-Abteilung gebracht werden, die gewünschte Diagnostik gemacht. Am späten Nachmittag ging es dann doch nach Potsdam. Solche Probleme gab es oft zur damaligen Zeit.

Natürlich war die Verabreichung von Narkosen jeglicher Art selbst in der DDR den Ärzten vorbehalten. Aber in der Not kam es in vielen Kliniken immer wieder zu Rechtsbeugungen. Allerdings wollte ich auch nie wissen, wie man uns im Falle negativen Ausganges behandelt hätte. Im gesamten Krankenhaus Staaken haben aber auch alle Fachabteilungen die Vorgehensweise unseres Chefs akzeptiert. Was hätten sie auch sonst unternehmen bzw. operieren können, mit nur einem Anästhesisten! So blieb es also bei besagter Verfahrensweise. Im Dienst rief der Oberarzt an, erklärte seine Diagnose und die Notwendigkeit der raschen Operation. Danach ging man auf die entsprechende Station, führte das Narkosegespräch und legte den Zeitpunkt fest, wann der Patient seine sogenannte Prämedikationsspritze zu erhalten habe und wann er im OP eintreffen soll. Natürlich waren wir in der Lage, zu differenzieren. Wir kannten unseren Spielraum und haben, soweit es notwendig erschien, den diensthabenden Internisten hinzugezogen. Im OP wurde der Patient der Narkose unterzogen, die wir festgelegt hatten. Nach dem Eingriff übergaben wir ihn wieder der Station. Es wurden auch Nachkontrollen angesetzt, in manchen Fällen ging man sogar nachts noch auf die Station. So haben Großmutter und ich sowie weitere ausgebildete Schwestern unseren Dienst getan. Selbstverständlich kratzte diese Art der Dienstausübung schon am Ego, denn man war auch stolz auf die Ergebnisse. Von seiten der Ortsbevölkerung, der Patienten, aber auch der Mitkollegen und Ärzte erfuhr man Achtung und Vertrauen.

So haben wir unsere Staakener Jahre als sehr befriedigend und ausfüllend betrachtet. Nicht zu vergessen, dass Franka und Alexander hier eingeschult wurden. Sie waren nur ein Jahr auseinander. Carsten, 1984 geboren, war Krippen- und Kindergartenkind, diese Laufbahn hatten die beiden Großen schon vor ihm durchlaufen. Die Einschulung bedeutete, zunächst das im direkten Grenzwinkel der Mauer liegende Schulhaus zu besuchen. Dahin durften wir sie nicht bringen. Die Feier zur Einschulung fand in unserem großen Speisesaal statt. Manche haben auch damals schon sehr groß gefeiert, wir sahen keinen Anlass, dem Tag der Einschulung den Charakter einer mittleren Bauernhochzeit zu verleihen. Trotzdem waren einige Freunde gekommen, auch die beiden Großmütter. Die Schulranzen haben wir gut gefüllt, es befanden sich auch ein paar Sachen aus Westberlin darin. Sie bekamen nach alter Sprachgewohnheit »Zuckertüten«, wie es in der DDR hieß und sich bis heute in den neuen Ländern gehalten hat. Frohgemut begannen sie den Schulalltag, denn das Wissen um die schulischen Tücken und die Möglichkeiten, die eigene Leistung zu beziffern, hatten sie noch nicht. Die DDR hatte ein sehr eigenwilliges Schulsystem. Da gab es Noten für Fleiß, Betragen, Ordnung und so weiter. Was wir im Übrigen nicht als schlecht empfanden. Damit waren den Kindern Grenzen gezogen, deren Überschreitung natürlich empirische Früchte trug. In jener Zeit bemerkten wir, dass man im Westen, aber auch in Teilen der DDR-Elternschaft, von den strengen althergebrachten Märchen- und Kinderbüchern nicht mehr so angetan war. Es schien nicht mehr zeitgemäß, zu drohen oder zu drastischen Darstellungen zu greifen. Jahrzehnte später las ich im Spiegel und anderswo über sehr eigene Arten, Zuneigung zu Schülern in Internaten oder auch auf Freizeiten zu erschleichen! Was da passiert ist, ist nicht reflektiert und bearbeitet, die Betroffenen stehen noch heute recht hilflos da. Was also ist denn schlimmer fürs kindliche Gemüt, die Geschichte vom Suppenkaspar oder dem ungehorsamen Paulinchen? Oder ist nicht der Lehrer schlimmer, der sich nachts in Schlafsälen herumtrieb und meinte, pädagogische Zuneigung sei im Rahmen gelebter Pädophilie das Anfassen von Schülergenitalien in manipulierender Weise? Ich möchte nicht sagen, wie ich als Vater auf derartige Erkenntnisse reagiert hätte, zumal als damals noch aktiver Choleriker! Unsere Kinder merkten schon bald, wie weit sie gehen konnten. Aber, ich habe ihnen auch gesagt, bei aller Strenge und der Erwartung guter Ergebnisse, täglich eine Eins sei nicht nötig, die kriegen die Erwachsenen im Berufsleben auch nicht täglich. Sie waren keine Streber, sie erreichten im Laufe der Jahre ein sehr ordentliches Maß an Noten.

Wir besaßen ein für alle zugängliches 10-Klassen-Schulsystem, das der Polytechnischen Oberschule, die den Abgangsstatus der Mittleren Reife ermöglichte. Das Abitur konnte in der Erweiterten Oberschule erreicht werden, das Gymnasium kannte man nicht mehr. Die 12. Klasse musste man erreichen, um ein Studium an den Hochschulen beginnen zu können.

Zusätzlich gab es noch weitere Spezialitäten, besonders für junge Männer, die erst einmal in der NVA für drei Jahre dienen sollten. Studienbeginn anschließend. Da wir beide arbeiteten, Schule und Hort nahe der Wohnung lagen, haben wir immer einen direkten Zugriff auf die Kinder gehabt. Die Elternabende allerdings wurden in einem Schulgebäude im Ort abgehalten. Das machte nicht immer Freude, abends etwa zwei Stunden in den meist sehr kindgerecht gearbeiteten Stühlen zu sitzen. Aber man machte es eben, soweit lagen einem die Fortschritte der Kleinen schon am Herzen.

Natürlich trieben sie manchmal auch großen Unfug. So standen zum Beispiel die Essenskübel des Hortes geputzt vor demselben. Einige Jungen entfremdeten diese Kübel ihres Zweckes und meinten, man müsse da doch auch hinein pieseln können. Dabei wurden sie von aufmerksamen Nachbarn beobachtet, die wiederum die Zugehörigkeit zur jeweiligen Familie kannten. Also wurde der Vorfall sofort beklagt. Mehrere Mütter strömten aus, die Behältnisse wurden in den häuslichen Küchen gründlich gereinigt. Danach setzte es allenthalben Ärger per Hand, rote Pobacken waren die Folge und einige Kinderzimmer, in denen nun sofort Verdunkelung, Bettruhe und Spielentzug herrschten.

DIE MEDIZINISCHEN GESELLSCHAFTEN
–
REISEN UND VORTRÄGE

Seit meiner Jenaer Tage habe ich versucht, im Wissenserwerb möglichst auf der Höhe der Zeit zu bleiben.

Kongresse der großen Gesellschaften, Chirurgie, Anästhesie und dann auch Notfallmedizin besuchte ich deshalb gern. Das wichtigste an allen Kongressen war meist, Ärzte aus dem Westen zu hören oder zu sprechen. Auch wenn Letzteres eigentlich weniger erwünscht war. Der aus Europa oder der Bundesrepublik kommende Referent brachte auch einiges an Vorteilen mit. Die Qualität der gezeigten (damals üblich!) bundesdeutschen Diapositive und deren Schrift war hervorragend. Hinzukam oft noch die Art, wie wissenschaftliche Vorträge begonnen wurden. Ich erinnere mich an einen Vortrag aus dem Themenkreis Thoraxverletzungen. Der Referent begann mit Darstellungen des antiken Helden Epaminondas, ebenso des Bauern Winkelrieth. Beide hatten sich bei einem Angriff die Speere des Feindes zusammengerafft an die Brust gedrückt, um ein schnelles Vordringen zu verhindern. Natürlich bestand die Folge der Abwehr in einem Polytrauma im Bereich des Abdomens und des Thorax! Mit solcher Einleitung gewann der Vortragende sofort ungeteiltes Interesse. Es muss im Westen wohl eine besondere rhetorische Bildung gegeben haben. Ich entsinne mich an einen Vortrag von F. Stelzner aus Bonn. Der Gute befasste sich mit anatomischen Fragen des Überganges vom Oesophagus zum Mageneingang, besonders der geweblichen und muskulären Strukturen. Eigentlich trockener

Stoff! Doch er trug in wunderbar klarer Sprache vor – jedes Detail war verständlich und die 15 Minuten im Nu vergangen! Von ihm konnte man lernen!

Da Großmutter sich neben dem Dienst um die Kinder kümmerte, wofür ich ihr sehr dankbar war, konnte ich viel für mein Weiterkommen tun. Seit 1978 besuchte ich jegliche Kongresse der Gesellschaft für Chirurgie, ebenso die der Anästhesiologie. 1983 hatte sich eine Arbeitsgruppe »Schwestern und Pfleger in der SMH« gebildet, die später in »Mittleres Medizinisches Personal in der Notfallmedizin« umbenannt wurde. So traf man alle Leute aus dem Fachgebiet, die schreibend und lehrend tätig waren. Man traf die engagierten Chefs der örtlichen SMH-Dienststellen, die stets für Weiterbildungen und Verbesserungen, besonders auch an den Fahrzeugen, kämpften. Darunter waren Mediziner wie Dr. Heidel-Leipzig, Dr. Leder-Bad Saarow, Schmidt-Jena, Hantschak-Senftenberg und viele mehr. Zu Prof. Scheidler, dem langjährigen Vorsitzenden der Gesellschaft für Notfallmedizin und anderen bestanden beste Verbindungen. Ganz Engagierte saßen in Brandenburg, Chemnitz (damals Karl-Marx-Stadt), Dessau, Nordhausen und Dresden. Diese Treffen führten zu einem sehr angenehmen, nicht nur fachlichem Engagement, sondern auch zur ein oder anderen Freundschaft. Man konnte trotz der misslichen wirtschaftlichen Verhältnisse spüren, wie sich unsere Fachgebiete weiterentwickelten.

Zu vielen Tagungen und Kongressen für Schwestern und Pfleger wurde ich zunehmend als Referent geladen. Das hat mir Freude bereitet, konnte ich mich dort auch kritisch artikulieren und Forderung stellen, immerhin trat ich vor 50 bis 400 Kollegen auf. Das hat nicht allen gepasst. Auf einem Kongress in Neubrandenburg

Einladung der Gesellschaft für Militärmedizin

prangerte ich sehr emotional und heftig die ewig fehlenden Gebrauchsartikel unseres Alltags an – Spritzen, Kanülen und noch viel mehr. Da belehrte mich der Tagungspräsident ungeachtet des rauschenden Beifalls und wie immer, wenn in der DDR mal die Wahrheit zutage kam, dass ich mit der Emotion die wissenschaftliche Ebene verlassen würde.

Manchmal habe ich zur Ermunterung der Zuhörer am Beginn des Vortrages gesagt, zwei Dinge stürben in der DDR aus, der Weißstorch und der männliche Krankenpfleger! Denn die waren in der Tat rar. Mit solchem Introitus hatte man die Aufmerksamkeit der Zuhörer. Und wenn man zu bestimmten Themen referierte, habe ich immer zugesehen, dass es interessante Verbindungen zum Alltagsgeschehen gab. Einmal habe ich über Schneewittchen gesprochen und erklärt, dass das Märchen ein wunderbares Beispiel für eine Reihe von Notfällen sei, mit denen wir auch zu tun haben könnten! Da wäre eine subkutane Einbringung von Gift durch die Kopfhaut vermittels Kamm zu vermerken! Die Schnürung des Leibes mit dem wunderschönen Gürtel käme einer lebensbedrohlichen Abschnürung der Bauchaorta mit fehlenden Sauerstoffversorgung im Gehirn gleich! Und letztlich der hälftig vergiftete Apfel, bei dem man von einem fast erfolgten Bolustod reden könne, mit dem wir im Notfalldienst auch konfrontiert werden könnten! Aber das Stolpern mit dem Sarg löste den Bolus, das Apfelstück. Es kam zur Freigabe der Luftröhre und zum Wiedereinsetzen der Reflexe! Zu meiner Zeit übrigens haben wir gegen diesen Bolus den heimlichschen Handgriff noch propagiert. Mit solchen Vergleichen konnte man die Zuhörer immer an sich binden.

An Projekten und Verbesserungen haben in unserer Gruppe fast vierzig Menschen mitgearbeitet. Bald hatten wir von Bergen auf Rügen bis in den Süden die maßgeblichen leitenden Schwestern, selten Pfleger, der SMH um uns geschart. Zum Glück besaßen wir in Staaken einen Telefonanschluss, sonst hätte ich diese Kommunikation schwer bewerkstelligen können. Das Reisen kostete viel Zeit. Manchmal war ich, bei aller Vorfreude auf die Kollegen, gar nicht so gern von der Familie weg. In Dresden in einem Hotel hatte ich einmal einen Traum, in dem ich sah, wie eine Mutter mit einem Kind, das unter heftigster Atemnot litt, einen Arzt oder eine Klinik suchte. Zurückgekehrt, berichtete mir Oma, dass sie mit Carsten wegen drohenden Krupps in die Kinderklinik eilen musste. Das war schon ein berührender Moment. Daher habe ich, trotz der Wertigkeit aller Tagungen, mich gern auch wieder nach Staaken, nach Hause, begeben. Frau und Kinder waren und sind mir sehr wichtig. Am Ende unserer Zeit in Staaken, etwa im Herbst 1987, konnte ich meine Mitgliedschaft in den Gesellschaften für Anästhesie, Chirurgie, Notfallmedizin und Geschichte der Medizin in der DDR summieren. Ja, auch für die Geschichte der Medizin hatte ich ein Faible. Ich las Biografien berühmter Ärzte, verfolgte im Fernsehen jene Serie von Thorwald über die historischen Entwicklungen der Medizin. Westfernsehen und auch der Adlershofer Fernsehfunk strahlten medizinhistorisch bedeutende Serien aus. Eigenartiger Weise hatte die DDR in den 1980er-Jahren angefangen, sich mit dem Begriff »Traditionspflege« in der Medizin zu befassen. Über Prof. Scheidler erhielt ich eines Tages eine Einladung nach Ost-Berlin, um an einer diesen Prozess begründenden, recht hochkarätig besetzten Versammlung teilzunehmen. Die Idee aus Herrn Mecklingers Gesundheitsministerium bestand darin, Krankenhäusern, Universitätskliniken und auch

Polikliniken Namen bekannter Mediziner des 19. und 20. Jahrhunderts zu verleihen. Gleichzeitig sollte die Geschichte der Medizin und der namensgebenden
Persönlichkeiten erforscht und dargestellt werden. Man wendete sich plötzlich
sehr aktiv der Vergangenheit zu! Das war schon erstaunlich! Zuvor hatte man
bereits den »Alten Fritz« wieder auf der Straße Unter den Linden, ostwärts
reitend, aufgestellt. Und im Neuen Palais in Potsdam gab es eine sehr opulente,
international beachtete Ausstellung über Leben und Wirken von Friedrich II. Es
erschienen große Biografien über Bismarck und Friedrich, was mich erstaunte.
Diese Arbeit im Ehrenamt zur Geschichte der Medizin hat mir viel bedeutet.

In Berlin hatten wir eine kleine AG, die sich aller Vierteljahre zur Besprechung historischer Medizinprobleme mit gewissem Notfallhintergrund traf. So
hatten wir herausgefunden, dass, als quasi erste notfallmedizinische und prä-
ventive Handlung des Magistrates von Berlin, zum Fischerstechen in Stralau ab
1806 stets ein Arzt anwesend sein musste. Manchmal haben wir auch im Museum des Barbier- und Friseurhandwerks in Prenzlauer Berg getagt. Das lag in
der Husemannstraße, in einem Viertel, dem man versucht hatte, durch Restauration alter Bauten ein gewisses Alt-Berliner Flair zu verschaffen. Historische
Themen erhielten ebenfalls Raum auf Weiterbildungs- und Kongressebene.

KINDER, FREIZEIT UND LEBEN AN DER GRENZE

Wie berichtet, besaßen wir in Staaken eine größere Wohnung. Franka und Ale-
xander, die Möbel und die vielen Bücher, das alles passte hinein. Der sehr große
Balkon diente in der guten Jahreszeit als »fünftes« Zimmer. Wir hatten uns
bald nach dem Einzug sogar eine passende Balkonmöbelgarnitur angeschafft.
So etwas wurde damals als sogenannte »Konsumgüterproduktion« in großen
Betrieben angefertigt, weil es sonst noch weniger gegeben hätte. Unsere Möbel
stammten, wie paradox, aber DDR-wahr, aus dem Schwermaschinenkombinat
Magdeburg. Sie waren weiß lackiert, in der Formung etwas nostalgisch und
mit roten Polstern versehen. Der Blick vom Balkon führte auf die Erich-Meier-
Straße, Feld und Wiese zur Mauer hin. An der Ecke unten hielten alle paar
Stunden die Mannschaftswagen der Grenztruppen der NVA. Dann strömten
aus dem Mauerabschnitt die abzulösenden Soldaten, die neuen Truppen legten
rasselnd die Magazine in die Kalaschnikows und marschierten nun ihrerseits
in das gesperrte Gebiet, wiederum bis zur Ablösung.

Als Alexander bereits einige Zeit zur Grundschule ging, hatte man vor unserem Balkon Mais angebaut und unser Sohnemann war samt seiner kleinen
Freunde darin verschwunden. Es hat doch einige Aufregung bedeutet, ehe sie
wieder auftauchten! Überhaupt fanden die Kinder auf dem gesamten Gelände

ein ideales Spielfeld. Zwischen den Kliniken erwuchs ein schöner alter Baumbestand, auf den großen Wiesen konnte man ebenfalls herrlich spielen. Und die Bunker waren besonders für die Jungs Anziehungspunkte, konnte man doch sogar hier und da sogar noch die Betontüren aufmachen. Im Herbst sammelten wir nach dem Dienst oft Nelkenschwindlinge, eine sehr aromatische kleine Pilzsorte, hervorragend geeignet für die Zubereitung von Braten und Soßen, die wir als Vorrat für den Winter trockneten.

Die Wege im Bereitschaftsdienst waren kurz. Die Kollegen traf man oft im Ort, in den Kaufhallen oder im Park. Neben dem Krankenhaus lag, wenige Minuten zu Fuß entfernt, das Staakener Schwimmbad. Das haben wir oft aufgesucht, wobei man dort selbst im Dienst telefonisch erreichbar blieb. Alexander und Franka haben hier Schwimmen gelernt.

Nach einigen Wochen der Eingewöhnung und des Lebens an der Mauer in Staaken musste ich unsere Frau Oberin aufsuchen. Ich hatte ihr etwas mitzuteilen, das mit Sicherheit Auswirkungen auf den Dienstplan haben würde. Also ging ich ins Kommandantenhaus, wo sie residierte. Sie fragte nach dem Befinden der Familie. Das sei sehr gut, entgegnete ich. Uns ginge es wie den Vögeln auf den herrlichen alten Bäumen. Die gesamte Oberin bildete nun ein Fragezeichen. Dann sagte ich zur Erhellung, die Vögel beginnen zu brüten, wenn die Lebensumstände gut seien. Zuerst stutzte sie, dann verstand sie. So hatte ihr noch nie jemand vom schwangeren Zustand der Ehefrau berichtet. Im folgenden Juli wurde dann Carsten geboren, vom Chef Grulich höchstselbst betreut. Nun waren wir zu fünft. Die Wohnung reichte zunächst auch aus. Carsten stand im Wagen auf dem Wäscheplatz, wuchs und beobachtete, was um ihn herum passierte. Franka und Alex zeigten ihn stolz der gesamten Nachbarschaft und sagten, da man in Staaken ja auch heftig berlinerte, »det is unsa kleena Bruda, wa«!

So gut es ging, haben wir uns mit den öffentlichen Verkehrsmitteln bewegt. Das war nicht immer leicht und zugleich sehr zeitaufwendig! Zum Beispiel als Franka und Alexander schon größer waren und in den Ferien die Omas besuchen wollten, was sie auch immer gern taten. Dann ging es morgens gegen fünf zum Bahnhof Albrechtshof. Von dort aus verkehrte ein sogenannter »Durchläufer«, ein Personenzug, Westberlin nordöstlich umfahrend, nach Berlin-Lichtenberg. Das war damals der wichtigste D-Zug Bahnhof Ost-Berlins mit Zügen nach Nord und Süd. Viel Zeit blieb nicht, mit einem Kind den nach Leipzig fahrenden Zug zu erreichen und vorher noch das andere dem Schaffner des Neubrandenburger Zuges anzuvertrauen. Das konnte man damals, das Kind wurde während der Fahrt beaufsichtigt und am Zielort der Oma übergeben. Heute würde man das wohl kaum noch mit der Bahn machen, wohl eher im Flugzeug! Einmal im Winter hat uns Brigittes Mutter über eine Bekannte in

Binz einen Winterurlaub auf Rügen organisiert. Das war sehr schön, wir hatten zwei Zimmer mit Bad, das Haus lag nahe dem Strand. Die heftig brausende winterliche Ostsee haben wir in diesen zwei Wochen sehr genossen.

WESTAUTOS SEHEN

Wollte man auf Reisen gehen, war es schon etwas beschwerlich, aus Staaken herauszukommen. Für kleinere Spaziergänge am Wochenende bot ein Gang zur Heerstraße eine willkommene Abwechslung.

Nur ein paar Minuten von uns entfernt lag einer der Transitübergänge von und nach Berlin-West, Staaken-Heerstraße. Die Bezeichnung Heerstraße stammte noch aus der Kaiserzeit. Nahe dem Übergang lag die alte Festung Hahneberg, die im Osten kaum sichtbar war, der Großteil lag im Westen. Heute sind die Autobahn und Wegverhältnisse völlig anders als zu unserer Staakener Zeit. Der Transitreisende musste damals nach der Grenzpassage noch das ehemalige Olympische Dorf Dallgow durchfahren, in dessen Gebäuden Kasernen und Einheiten der Roten Armee lagen. Manchmal sah man auch Soldaten, die mit frischen Zweigbesen die Mauern kalkten. Erst danach erreichte man die Autobahn nach Hamburg.

Der Übergang Staaken war gut besucht. Über die Transitstraße, die man als DDR-Bürger nicht passieren durfte, verlief ein brückenähnliches Bauwerk, von dem aus sicher Beobachtung und Schießen erlaubt waren. Denn eines wusste damals ein jeder, an der Mauer wird geschossen! Scharf und ohne Pardon!

An diesem Ort – Übergang – gab es natürlich gleich einen Intershop und Pkw, Lkw oder Motorräder exquisiter Fabrikate waren zu sehen. Sie schoben sich, besonders an Feiertagen oder den Wochenenden, kilometerlang zähflüssig nach Berlin hinein oder heraus. Für die Kinder war das äußerst interessant. Sie lernten die Autotypen Europas kennen, hatten auch manchen verbotenen Kontakt zu Menschen aus dem Westen. Hin und wieder wurden sie auch mit etwas Schokolade beschenkt. Der Aufenthalt am Intershop war nicht verboten, das Betreten desselben aus Devisenhunger jedoch erwünscht. Ein Stück weiter konnte man in den Wald wandern und zum Hahneberg die Straße queren. Rundherum ragten hübsche Häuser empor. In Richtung Dallgow, vor der Landstraße nach Potsdam, lag der Friedhof einer Charlottenburger Kirchgemeinde, der aber seit 1961 nicht mehr belegt wurde. Es war bisweilen etwas gruselig – diese bis auf wenige Ausnahmen nicht mehr gepflegte und betreute Friedhofsanlage zu betreten, die immer zugewachsen und düster wirkte.

Die Besuche an der Heerstraße haben mich fortwährend wütend gemacht. Wer waren denn wir, die wir nicht das Recht hatten, einen Reisepass zu besitzen, die wir nicht nach Hannover oder Hamburg ausreisen durften. Wir, die keine frei konvertierbare stabile und geachtete Währung hatten, sondern uns belachen lassen mussten wegen der »Aluchips«, wie man das Ostgeld auch nannte. Wir waren schon so weit abgedriftet aus der ehemals deutschen Gemeinschaft, dass man uns ab und an ein »Westpaket« zu empfangen erlaubte-und uns die Ehre zuteilwerden ließ, am »Aufbau des Sozialismus« mitzuwirken, von dem in unserer Staakener Zeit noch die wenigsten glaubten, er würde kommen. Das stimmte mich wütend, weil ich wusste, was ich auch unseren Kleinen zumutete. Mit Sicherheit ist diese Haltung in irgendeiner Weise registriert worden. Es gab ja objektiv kaum eine Möglichkeit, die Mauer zu überwinden. Einmal sahen wir atemlos im RBB, in der Abendschau, dass ein junger Mann, unser Krankenhaustischler, die Mauer bei Falkensee mit einer Leiter überwand! Das aber blieben Ausnahmen. Mit fünf Personen wäre das nicht zu realisieren gewesen. Also haben Großmutter und ich uns mehr und mehr mit Gleichgesinnten zusammengetan. Der Partei haben wir oft eine Harke zeigen können und auch müssen. Schließlich wollte man sich nicht stets und ständig verbiegen. Mit listigen wie auch dümmlichen Sprüchen hat man trotzdem versucht, uns für die DDR zu gewinnen. Doch die Wirklichkeit ließ die Genossen immer öfter hereinfallen. In einem Winter, wir hatten viel zu heizen, gingen die Briketts aus. Weder bei den zwei privaten Kohlehändlern, die auch unsere Patienten waren, noch beim Staatlichen Kohlehandel ließen sich Kohlen bestellen. Und es waren Minusgrade! Die Not war so groß, dass ich im Kohlenkeller bereits aus Zeitungen Tüten drehte, in die ich den Kohlengrus füllte. Auch wenn das kaum Brennkraft besaß. Also hin zur führenden Partei, der Genossin Parteisekretärin. Die war eigentlich eine tüchtige Krankenschwester gewesen, aus welchem Grunde auch immer, hatte sie nun die Grundorganisation der SED im Kreiskrankenhaus Staaken zu führen. Sie hörte unsere Klage an und belächelte, dass es lediglich um lächerliche Briketts ging. Doch am Ende musste auch die führende Partei zugeben, das nicht immer alles optimal verlaufen war. Aber helfen konnte sie nicht. Zum Glück bot uns aber ein Chirurg an, mit einem kleinen Anhänger Briketts von seinem Haus in Dallgow zu uns zu bringen. Besagter war im Übrigen schon Facharzt für Chirurgie und trat in unsere Abteilung ein, um seinen zusätzlichen Facharzt für Anästhesie zu machen. Er stellte für alle eine Bereicherung dar. Sogar der Chef musste sich bisweilen seinem Urteil über Arbeitsorganisation und bestimmte fachliche Entwicklungen beugen. Einiges wurde besser, denn die Abteilung lief bislang doch in etwas eingefahrenen Gleisen. Zu jenen Veränderungen trugen auch eure Großeltern bei. In den Abteilungen des Kreiskrankenhauses Staaken haben wir den Schwestern gezeigt, wie Sauerstoffgeräte gewartet und gepflegt werden sollten, vollständig sein mussten und im Ernstfall auch zu benutzen waren.

In Staaken musste ich noch komplett verpackte Narkosegeräte oft selbst aufbauen. Nun war das so schwer auch wiederum nicht. Man erhielt ein Grundgestell, an das man die Fußrollen schraubte. Im Korpus lagerten die Halterungen für die Gase. Man musste also eine Lachgasflasche und zwei Sauerstoffflaschen hinten anschließen. Das übrige Zubehör, Ventile und Schläuche, den Halothanverdampfer und anderes, konnte man zusammenbringen, wobei die Übung einen schneller werden ließ. Die damaligen Narkosegeräte besaßen noch keine Elektronik, heute lässt man solch ein Gerät sicher von einem Techniker zusammenbauen. Unsere alten DDR-Geräte waren solide und mit Steckverbindungen versehen. Nach dem Aufbau zeigte sich, ob das Gerät dicht war oder

*Übungs- und Prüfgerät
für die Klinik*

nicht. Bestimmte Richtungspfeile wiesen den Weg der In- und Exspiration. Nicht vergessen werden darf, dass man für alle diese Handgriffe Kraft brauchte. So auch zum Austausch der Gasflaschen, denn eine zentrale Versorgung gab es noch nicht allerorts. Und selbst dann mussten die Apparate wegen möglicher Havarien voll bestückt sein. Am schlimmsten war es, wenn ein Verdampfer defekt war und man die schwere Holzkiste zur Verwaltung tragen musste. Dann knackten die Wirbel, kamen da doch einige Kilo zusammen. Der Zusammenbau eines solchen Medimorph-Narkosegerätes dauerte bis zu zwei Tagen. Zuletzt wurden dann hinter einer schwarzen Zugjalousie die Gasflaschen verborgen. Anschließend erfolgte die komplette Druckprüfung. Zusätzlich war noch ein Aufsatz zu montieren, der den Anschluss eines Gerätes für die Beatmung des Patienten in der Narkose ermöglichte. Die Versorgung mit Gasflaschen war für alle Schwestern ein Kraftproblem. Mir hingegen machte es nichts aus, rechts und links eine Sauerstoffflasche zu tragen. Manchmal gab es Probleme, wenn die Dichtungen sich an den Anschlüssen im Narkosegerät verklemmt hatten. Dann hieß es, mit Geduld und Fingerspitzengefühl den pfeifenden Zustand wieder zu beheben.

Auch die Problemfelder der Ersten Hilfe, der Lagerung und der Reanimation auf den Stationen haben wir für die Stationen im Rahmen von Weiterbildungen kursorisch behandelt. Denn aus verschiedenen Gründen fristeten die auf den normalen Stationen vorhandenen Sauerstoffgeräte mitsamt Maske und Absaugung oft ein trauriges, ungepflegtes Dasein. Durch regelmäßige Schulungen haben wir versucht, dem Abhilfe zu verschaffen.

Das nach dem Arzt Dr. Georg Benjamin benannte Klinikum in Staaken wusste auch um eine hohe Protektorin. Im ehemaligen Kasino gab es, wie ihr wisst, die Küche und einen riesigen Speisesaal im Stile der 1930er-Jahre. Zum Tag des Gesundheitswesens, am 12. Dezember, wurde dort üppig, so kann man das durchaus sagen, gefeiert. Es gab Auszeichnungen und Prämien, deren Verteilung oft heftig diskutiert wurde. Bei unserer ersten Feier fiel vor dem Saalgebäude eine Regierungslimousine der DDR auf, die ebendort parkte. Im Saal, nach Ansprache des Ärztlichen Direktors, erhielt ein jeder Sekt zum Anstoßen. Und wer erhob sich da in einer Ecke mit uns? So wie man sie aus den 1950er-Jahren kannte: graue Haare mit Kringelflechtkranz, etwas älter, aber ungebeugt – Hilde Benjamin – jene berüchtigte und beinharte Richterin, die Ministerin für Justiz der DDR zu Walter Ulbrichts Zeiten! Man wusste manches über diese Zeit, gespeist von Gerüchten, manches hörte man aus dem Westfernsehen. Aber das Wesentliche haben wir doch erst nach 1990 lesen können. Es gab verschiedene Mitarbeiter, die sich über die Anwesenheit jener Dame nicht sonderlich freuten. Denn es war bereits in der Mitte der 1980er-Jahre auch im Bezirk Potsdam so, dass es zunehmend Andersdenkende und Ausreisewillige, auch in unserem Hause, gab. Aber als »Namenspatin« des Krankenhauses hat sie wohl hier und da, den Bitten des Direktors folgend, dem Krankenhaus manche materielle Zuwendungen außerhalb des Planes ermöglicht. Ein weiteres Mal habe ich sie in Staaken allerdings nicht gesehen.

VOM »FLIEGERHORST« NACH BERLIN

Nach der Geburt unseres Carsten wurde der Wohnraum knapp. Wir sahen uns nach etwas Größerem um. Das war im Ort selbst nicht einfach, gab es doch mehr kleine Häuser als neue Wohnblöcke. Einen der Wohnblöcke, am Ausgang hinter dem Krankenhaus in Richtung Heerstraße gelegen, nannten die Einheimischen »Stiefelblock«. Offiziere und Angehörige der Zoll- und anderer Organe wohnten hier. Boshaft wurde manchmal kolportiert, sie gingen mit leeren Taschen zum Dienst und kämen mit gefüllten zurück. Dort wollten wir nicht wohnen.

Allerdings hatte man neben dem Kindergarten ein Haus errichtet, dessen hintere Hälfte noch leer stand. Diese Wohnung war eigentlich den Mitarbeitern der Anästhesie vorbehalten. Sie war recht geräumig, mit Garten und Terrasse und vor allem mit einem Anschluss an die Fernwärme versehen. In der vorderen Hälfte wohnte der Chef der Frauenklinik, ein sehr angenehmer Mensch, fachlich perfekt und hoch angesehen, den wir gern als Nachbarn gehabt hätten.

Unseren Wohnungswunsch trug ich also der Leitung vor. Es stellte sich heraus, dass dort ein Oberarzt der Gynäkologie einziehen sollte, den man dringend brauchte. Das Verfahren ging anschließend ein bisschen hin und her. Der Chefchirurg bot uns seine Hilfe in Form eines hinter der Heerstraße am Wald gelegenen Hauses an. Das haben wir besichtigt und unsere Franka, damals gerade eingeschult, bemerkte fröhlich, das unser Garten an den Friedhof anschließe und sie uns im Sterbefall oft auf dem Friedhof besuchen könne. Ein riesiges Grundstück mit zwei alten Gebäuden, eines war eine Garage gewesen, haben wir gesehen. Das Haupthaus beherbergte eine schöne, aber nicht ganz ausreichende, unbeheizte Wohnung. Die obere Etage gehörte auch dazu. Das wäre ausreichend gewesen. Allerdings wohnte dort noch eine Familie, die einen Antrag auf Übersiedlung in die Bundesrepublik gestellt hatte. Man dachte, unser Einzug könnte diese sogenannte Ausreise zur Freude der Familie beschleunigen. Aber auch das lief sehr langsam. Die einzelnen Instanzen schoben sich das Anliegen fröhlich zu, keine fühlte sich zuständig. Nach ewigem Hin und her ist Großmutter dann in das Staatsratsgebäude in Berlin gegangen, um sich bei Honecker zu beschweren. In der Tat war das im Rahmen öffentlich bekannt gemachter Sprechstunden möglich. Der Eingang, stets gut bewacht, lag am Beginn der Breiten Straße, nahe dem ehemaligen Palast der Republik. Da ist sie mit Wut im Bauch und ohne Angst hingegangen. So benachteiligt fühlten wir uns im Kreise Nauen. Tatsächlich kam Brigitte hinein und wurde nach kurzem Warten aufgerufen. Diese Eingabestelle des Staatsratsvorsitzenden war besetzt mit persönlichen Mitarbeitern Honeckers, die sich die Beschwerden anhörten und ihm wohl auch vorlegten. Es war zugleich die Ultima Ratio dessen, was man als Beschwerdestelle erreichen konnte. Ob das wirklich so war, kann ich nicht sagen. Aber jeder, der einen solchen Termin wahrnahm, hoffte inständig auf die Lösung seiner Probleme, die er im heimatlichen Kreis oder Bezirk hatte. Probleme wegen einer Wohnung, mit der Partei, wegen eines versagten Verwandtenbesuches im Westen, wegen der Versorgungslage in der DDR. Die Problemfelder waren subjektiv wie objektiv mannigfaltig, das versteht sich. Eigentlich hätten solche Beschwerdestellen das reale Bild der DDR verständlich darstellen müssen, die Wünsche nach Veränderungen schrieen förmlich danach. Jedoch nahmen die zum Teil sehr alten Regierungsmitglieder das, was vorgetragen wurde, gar nicht mehr auf.

Brigitte ist trotzdem mutig eingetreten, hat vorgetragen und ist unversehrt nachmittags wieder in Staaken eingetroffen.

Dem Besuch bei »E. H.« folgten weitere Besprechungen, weitere Hausangebote, zum Beispiel einer Villa in Falkensee, und die Möglichkeit eines Hausbaues im Krankenhaus. Das Ganze war nicht ergiebig. So wuchs der Entschluss, nicht leichtfertig, aber sehr sachlich begründet, Staaken zu verlassen. Vorher aber hatten wir noch unsere wie bisher übliche selbstständige Narkosearbeit eingestellt, die so juristisch auch nicht erlaubt war. Das hat zwar alle sehr verärgert, aber es konnte nichts gegen uns unternommen werden.

Wohin sollte es nun gehen?

Es lockte natürlich, auch bei allen großstädtischen zu erwartenden Nachteilen, Berlin, die Hauptstadt der DDR. Also begannen die Recherchen! Wir hatten Filme gesehen über Wohnen in Berlin-Ost, man wusste auch von der recht guten Versorgungslage der Hauptstadt. Zudem wünschten wir uns einen weniger komplizierten Zugang zu Theater und Konzert, zu öffentlich oft verkehrenden Bussen und Bahnen und ebenso eine gute Anbindung an die großen Bahnhöfe.

Von Staaken nach Ahrensfelde

Durch Hinweise vieler Bekannter, Anzeigen in den Fachzeitschriften und den Buschfunk haben wir Arbeit gesucht in Berlin. Diesmal sollte es eine bedeutende Einrichtung sein. Dafür kam nur die Charité in Mitte in Frage, deren noch heute stehender Neubau damals taufrisch war. Nach Bewerbung und Besuch, Gesprächen und Wohnraumrecherche stand fest, sie sollte unser nächster Arbeitsplatz werden.

Für mich lag zunächst die Rettungsstelle im Bereich des Möglichen, Großmutter begann in der Klinik für Anästhesie auf der Ebene drei, wo auch die OP-Säle von Prof. Wolf lagen, dem »Transplantationsexperten« der DDR. Das war die Heimstatt der Herz-, Nieren- und Lebertransplantationen.

Das Arbeiten in dem hochmodernen Gebäude bereitete große Freude. Noch in Jena hatten wir eine Patientin betreut, der Wolf, damals noch in Leipzig, eine der ersten transplantierten Lebern der DDR eingesetzt hatte. Das war eine Kindergärtnerin aus Nordhausen.

Man war in der Charité im »Rolls Royce« der DDR-Krankenhäuser angekommen. Es gab einen gewaltigen technischen Unterschied, selbst in Berlin, beispielsweise zu Friedrichshain, dessen Kliniken fachlich sehr gut dastanden, aber nicht in Ausstattung und Bauzustand.

Wo in der DDR gab es für Befunde und Materialien eine Rohrpostanlage, bereits viele Plätze für Ultraschalluntersuchungen und Computertomografen, wenn nicht in der Charité. So unser erster Eindruck. War man dann dort, erlebte man aber auch hier öfter die Situation knapper Materialien, ausfallender Technik und fehlenden Personals. Die Hauptstadt der DDR hatte eben auch so ihre Probleme mit Anspruch und Wirklichkeit!

Mit den Einstellungsgesprächen war auch die Frage der, wie es damals hieß, »Wohnraumversorgung« zu klären. Sofort bekam man nichts, außer es gab

Tauschpartner. Aber uns wurde versichert, dass die Charité durch ihre sehr geschätzte Versorgungsleistung auch Kontingente bekommen würde, um Wohnungen zur Verfügung zu stellen.

Dank eines bekannten Praktikers, der in Staaken manchmal Dienst tat, erhielt ich eine möblierte Wohnung in einem restaurierten Haus im Seitenflügel der Hagenauer Straße in Prenzlauer Berg. So konnte ich bereits im Oktober 1987 in der Charité anfangen. Mit der Straßenbahn kam man gut von der Invalidenstraße zur damaligen Dimitroffstraße.

In der Rettungsstelle wurde in drei Schichten gearbeitet. Sie gehörte zur Klinik für Anästhesie (Prof. Schädlich) und stand unter der Leitung von Dr. Krausch. Die Umstellung von unserem doch recht beschaulich wirkenden Krankenhaus am Rande der Stadt in die Mitte Berlins war technisch, organisatorisch und fachlich eine große Sache. Man sah die interessantesten Krankheitsbilder, erlebte die Konsiliarärzte, die man bisher nur von Kongressen oder aus der Literatur kannte. Es gab drei Schockräume, beste Medizintechnik und eine Ausnüchterungszelle gleich am Eingang der Station. Die gibt es so heute nicht mehr, einen von außen abschließbaren Raum, hoch, mit gekachelten Wänden und zwei Gummimatratzen auf dem Boden. Wer da hineinkam, wurde vorher seiner Schuhe, der Schlüssel, der Rauchwaren samt Feuerzeug und des Gürtels entledigt. Ein Guckloch wie in einer Haftanstalt erlaubte die Beobachtung der oft schlafenden, weil unter hoher Promillezahl stehenden, oder auch sehr laut brüllenden und tobenden Patienten. Es gab Stammgäste, die man schon am Geruch erkannte. Patienten aus Berlin-West, die von der Polizei bei der Durchfahrt über die verzweigten Systeme des Bahnhofs Friedrichstraße aufgesammelt worden waren, beehrten uns ebenfalls. Die besaßen meist Pass oder Ausweis der Bundesrepublik Deutschland und gingen am nächsten Tag ausgenüchtert wieder retour.

Sehr schwer Verletzte wurden in einem nahe dem Röntgen liegenden Raum versorgt, wo man reanimieren konnte. Die Rettungsstelle lag unten im Versorgungstrakt, darüber befanden sich 26 OP-Säle auf vier Etagen. Hinzukamen zahlreiche Intensivstationen unterschiedlicher medizinischer Ausrichtung. Die Lage des Bettenhauses mit den Stationen und vieler anderer medizinischer Einrichtungen musste man sich erst langsam topografisch aneignen. Der Neuling konnte sich schnell verirren. Unter uns lagen die Aufbereitungen, insbesondere für frisch sterilisierte und bezogene Betten, die man sich bei Bedarf holen konnte. Zusammen mit den vielen Hol- und Bringdiensten war die Arbeit näher am Patienten als in meinen bisherigen Tätigkeiten.

Selbst ein gut ausgebildeter und vigilanter Fachkrankenpfleger brauchte einige Zeit, sich im Gewirr des Chariténeubaus zu orientieren, die fachlichen und organisatorischen Gepflogenheiten des Hauses zu erlernen und sich Ärzten wie dem medizinischen Personal bekannt zu machen. Denn auch sie kamen von allen Kliniken, allen Seiten und aus den verschiedensten Gründen in die Rettungsstelle. Um sich besser orientieren zu können, existierte eine Einrichtung, die ich sehr schätzen lernte, das Com-Zenter. Da saßen Menschen in drei Schichten, mit denen man auf Knopfdruck aus allen Räumen sprechen konnte, die jeden im Hause suchten, dirigierten, fanden und erreichten. Das war eine große Hilfe und ein Teil modernster damals möglicher Kommunikationstechnik! Man hatte beim Neubau der Charité nicht gespart. Wie viele Devisen dahin geflossen waren, war nicht bekannt. Aber es war ein herrliches Arbeiten. Allein die Laborarbeit, das Einholen der verschiedenen Befunde der unterschiedlichsten Kliniken, das Annehmen und Versenden der sogenannten Rohrpostbomben, war eine große Sache! Und was für ein Spektrum an Patienten, die pausenlos durch die verschiedenen SMH-Stützpunkte der Berliner Bezirke, die Krankenhäuser und Polikliniken und aus den auswärtigen Häusern als Verlegungen bei uns ankamen! So gesehen, gestaltete sich die Arbeit hochinteressant, wenngleich physisch und psychisch sehr belastend. Aber ich habe bei aller Belastung nie Anzeichen des heute grassierenden Burn-outs gespürt. Immer dann, wenn Besucher aus dem Landesinneren da waren, fuhr man mit ihnen in die letzte Etage. Von dort aus hatte man einen herrlichen Blick hinüber nach Westberlin, über die Spree, auf den Reichstag und die Siegessäule, seit Kaiserzeiten benannt als Goldelse! Eine überwältigende Aussicht! Falls es allerdings am Reichstag Konzerte bekannter westlicher Rock-Gruppen gab, wurde der Eingang unten bewacht. Wer zum Dienst wollte, musste sich ausweisen.

Ein Wohnungsangebot

Nach dem Einstellungsgespräch war klar, dass wir aller Wahrscheinlichkeit nach eine Neubauwohnung erhalten würden. Das kam uns entgegen, denn bei aller dienstlichen Belastung wollten wir gern mit Fernwärme, Warmwasser aus der Wand und einem Lift leben. Tatsächlich klebte nach drei Wochen, im Nachtdienst, ein Zettel an meinem Schrank, ich möge mich im Büro der Oberin melden. Gleich nach dem Dienst raste ich morgens dorthin. Es stand eine Fünf-Raum-Wohnung in Ahrensfelde in Aussicht, zu beziehen sofort. Ohne genauer zu wissen, wo sich Ahrensfelde befand, habe ich Oma in Staaken angerufen und sie nach Berlin gebeten. Voller Erwartung fuhren wir dann von der Schönhauser Alle nach Ahrensfelde, fanden uns an der letzten S-Bahn-Station wieder und wahrscheinlich schon im Bezirk Frankfurt/Oder. Das war uns wie die Fahrzeit von fast einer Stunde reichlich egal. Von der S-Bahn ging es dann über unbefestigte Straßen zu unserem neuen Haus, Erich-Glückauf-Straße, zweite Etage. Das Gebäude war nagelneu, ein elfgeschossiger monströser Bau. Eine Poliklinik, eine sogenannte Wohngebietsgaststätte, der »Ahrensfelder Krug« und zwei Kaufhallen gehörten zunächst zum Viertel, eine neue Schule war da, ein Kindergarten kam später hinzu. In der zweiten Etage, Lift und Müllschlucker gehörten dazu, ebenso ein Abstellraum, lag unsere Wohnung. Wohnzimmer mit Balkon, eine Essecke, eine kleine eingerichtete Küche, Bad, ein großer Flur und drei Kinderzimmer sowie das Elternschlafzimmer waren zu besichtigen. Unser Reich, beheizt und versorgt! Da sagte man gern zu! Oma hat dann in Staaken alles geregelt, was zu einem Umzug gehörte. Das hat sie in ihrer unnachahmlichen Art getan, einer Art, der in ihrer Bestimmtheit und Direktheit niemand widerstehen konnte. Anfang Dezember war es dann so weit. Franka, Alexander und Carsten bezogen ihre Zimmer, wir waren in Berlin angekommen. Leider sah ein Neubauviertel der DDR keinen Kirchenbau vor. Da haben wir uns alsbald nach den Altbezirken orientiert.

Die Kaufhallen mit dem Prädikat der Berlin-Versorgung waren keinesfalls schlecht! Es gab vieles mehr und öfter als in der übrigen DDR. Ohnehin war der gelernte DDR-Bürger ja nicht mit einer anspruchsvollen Konsumhaltung aufgewachsen, man freute sich über all das, was da war. Und den Rest organisierte man sich, mit und ohne Westgeld, doch dank vieler guter »Beziehungen«. Die Arbeit gefiel uns, wenngleich der Weg von Ahrensfelde in die Charité an die Grenze nach Mitte viel Zeit verschlang. Carsten mochte das sehr, er rief jeden Morgen so gegen sechs Uhr »S-Bahn!, ich komme« und fuhr dann bis Friedrichstraße, von da ging es zu Fuß zum Kindergarten Reinhardtstraße. Die Eltern liefen dann bis zur Charité. Den selben Weg gingen sie am Nachmittag wieder zurück, nicht ohne Mitnahme eines Brötchens vom *Bäcker Malingreaux* und der *BZ am Abend*, die sie für 20 Pfennig vom Ausrufer holten. So waren die Tage recht lang.

Die Schule der Großen lag sehr nahe und sie aßen auch dort zu Mittag. Unsere Dienste waren physisch wie psychisch anstrengend, besonders Großmutter war nach großen Operationen meist ziemlich fertig. Hinzukam noch, dass die S-Bahn an den Wochenenden ständig repariert wurde. Das hieß dann Stations-Hopping, die Fahrzeiten verlängerten sich, bis man nachts zu Hause war.

Trotzdem hat es uns Freude bereitet, mit den Größen der Medizin zu arbeiten, auf Augenhöhe, der eigenen Wertigkeit bewusst. Sehr gern erinnert Brigitte sich an die Professoren Wolf und Schädlich, besonders auch Prof. Friis. Unten bei mir war ein Sohn des damals sehr bekannten Bucher Anästhesiologen Professor Poppelbaum, der eine Vielzahl an internationalen Auszeichnungen und Ehrenmitgliedschaften auf sich vereinte, als Stationsarzt tätig. Wie mit vielen anderen, habe ich mich auch mit ihm bald angefreundet. Was haben wir gelacht und gearbeitet!

Eines Tages kam Honecker zur Akademie der Künste der DDR, die gegenüber der Charité lag. Alles wurde geputzt und gefegt, die halbe Nacht fuhr die Straßenreinigung. Da pinnte ich einen Zettel ans Bord mit dem Text »Novemberstraßen sind gefegt, wenn Erich sich zur Kunst bewegt«. Nach dem ersten Mai schrieb ich »qod erat demonstrandum « und übersetzte »Wer war zur Demonstration?« Auch den schönen Ausspruch »carpe diem« veränderten wir zur Aufforderung »Täglich Karpfen!«. Man merkte schon im Herbst 1987, dass es in Berlin viele Mitarbeiter gab, deren DDR-Betrachtung eine durchaus kritische war. Wir hatten auch unter den Ärzten, Schwestern und Pflegern reichlich Ausreisekandidaten. Manche Mitarbeiter jedoch, wie auf Brigittes Ebene, schienen der Firma »Horch und Guck«, wie man die Stasi auch nannte, im wahrsten Sinn des Wortes »verpflichtet« zu sein. Einige Jahre später wusste man das besser.

LEBEN UND KULTUR – OST-BERLIN ENDE DER 1980ER

Obwohl wir am Rande der Stadt wohnten, gab es S-Bahn, Bus und Straßenbahnverbindungen bis in die Mitte Ost-Berlins. Natürlich dominierte an vielen Stellen die Berliner Mauer. Vieles war nicht zu erreichen. Aber die *Abendschau* des RBB und das in Berlin überall vorzügliche Westfernsehbild erlaubten Blicke weit über die Grenze hinaus. In der Zeit haben wir mit den Kindern viel unternommen. Mich zogen vor allem die Altbezirke mit ihrem maroden Charme an. In Mitte, Prenzlauer Berg und Friedrichshain gab es noch jene gewaltigen Gründerzeitquartiere mit teilweise mehreren Höfen, Seitenflügeln und Gartenhäusern. Alte Inschriften von Geschäften aller Art verwiesen auf einen einst regen Handel. Man hatte die Möglichkeit, per Schiff weit hinauszufahren. Der Müggelsee, die Potsdamer und Brandenburger Gewässer, sofern nicht grenznah, wurden gern besucht. Uns führten auch an manchen Sonntagen Touren in das Zeughaus mit seinen großartigen Sammlungen und ins Märkische Museum, wo ich den Kindern viel erzählen konnte. Die Innenstadtfahrt per Schiff zum Reichstag, die heute so beliebt ist, stand natürlich nicht auf dem Programm. Die populäre Museumsinsel war damals derart ruinös, dass man außer dem Pergamonmuseum nichts weiter hatte. An der Fischerinsel liebten es die Kinder, Enten und Schwäne zu füttern. Manchmal ging es auch in den Plänterwald nach Baumschulenweg, wo sich ein großer Vergnügungspark befand. Da sind selbst Oma und ich mit historischen Automobilen mitgefahren.

Wenn wir einige Tage mehr frei hatten, fuhren wir gern nach Prieros, wo Poppelbaums ein Haus am Langen See besaßen. Das waren billige Bade- und Bootsfahrfreuden, köstliche Abende am Grill, Gespräche mit Gleichgesinnten. Da erholte man sich gut. Dazukamen Besuche ausgewählter Stücke in der

Staatsoper und der Komischen Oper. Manches Konzert haben wir zusammen besucht, auch in der Weihnachtszeit. Es wurde sehr darauf geachtet, dass trotz der Dienst- und Schichtanforderungen Zeit für unsere drei Sprösslinge blieb. Es hat auch in der Neubauwohnung einen Weihnachtsbaum mit richtigen Kerzen gegeben, darauf legten wir großen Wert.

Unsere Kinder haben vom ersten Moment an keine Berührungsängste mit Berlin gehabt. Sie waren gut unterrichtet, mit dem doch gewaltigen Verkehr zurechtzukommen. In groben Zügen haben sie alsbald die Verläufe der Straßen und öffentlichen Verkehrswege erfasst. Sie waren zu »Berlinern« geworden.

VOM RAND IN DIE SCHÖNHAUSER ALLEE

Trotz aller Errungenschaften, wie Heizung und warmem Wasser, trotz der neuen Häuser, nach einem Zeitraum von einem viertel Jahr machte sich die Entfernung zu unseren Arbeitsstätten erheblich bemerkbar. Der Zeitaufwand war zu groß. Nach längeren Diskussionen entschieden wir, doch eine Wohnung in der Nähe der Charité zu suchen. Nichts aber war schwerer als das. Zumal ich mir beim Umzug und danach bei der Arbeit durch zu schweres Heben zunächst eine Protrusion im Bandscheibenbereich zugezogen hatte. Durch die zu spät einsetzende Therapie und Diagnostik wuchs sich das Ganze mit großen Schmerzen und einem sich nach rechts abzeichnenden »Generalstreifen« aus. Es manifestierte sich nun ein regelrechter Bandscheibenprolaps im Bereich L5/S1. Es wurden zwei Tomogramme veranlasst, die Neurologen und die Neurochirurgen hielten etwas differente Erkenntnisse parat. Zum Glück soll der Befund nicht OP-pflichtig gewesen sein. Mit diesen Hemmnissen hatte ich Anfang 1988 noch dem Kongress der Anästhesie in Dresden beigewohnt und dort auch vorgetragen. Meine sehr eingeschränkte Beweglichkeit und die heftigen Schmerzen hatten mir arg zugesetzt. Bei einem Besuch der Poliklinik für Physiotherapie (Prof. Conradi) entdeckte mich ein mir bekannter Arzt, weil ich da furchtbar humpelnd unterwegs war. Sofort wurde ich untersucht und sehr gründlich angesehen. Es müsste eine konservative, aber sehr intensive und breit gefächerte Physiotherapie anzusetzen sein, meinte man. Tatsächlich bin ich anschließend über acht Wochen lang jeden Morgen von Ahrensfelde in die Charité gebracht worden und schleppte mich dann, das rechte Bein nachziehend, mit einem Stock zur Behandlung. Nach 14 Tagen konnte ich die Gehhilfe bereits in der Umkleide zurücklassen. Was habe ich alles an Therapie bekommen? Vier Stunden lang Stangerbad, Zwei-Zellen-Bad, Massagen und Wassertherapie im Schwimmbecken. Und nach fast zwei Monaten waren die Beschwerden abgeklungen, bald darauf komplett verschwunden. Das Ganze hat sich dann in den nächsten Jahren noch ein bis zwei Mal in zum Glück reduzierter Form wiederholt, mit der Folge, dass das Tragen schwerer Patientenlasten und vieles andere vorbei war. Es musste umgeschwenkt werden auf stehend bis sitzende Arbeit ohne Lasten. Die fast zwanzig Jahre in OP, Rettungsdienst und auf Station hatten ihren Tribut eingefordert. Vorbei meine alte Aussage: »Bis 90 Kilogramm trage ich den Patienten allein«! Das war jugendliches Imponiergehabe und hatte sich fortan erledigt.

Aus Anlass einer Tagung, die der Brandenburger sehr aktive SMH-Chef organisiert hatte, kam ich mit Dr. K. aus dem Berliner Rettungsamt in Kontakt. Sofort wollte er mich als Leitenden Ausbilder für die Belegschaft des Rettungsamtes in der Marienburger Straße gewinnen. Nach einer Bedenkzeit sagte ich zu und wurde im Herbst 1988 Mitarbeiter in der Marienburger Straße. Für die Zusage sorgte auch nachhaltig die Tatsache, dass ich das Tragen im SMH-Dienst nicht mehr bewältigt bekam.

EIN ERNEUTER UMZUG

In der *BZ am Abend*, die es damals am Nachmittag auf den Bahnsteigen der S-Bahn zu kaufen gab, fand ich eine Annonce. »Familie, in der Mitte wohnend, sucht Wohnung am Stadtrand«. Sofort habe ich darauf geantwortet, ohne allerdings an einen Erfolg zu glauben.

Einige Wochen später erschien eine Antwort, Wohnungstausch war ein damals beliebtes Mittel der Veränderung, besonders aber der Vergrößerung von Wohnungen, es mussten nur die kommunalen Wohnungsverwaltungen, die Vorläufer der heutigen städtischen Wohnungsbaugesellschaften, ihre Zustimmung erteilen. Unser Wohnungstauschpartner wohnte in der Schönhauser Allee 125, unten im Haus befand sich ein damals sehr bekanntes Geschäft, die *Gewürzmühle*. Das ganze Treppenhaus roch würzig und kühl nach Kräutern und Gewürzen. Als wir diese Wohnung besichtigten, vom Balkon auf die oberirdisch fahrende U-Bahn, die alten schweren Straßenbahnen und den Turm der Gethsemanekirche sahen, war klar: Hier sind wir zu Hause und werden es nicht anders wollen. Der Balkon war zwar recht klein, doch einige Pflanzen fanden Platz, zwei Stühle sowie ein Tischchen. Den Ausblick habe ich nach links und rechts entlang der U-Bahn und der Allee sehr genossen. Trotz des Verkehrslärmes konnte ich dort im Stuhl auch manchmal schlafen. Die Wohnung hatte Platz für uns alle, besaß eine Küche mit riesigem altem Herd, zwei Gasheizungen und Öfen dazu. Sicher, es herrschte auf der Schönhauser kaum jemals eine paradiesische Ruhe, die Bahnen donnerten, die Berliner waren nicht leise, konnten sie ohnehin nicht. Und unsere Kirche war nah, knapp 100 Jahre alt, nur Minuten zu Fuß. Ein schöner Kirchenraum empfing uns, eine freundliche Gemeinde und ihre Pastoren waren nun unsere geistliche Familie. Zur Charité ging es mit der Straßenbahn, zum Rettungsamt später zu Fuß. Man saß mitten in einem lebendigen Kiez, wie der Berliner dieses, sein Zuhause nennt, dass alles bietet auf kleinem Raum, was Heimat ist. *Konditorei Krautzig, Fleischer Eppler, Restaurant Venezia* mit sensationellen Eisbeinen, links die Gleimstraße runter zu Kindergarten und Schule. Um die Kirche herum *Philippzcyk*, Haushaltswaren-Berater, netter Mensch und Händler, das *Nachtspeiserestaurant* Anker, das um zwanzig Uhr öffnete. Im Umkreis von etwa 500 Metern konnte man fast alles haben, was täglich wichtig war. Selbst Unterwäsche bekam man gleich nebenan bei *Stein* und wenn man wollte daneben noch antiquarische Bücher. Das alles half uns zu Beginn unserer Wohlfühlzeit dort sehr. Der Umzug war also beschlossene Sache.

Wie aber zog der Ostberliner um? Da gab es eine Einrichtung, die ihresgleichen in den Bezirken der DDR vergeblich suchte. Man ging in die Proskauer Straße, nahe der Frankfurter, und bestellte in einem Umzugszentrum des Kraftverkehrs Berlin alles, was Herz und Umzug brauchten: einen Umzugsvorbereiter, Kisten und Material, Packer und Auto samt Möbelträgern, wenn gewünscht auch Ein- und Auspacker! Das erschlug uns förmlich, so komfortabel waren wir noch nie umgezogen! Brigitte wünschte sich Einpacker! Das waren altgediente Möbelspediteure, die nicht mehr tragen konnten. Die erschienen – bedächtige, erfahrene, ältere Männer – in Ahrensfelde, bestückt mit Schürzen, Papier und Folien und hatten innerhalb weniger Stunden alles in die vorab gelieferten Kisten verpackt. Man glaubte, innerhalb der DDR zu träumen!

So zogen wir in die Schönhauser, wo wir dann in dieser Wohnung bis 1995 blieben. Die Kinder hatten sich sofort auf die neue, innerstädtische Lage eingestellt, Carsten wurde jeden Morgen zum Kindergarten gebracht, neben der Schule, nahe am Falkplatz, der später noch eine Rolle spielen wird. Ende der 1980er-Jahre hatte sich in unserem Umfeld sogar eine hochwertige Gastronomie angesiedelt. Da waren Restaurants, bei deren Besuch man längere Bestellzeiten zu erwarten hatte. Ich erinnere mich an die *Reblaus* am Falkplatz, die *Pfeffermühle* in der Gaudystraße, das Restaurant *L und M* an der Lychener, die *Aphrodite* an der Schönhauser. Dort aß man sehr gut, auch anders als in der üblichen DDR Küche. Es störte sogar niemanden, dass diese Restaurants für DDR-Verhältnisse sehr teuer waren. Aber, welcher Herkunft auch immer, es gab Mosel-, Rhein- und Chiantiwein.

Entscheidung für eine Partei

Brigitte und ich sahen bisher keinen Grund, in eine Partei der DDR einzutreten. Alles, was durchaus werbend in die Richtung zielte, hatten wir abgelehnt. Doch es war uns durchaus bekannt, dass viele Mediziner, auch solche, denen wir vertrauten, Mitglied der CDU der DDR waren, weshalb wir uns 1988 doch überlegt haben, ob wir uns nicht durch einen Eintritt in die CDU positionieren sollten, um uns gleichzeitig gegen die Genossen der SED abgrenzen zu können.

In Ahrensfelde haben wir dann einen Brief an die Bezirkszentrale der CDU geschrieben und unseren Eintrittswillen erklärt. Wir hatten überhaupt keine Ahnung, wie man und mit wessen Hilfe da eintritt. Kurze Zeit später erschien ein älterer Herr, der mit uns redete und in freundlicher Weise versicherte, unseren Wünschen zu entsprechen. Anschließend nahm er unsere Anträge mit. Beinahe zeitgleich wurden wir zum CDU-Mitglieder-Treffen nach Marzahn eingeladen. Da gab es sehr aufrechte Leute, bei anderen ließ sich wiederum der Eindruck nicht verwehren, sie seien noch staatstragender als die SED. Irgendwie aber verschwanden unsere Anträge in dem bürokratischen Orkus.

Als wir in die Schönhauser Allee umgezogen waren, fiel mir der Vorgang als nicht abgeschlossen wieder ein. Das konnte ich nicht auf mir sitzen lassen, wenn man uns möglicherweise nicht wollte, sollte das auch gesagt werden. Über dem damaligen Café Nord befand sich das Bezirksbüro der Ostberliner CDU. Dort meldete ich mich nun, um zu erfragen, ob man uns in der CDU wolle oder nicht. Das war den Herren sehr peinlich, wahrscheinlich waren unsere Papiere irgendwo verloren gegangen. Wir verabredeten uns für den nächsten Vormittag in der Charité. Da wurde ich dann zusammen mit eurer nicht anwesenden Großmutter in die CDU der DDR aufgenommen, genauer gesagt im Schockraum Nummer zwei der Rettungsstelle, der gerade frei war. Danach gehörten wir organisatorisch dem Orts- und Kreisverband von Prenzlauer Berg an. Bald stellten wir fest, dass wir und die Freunde in unserem Kiez von Gerald Götting, dem damaligen Vorsitzenden der CDU, so weit entfernt waren wie von Honecker. Wir diskutierten bereits fordernd und betrachteten die alte Parteiführung durchaus distanziert. Als CDU hatten wir gute und praktisch gelebte Beziehungen zu den örtlichen Kirchengemeinden. Einmal im Jahr halfen wir – inklusive der Kinder – mit, den Ausflug der Senioren des Elisabeth-Stiftes in der Eberswalder Straße zu gestalten. Das war ein schwieriger, Kräfte zehrender Vorgang. Belohnt wurden wir jedoch mit der Freude der alten Bewohner, mal etwas anderes zu sehen.

Als ein hoher Funktionär der CDU, enger Vertrauter von Götting, mit Egon Krenz Peking besuchte, nach den Exzessen am Tiananmen-Platz, wurde besagte

Distanz zur Führung größer und offensichtlich. Natürlich gab es altgediente Ost-CDU Mitglieder, denen unsere Betrachtungsweise der politischen Situation nicht passte. Von denen haben wir uns dann, genauso wie sie sich von uns, abgewandt. Wir Gleichgesinnten aber wurden von 1988 auf 1989 immer mehr. Im Rettungsamt Berlin waren zwei Mitarbeiter CDU-Mitglieder, ein Krankenfahrer und ich. Schon das allein ließ den Parteisekretär, Genossen P., zu mir auf Distanz gehen. Ganz bewusst sind wir in den folgenden Monaten als CDU-Mitglieder aufgetreten. Brigitte musste einmal für die Schule ein Formular unterschreiben, dass auch die Frage nach Mitgliedschaft in der Partei enthielt. Zum Ankreuzen stand nur die SED zur Auswahl. Das hat sie dann durchgestrichen und aufmüpfig CDU hingeschrieben.

BILDUNGSARBEIT IM RETTUNGSAMT

Meine Aufgabe im Rettungsamt war ursprünglich so angelegt, die Krankentransporteure ohne besondere Ausbildung zu schulen und den SMH-Stützpunkten als leitender Ausbilder beizustehen. So habe ich zunächst, untergebracht in einem kleinen Zimmerchen, Pläne für die einzelnen Brigaden, für die monatlichen Fortbildungen erstellt. Dazu benötigte ich erst einmal eine Analyse des Ist-Zustandes. Zu einem großen Teil habe ich diese Unterrichtungen auch selbst durchgeführt. Zusätzlich haben der Leitende Notfallmediziner Dr. K., andere bekannte Berliner Ärzte und Lehrfilme zum Unterricht beigetragen. Um herauszufinden, welches Wissen und welche Lücken bei den Mitarbeitern der SMH bestanden, habe ich etliche Dienste in Lichtenberg, Pankow, Hohenschönhausen und anderenorts absolviert. Dadurch wurde ich rasch mit der im Rettungsdienst fahrenden Ärzteschaft, den Rettungsstellen und Ostberliner Krankenhäusern bekannt. Sie alle schienen meine Gedanken zur Ausbildung, meine Art der Wissensvermittlung zu akzeptieren. So systematisch war es eben bisher nicht gewesen.

Auch ergab es sich, dass die in den Polikliniken ansässigen praktischen Ärzte als Teilnehmer des dringlichen Hausbesuchsdienstes ihren Wunsch nach Weiterbildung artikulierten. Dabei ging es besonders um die Frage der venösen Zugänge, der Beatmung mittels Masken und Ambu-Beutel und letztlich auch um die kardiopulmonale Reanimation. So bewegte ich mich also nicht nur im Rettungsamt, sondern allmählich durch die medizinische Landschaft Ost-Berlins. Selbst in der Charité habe ich in einem altehrwürdigen Hörsaal des Robert-Koch-Institutes den Abschlusssemestern Fragen der Ersten Hilfe und der qualifizierten ärztlichen Hilfe vorgetragen. Dazu wurde immer eine SMH 3 als Objekt der Übung und der Anschauung mitgenommen. So konnte ich praktisch

Ambu-Beutel und Atemmasken

demonstrieren, was ich für äußerst wichtig hielt. Ich erinnere mich an den Tod von Franz-Josef-Strauß, der im Wald wohl Opfer einer brachialen Reanimation durch seine Leibwächter geworden war. Denn eine Wiederbelebung soll ja letztlich das Überleben sichern. Strauß hatte aber so viele innere Verletzungen durch frakturierte Rippen und beschädigte Organe, weswegen er wohl letztlich an der Summe der Traumata starb. Irgendwer hatte das mitbekommen und ich musste der Direktion des Rettungsamtes die Einbindung des verstorbenen Ministerpräsidenten Strauß für die medizinische Notfallbildung erklären.

Die meist jugendlich-forsch auftretenden Mitarbeiter des Ministeriums für Staatssicherheit habe ich des Öfteren in der Kaderabteilung unseres Amtes ein- und ausgehen sehen. Sie mussten schließlich niemand um Erlaubnis fragen.

In der Belegschaft des Rettungsamtes waren allerdings auch sehr viele, die zur DDR ein sehr kritisches Verhältnis hatten und das Trauma ihrer Jugend, den Mauerbau, nicht verwunden hatten. Zu den Fortbildungen zu erscheinen, gebot die Pflicht. Daher war der Raum stets voll. Es wurde bald deutlich, wie wichtig eine geordnete Weiterbildung war, die meist die vorhandene Empirie untersetzen konnte. Viele der älteren Kollegen, die für die Polikliniken der Stadtbezirke und die Kliniken fuhren, hatten eben doch meist nur reine Krankentransporte abzuwickeln. Für möglicherweise bedrohliche Fälle standen die Wagen der SMH 3 zur Verfügung. Bei den Regierungskrankenhäusern und auch im Amt waren Wagen der Firma *Volvo* vorhanden. Die wurden eingesetzt, wenn es Bedarf von Seiten der Regierung oder der Partei gab.

Es wurde eine Geschichte von Karl-Eduard von Schnitzler kolportiert, der für sich aus Anlass einer gewiss nicht großen Verletzung einen Volvo kommen ließ. Da verhielt sich der große Agitator und Herr des Schwarzen Kanals abgehoben. Ebenso wurden auch Verlegungsfahrten von der oder in die Bundesrepublik mit dem Volvo gemacht. Nur einige vom Rettungsamt besaßen dafür Erlaubnis und Pass. Das führte natürlich zu vielen Fragen, warum eben nur dieser oder jener in den Westen durfte. Diese Fragen wurden gerade 1988/89 immer häufiger und mit gewissem Unterton gestellt.

Im Rettungsamt Berlin arbeiteten sehr viel ältere Kollegen, die seit Jahren auf dem Krankenwagen saßen. Einige jüngere, die man mangels Personal eingestellt hatte, besaßen, außer der nötigen Fahrzeugführerklassifikation keine besondere Qualifikation. Viele wohnten den Weiterbildungen bei, denen die gewisse Nischensituaution in der Marienburger Straße entgegenkam, weil sie gegen die DDR opponiert hatten. Manche von ihnen waren bald bei mir anzutreffen, hatten Vorschläge, fachliche Fragen. Schnell kam es zu kritischen Auseinandersetzungen über den Charakter der DDR.

Das diese Erosionen tief in die Gesellschaft eingedrungen waren, erlebte ich anhand einer Patientin in der Rettungsstelle der Charité. Es muss im Frühjahr 1988 gewesen sein. Abends wurde uns eine verwirrte und offensichtlich stark alkoholisierte Frau gebracht, die schrecklich schrie und meinte »so könne es nicht weitergehen« oder »warum wussten wir das nicht«. Dieser schlimme Auftritt hatte folgenden Hintergrund. Die Frau war hochrangige Ärztin im Dienst der VP gewesen, der Ehemann ebenso ein hoher Offizier der NVA. Sie seien immer auf der Krim und in den Gästehäusern der Politbüro-Größen, auch des sozialistischen Auslandes, gewesen, erzählte die Dame. In einem Gespräch habe sie von Umständen erfahren, wie Leute in der DDR und in Ostberlin schlecht bezahlt, in schlechten Wohnungen leben mussten. Da sei sie aus der VP-Arbeit ausgestiegen und übernahm eine staatliche Arztpraxis in Prenzlauer Berg. Die völlig anderen Lebensumstände, die mangelhafte Versorgungssituation und die noch mangelhafteren Wohnverhältnisse hätten sie mit Wucht getroffen. Sie habe sich dann dem Alkohol zugewandt, verbunden mit einem erheblichen Medikamentenabusus. Der Unterschied zwischen dem ihr bekannten Leben und tatsächlichen Umstände im Land DDR hatte sie zerbrochen. Wir mussten sie fixieren und dem diensthabenden Psychiater zur Therapie überlassen. Sicher ist sie in einer geschlossenen Einrichtung verblieben. Bei mir hat diese Patientin einen nachhaltigen Eindruck hinterlassen. Wenn sich schon in dieser Höhenlage der Nomenklatura Zweifel ausbreiten konnten, wie stabil mochte das System noch im Inneren bei den Entscheidungsträgern gewesen sein? Vom Normalbürger ganz zu schweigen. Sehr nachdenklich ging ich am Morgen nach dem Dienst nach Hause.

Die finanziellen Konditionen im Rettungsamt waren die bisher besten meiner Dienstzeit. Wäre ich im Besitz einer Fahrerlaubnis gewesen, hätte ich auch Auto fahren können, wie viel ich wollte. Man muss dazu wissen, dass dieses heute nicht mehr in der Marienburger Straße zwischen Greifswalder und Prenzlauer Allee gelegene Rettungsamt eine altehrwürdige Berliner Einrichtung war. Der Magistrat von Groß-Berlin hatte an dieser Stelle seinen ganzen Rettungs- und Krankentransportdienst konzentriert. Schon in den 1920er-Jahren. Es war eine historische Einrichtung, im Baustil des Expressionismus und nach 1920 als städtische Organisation eingerichtet. Das Rettungsamt versorgte, vor dem Krieg, aber besonders nach dem Mauerbau, alle Bezirke von Ostberlin mit Krankentransport-Kapazität. Alle Krankenhäuser und Polikliniken, die Rettungsstellen und Pflegeheime sowie die staatlichen Arztpraxen wickelten ihre Patiententransporte über dieses Amt ab. Mehrere hundert Fahrzeuge, eine gut besetzte Dispatcherzentrale für den Funkverkehr zwischen Leitstelle und den Wagen, Werkstätten und Desinfektionsabteilung gehörten zum Betrieb. 1988 handelte es sich um Wagen vom Typ *Barkas*, vom KTW bis zum SMH-Rettungswagen, die verfügbar waren. Manchmal standen sie aber auch nicht zur Disposition, weil es schlichtweg an Ersatzteilen mangelte. Dazukam eine große Schar von Krankenwagenfahrern und eine Verwaltung mit mehreren Direktoren, die sich um den ärztlichen Direktor sammelten. Der wiederum, damals Dr. med. D., unterstand dem Bezirksarzt von Berlin, Prof. Dellas. In allen Fällen von Großschadensereignissen, sowohl im akuten Fall als auch bei groß angelegten Übungen, war es federführend eingebunden. Die Zusammenarbeit mit der Berliner Feuerwehr und der Polizei funktionierte. Bedingt durch einige Unglücke um den Flughafen Schönefeld gerieten auch diese Felder zunehmend in die Betrachtung unserer notfallmedizinischen Arbeit.

Tagungsprogramm

Es hatte sich zudem ergeben, dass Arbeitsgruppen der Gesellschaft für Notfallmedizin in Berlin im Rettungsamt tagten. Es wurde in den beiden letzten Jahren der DDR sehr intensiv über die eigene Entwicklung eines Phantoms zur Übung der Reanimation debattiert. Dabei wussten wir um einige sehr bekannte Militärmediziner aus dem Zentralen Armeelazarett Bad Saarow in diesen Gruppen. Auch über andere Themen wurde diskutiert. So suchte man nach einem Berufsbegriff für die Mitglieder der Heil- und Hilfsberufe, die in der Organisation SMH arbeiteten. Krankentransporteur, Sanitäter verschiedener Stufen, Rettungsassistenten oder Fachkrankenpersonal? Für die bundesdeutschen Begrifflichkeiten konnten wir uns nicht entscheiden. Das lag nicht daran, dass der Begriff des »Rettungssanitäters« ideologisch nicht umsetzbar war. Das System mit den Rendezvous-Fahrten zum Ereignisort erschien uns aber teuer und personell aufwendig. Auch wirkte die Zahl der Ausbildungsstunden zu gering. Wie sollte man die beruflichen

Abschlüsse der Fahrer, Krankentransporteure, unserer Schwestern und Pfleger kompatibel gestalten? Unsere Erfahrung mit der medizinischen Berufsausbildung und deren Ergebnissen waren andere und fachlich höherwertig. Das nicht ärztliche Personal auf dem SMH-Wagen war mit dem Abschluss der Fachkrankenpflege für Anästhesie- und Intensivmedizin auf einem sehr hohen Niveau angelangt, wenn auch noch nicht in der gesamten DDR. Unsere Hauptprobleme bestanden insbesondere in der Beschaffung geeigneter Ausbildungsmaterialien, wie zum Beispiele Phantome für die CPR, die in allen Kreisen der DDR nötig wurden. Ich selbst bin in Berlin und seinerzeit in Thüringen mit einem schwedischen Phantom herumgereist wie ein Wanderzirkus.

Es mussten besser gefederte, mit mehr Motorleistung versehene Wagen entwickelt werden, die Kommunikation per Telefon und Funk bedurfte dringlichst einer Modernisierung. Darüber wurde viel und heftig diskutiert. Ganze Arbeitsgruppen der Gesellschaft für Notfallmedizin der DDR trafen sich bei uns im Rettungsamt, in Berlin oder in den Bezirken, derartigen Diskussionen.

In dieser intensiven Zeit musste Brigitte von der Charité Abschied nehmen. Die Dienste und die Belastungen hatten ihr mächtig zugesetzt. Also suchte sie sich etwas »Ruhigeres« – das war zunächst die alte Poliklinik in der Christburger Straße. Aus dem einstigen Schulgebäude – heute ist es wieder eines – war eine Poliklinik geworden. Die wiederum grenzte mit den durch den Krieg entstandenen Freiflächen an das Rettungsamt. Dort hat sie sich sehr wohl gefühlt, konnte eigenständig arbeiten und genoss nach kürzester Zeit das Vertrauen der Ärzte. Das Haus selbst lag ja in der Nähe des städtischen Krankenhauses von Prenzlauer Berg, dessen Chirurgie an der heutigen Danziger Straße, die Innere und die HNO jedoch an der Fröbelstraße lagen.

Nur wenige wussten, dass sich in der Fröbelstraße vor dem Krieg eine der größten HNO-Kliniken Deutschlands befand. Unter älteren Berliner Kiezbewohnern hatte sich lange der Begriff »Nordmann-Krankenhaus« gehalten, wegen der namensgebenden Straße. Die Abteilungen in der Fröbelstraße waren hervorgegangen aus der«Palme«, einem Obdachlosenasyl der Kaiserzeit mit Schlafsälen und Desinfektionshallen. Der Begriff »Palme« rührte von einer Palme her, die dort etwas vertrocknet gestanden haben soll, im Kübel natürlich.

Als in der Marienburger Straße noch eine Innere Station vorhanden war, nannten die Fahrer vom Rettungsamt die Gegend das »Mörderdreieck«. Ich hoffe, nicht wegen der Krankenhäuser. Allerdings gab es in unserem Kiez auch immer ein beachtliches kriminelles Milieu. Darüber und von dessen Exzessen berichtete die sozialistische Presse jedoch nicht. Ich erinnere mich an ein großes Straßenfest im Bereich Dimitroffstraße, nach dessen Ende man ein Kind suchte, das missbraucht und tot aufgefunden wurde. In dieser Poliklinik Christburger Straße erlebte Brigitte den Mauerfall.

UNSER »KIEZ«

Von der Schönhauser Allee zum Rettungsamt war es mit einer Station S-Bahn, Straßenbahn oder zu Fuß nicht weit. Franka und Alexander samt Carsten bogen auf dem Weg nach links in die Gleimstraße ein. Hinten rechts befanden sich Schule und Kita. Damals gab es dort noch Ruinengrundstücke, auch als Kohlenplätze genutzt, die heute aber wieder bebaut sind. Ein Stück weiter lag der Falkplatz, sehr beliebt als kleine grüne Oase in der dichten Großstadt. Es war die Überlegung der Stadtentwickler des 19. und 20. Jahrhunderts gewesen, die dichte Bebauung der Quartiere durch Plätze zu lockern und den Straßen durch dutzende Straßenbäume Frischluftschneisen zu geben. Besagter Falkplatz lag direkt an der Mauer, am Westberliner Bezirk Wedding. Spielplatz, Bäume und Anlagen ließen sich gut nutzen. Am Stadion, dem Jahn-Sportpark, war allerdings auch eine Hundestaffel der Grenztruppen untergebracht, die von dort zum Einsatz kamen und oft laut bellten. Durch die abgeteilte Lage des Platzes und die stetige Präsenz von Grenztruppen und Polizei war der Ort, wenn auch in merkwürdiger Art, sicher, da konnten die Kinder sogar ohne uns hin.

Wie schon erwähnt, war die Schönhauser Allee eine gut besuchte Einkaufsstraße. Wer aus den Bezirken der DDR nach Berlin kam, konnte sich mit etwas Glück auch mit draußen im Lande mangelnden Waren eindecken. Eigentlich wurde alles gekauft, auch wenn man es nicht gleich brauchte. Unter Umständen ließ sich so ein Tauschhandel beginnen. Gaststätten gab es genug. Auch die alte Berliner »Eckkneipe«, die für Bier und Schnaps sorgte, lebte noch gut. Auch wenn sie, wie so manch andere, schon betagt war, bestückt mit alten Zapfhähnen, Buffets, Stühlen und Tischen. Außerdem gab es noch den »Hungerturm«, eine Art kleines Schränkchen, in dem man Soleier und Buletten finden konnte. Diese Kneipen rochen nach Bier und kaltem Rauch, aber sie waren meist herzlich berlinerisch deftig geführt. Und was konnte an heißen Sommerabenden schöner sein, als das »Zischen« einer »Molle« unten in der Kneipe! Einige aber beließen es nicht bei einem Bierchen, nein, wie überall in der DDR wurde auch heftig hartes Zeug konsumiert: »Blauer Würger« war eine beliebte Billigmarke. Manche behaupteten, man könne davon blind werden.

Prenzlauer Berg hatte zu dieser, meiner, Zeit noch viele mit den Händen arbeitende Bewohner, die in die großen Berliner Werke fuhren. U- und S-Bahn waren demnach morgens und abends brechend voll. Der Berliner las seine BZ und nachmittags die brummend vom Verkäufer ausgerufene: »Beee zetttt am« – nun höher gerufen – AAAaaabend!«. Eine solche Zweitzeitung gab es nur in der Hauptstadt der DDR. In unserer Nähe lagen Fleischereien und Bäckereien, bei denen man den Tagesbedarf holte. Meine Mutter aus der Provinz des Bezirkes Leipzig wunderte sich stets, dass man schon am Wochenanfang

Kammfleisch oder Kassler bekam. Zu Hause undenkbar! Morgens besorgte man »Schrippen«. Bei *Konnopke* an der U-Bahn herrschte schon früh starker Betrieb. Bock- und Currywurst, heiße Brühe und frische Schrippen dazu, was für eine Freude. Die Bude existiert noch heute!

Vom Balkon unserer Wohnung sahen und hörten wir den Turm der Gethse-man-Kirche. Die läutete morgens um sieben, mittags, um sechs Uhr abends und zu den Gottesdiensten. Kurz nach dem Einzug wuchs in der Höhe des Tur-mes ein Gerüst auf, mit dessen Hilfe man das Turmdach reparierte. Das Eisen-gerüst lag auf Stahlträgern, die man durch die Glockenstube geschoben hatte. Eine eigenwillige Konstruktion, deren Charakter sich durch größer werdende Materialknappheit erklärte. Im Gemeindehaus, Gethsemanestraße 9, lagen die Gemeinderäume und Wohnungen der Pastoren seit alters her. Diese Gethse-manekirche lag auf einem separaten Grundstück, was für diese Zeit unüblich war, da man seinerzeit in Berlin Geld sparen musste und Kirchen in der Regel meist in die Straßenzüge einbaute.

Diese Kirche mochten wir sofort und haben uns dort schnell heimisch ge-fühlt. Ich erinnere mich an die Sonntagsgottesdienste in der Winterkirche, die man heizen konnte, da erhielt man geistliche Kraft für die ganze Woche. An Pastoren waren damals da Professor Widrat, Professor. Wekel, Pastorin Eschner. Pastor Widrat besuchte uns. Dabei baten wir, unsere drei Kinder zu taufen. Gern sagte er zu. Am ersten Advent 1988 wurden Franka, Alexander und Carsten getauft, vormittags vor der Gemeinde. Am Nachmittag fand die Adventsfeier der Gemeinde in der zum Teil ausgeräumten Kirche statt. So viele »Gäste« werden nicht viele Täuflinge gehabt haben.

Mit dieser Kirche verbanden wir uns stark. Bald haben wir an den Sonntagen Kirchendienst gemacht, Bücher ausgeteilt, Epistel und Evangelium gelesen. Die Glieder der Gemeinde haben auch zusammen gefeiert und die Kirche im Frühjahr gründlich gereinigt. Da war die ganze Familie dabei!

Auch in Berlin war ich übrigens sehr darauf bedacht, dass man unsere Kir-chenmitgliedschaft bemerkte. Sonntags wurden die Gesangbücher offen getra-gen, jeder sollte sehen, wohin wir gingen und gehörten.

PROBLEME DER SPÄTEN 1980ER-JAHRE

Man muss wissen, dass die Gethsemanekirche, wie die Zionskirche und die Eppelmannsche Samariterkirche auch, zu den »oppositionellen Gemeinden« gehörte. Die hatten sich allmählich nicht nur im Lande, sondern auch in Berlin herausgebildet. »Unauffällig« gekleidete Herren sammelten sich vor dem »An-ker« oder auf den Straßen. Manchmal wurde auch im Gottesdienst gebetet, für die, »die nicht mit beten durften, weil sie für andere hören müssten«. In den Kirchen wurde bereits organisiert durch die Informanten der Stasi zugehört. Mancher Pfarrer erfuhr bisweilen eine ernste Ermahnung. Das hatte Tradition im Sicherheitsgewerbe, schon in den 1950er-Jahren ist belegt, dass Predigten mitgeschrieben wurden. Wenn auch nicht von der Gemeinde! Im Jahre 1989 haben sich diese Dinge dann erheblich verschärft und zugespitzt. Viele Pfarrer und Superintendenten sind vor Veranstaltungen ihrer Gemeinden zur SED-Kreisleitung einbestellt worden.

Unsere Pfarrer betreuten in etwa 500 Familien, bis zu 3000 Menschen, die in unserem Kiez wohnten und einen sogenannten »Antrag auf Ausreise aus der DDR « gestellt hatten. Wer das anstrebte, ließ sich auf Unwägbarkeiten und Konfrontation mit dem Staat frontal ein. Man musste physisch und psychisch, aber auch materiell auf diese Zeiten eingestellt sein. Einige der Antragsteller wurden auf der Arbeit politisch »gemobbt«, würde man heute sagen. Manchen von ihnen gelang es nicht, den Arbeitsplatz zu erhalten. Dann wurden hier und da Arbeitsplätze gesucht in Gemeinden, auf Friedhöfen und anderswo. Die Praxen von Psychologen und die psychiatrischen Kliniken konnten den Andrang dieser zum Teil in der Tat traumatisierten Patienten kaum bewältigen. Der labile Zustand dieser die Ausreise verlangenden Menschen beförderte oft kritische Situationen in der Gemeinde. Ich erinnere mich an den Vorwurf, die Kirche in Polen wäre so mächtig, dort würde man immer sehen, wo Kirche ist. Das könne der Staat doch nicht ignorieren. Diese Vorhaltung wies ich entschieden zurück. Ich argumentierte gegenläufig, wenn jeden Sonntag in der Tat zwei- bis dreitausend Menschen zum Gottesdienst kommen würden, so viel ausreisewillige Personen hatten wir, würden Staat und Stasi merken, wie mächtig Glauben und Kirche sein können. Aber, auch das musste ich sagen, wer Kirche nur als Instrument nutzt und es am Glauben fehlen lässt, der muss dem Staat die Vorhand überlassen.

In Prenzlauer Berg gab es bereits zu jener Zeit eine kulturelle Szene, die im Verborgenen blühte. Hier lebten Künstler, man sah Punks auf den Straßen, schwarze lange Mäntel, Klebezettel, die zu Lesungen und samisdatisch geprägter Kunst luden. Es gab Hinterhoftheater, Ausstellungen oder Musik. Ich muss jedoch gestehen, dass ich mich zu jener Szene nicht hingezogen fühlte. Beim besten Willen konnte ich mit den Trägern dieser Kultur nichts anfangen, zumal sie meist kaum zur Gemeinde zählten. Darüber hinaus, forderte der Arbeitsalltag einer Familie mit drei Kindern seinen Tribut. Abends gegen 22 Uhr in die Kneipe zu Diskussion und zum Philosophieren gehen – undenkbar! Man stand schließlich um fünf auf! Für viele Sonderlinge und Aussteiger das ausgemachte Spießertum! Zudem vermisste ich bei manchen Kneipengesprächen, die sich doch ergaben, die Vision von politischer Zukunft. Sicher, sie verurteilten die DDR. Wie wir auch, beklagten sie die fehlende Reisefreiheit, Freiheit der Presse und der künstlerischen Ausdrucksweise. Aus demonstrativ getragener Mode und Frisur ließ sich jedoch auch keine politische Veränderung formen. Die späteren Auseinandersetzungen dieser Szene gegen- und übereinander (siehe Sascha A.), habe ich nicht nachvollziehen können. Unsere Kinder waren noch nicht in dem Alter, das mitmachen oder ablehnen zu können. Das war womöglich gut so, denn ich habe Streitigkeiten um rechtes oder linkes Denken und Handeln nie bei ihnen erlebt. In der Kirche haben sie die Angebote gern wahrgenommen, die Christenlehre und den Konfirmandenunterricht besucht. Brauchte man sie in der Gemeinde, eilten sie zusammen mit den Eltern zu Hilfe.

Auch in der Schule machten sich, trotz der Ministerin für Volksbildung Margot Honecker, leichte Veränderungen bemerkbar. Ganz langsam setzte ein Erosionsprozess ein. Besonders ein sehr beliebter Klassenlehrer, Herr K., hatte den streng sozialistisch geprägten Kurs von Frau Honecker schon weit vor 1989 aufgegeben. Wir mochten ihn, er redete gern mit uns und seine Schüler liebten ihn über alle Maßen. Durch versteckte Anspielungen und Begriffe, auf die sich der gelernte DDR-Bürger verstand, entdeckte jener Lehrer geistige Verwandtschaft mit uns. Er war im Übrigen der erste, von dem ich den Begriff »Neues Forum« hörte, und der dort zeitnah konspirativ Mitglied wurde.

Im Sommer 1989 gab es in unserer Kirche eine große Veranstaltung, deren Titel, soweit ich mich erinnere »Mut zur Wahrheit« lautete. Das hing mit den Volkskammerwahlen 1989 zusammen, die derartig plump manipuliert worden waren, dass es selbst einigen Genossen aufgefallen war. Das Theater um diese Wahl bildete die eigentliche Zäsur des Jahres 1989. Von da an konnte man die zunehmende Masse kritischer und nachdenkender DDR-Bürger, hätten Staat und Partei es gewollt, regelrecht wachsen sehen und hören. Aber wie immer hörten und sahen die alten Leute im Politbüro nichts mehr. Sie gaben sicher bereits nichts mehr auf ihre informierende Kaste, die Abteilungen von Mielkes MfS. Nur fünf Monate später wurden sie mit der realen Situation konfrontiert!

Im Rettungsamt beispielsweise wusste ich von mindestens hundert Mitarbeitern, dass sie ihre Wahlbenachrichtigungen zerrissen oder in öffentliche Briefkästen geschmissen hatten. Am Wahlabend, bisher einmalig, haben sehr viel zugesehen, wie die Stimmen ausgezählt wurden. Das war neu, denn bis dato ging man nicht zur Auszählung. Das war weder gewollt noch erwünscht! Die ganze Vorwahlpropaganda hatte sich diesmal nicht ausgezahlt. Selbst uns als Familie wollte der Bezirksverband der CDU im Vorfeld zu einer die Wahl betreffenden positiven Aussage nutzen. Wir sollten in der Zeitung kundtun, wie schön es doch in der DDR sei, wie gut es uns und den lieben Kinderchen ginge! Da waren sie aber auf die falsche Seite gekommen!

Den entsprechenden Funktionär haben wir rausgeschmissen! Als nun jener betreffende Gemeindeabend in der Kirche stattfand, zeigten mehrere hundert Menschen »Mut zur Wahrheit«! Auch wenn um die Kirche herum, in den Hauseingängen und den Seitenstraßen etwa 250 Mitarbeiter von Horch und Guck stationiert waren. Sie wagten sich aber nicht, den Eingang versperrend, vor die Kirche zu stellen!

Solche Veranstaltungen gab es im ganzen Land! Eine zunächst unsichtbare Aura war auf den Weg gebracht worden. Irgendwie beschlich einen das Gefühl, in diesem Jahr 1989 würde etwas Unglaubliches, Unerhörtes geschehen!

Ein Urlaubsplatz des FDGB

Im Sommer erhielt ich für den August unerwartet das Angebot eines Ferienplatzes. Bisher hatten wir unsere Urlaube bei Oma in Altenburg oder bei den anderen Großeltern in Fritz Reuters Stavenhagen verbracht. Eigentlich musste man sich um einen Ferienplatz der Gewerkschaft bereits zu Beginn des Frühjahres bewerben. Die besonders guten Unterkünfte an der Ostsee waren beliebt und schnell weg. Brigitte und ich wollten einen Ferienplatz aber auch nicht aus politischem oder gesellschaftlichem Wohlverhalten heraus erhalten. In diesem Falle wäre der Platz zurückgegeben worden. Franka und Alexander fuhren jeweils zu einer Oma. Brigitte, Carsten und ich traten also die Reise von Berlin-Lichtenberg nach Erfurt und von da über Zella-Mehlis nach dem thüringischen Steinbach-Hallenberg an.

Dort hatten wir bei einem privaten Vermieterehepaar ein sehr ordentliches FDGB-Zimmer mit modernem Bad für 14 Tage bekommen. Drei Mahlzeiten waren in einer zentralen Verpflegungsstätte einzunehmen. Die Thüringer Menschen waren sehr lieb, das Zimmer und Bad sehr sauber. Im Garten konnten wir, so wir wollten, gern sitzen, Kaffee trinken und den Grill anwerfen. Man muss wissen, dass diese Zimmervermietungen für den Gewerkschaftsbund, der frei und deutsch sein wollte, ein gutes Geschäft war. Mit einem doch eher geringen wöchentlichen Aufwand gab es Geld, die Gästewäsche ließ man auch zentral waschen. In Thüringen wie an der Ostsee funktionierte die Vermietung von Quartieren ähnlich. An der See vermietete man zudem noch privat, es wurde, so der Volksmund, »der letzte Hühnerstall für Gäste frei gemacht«. Manches war sicher nicht ganz nach unseren Vorstellungen, aber Großmutter weiß mehr darüber und könnte bestimmt Zahlen nennen. Etwa 15 Minuten zu Fuß vom Quartier entfernt lag das Gasthaus, in dem wir täglich essen sollten. Das betraf die drei Hauptmahlzeiten. Es gab überdies Angebote für Busfahrten und Ausflüge, zwei Orte weiter lockte ein schönes Bad. Dessen Gebirgswasser war aber selbst im Hochsommer so kalt, dass wir nur zwei mal baden waren. So weit, so gut!

Aber siehe, auch im Urlaub waren wir wieder in der DDR angekommen, nun mit thüringischem Charakter. Da war es schon recht schwierig, mal Brause, Bier oder Selterwasser zu bekommen. Von der ganzen Angebotspalette an Wasser heute konnte man damals nur träumen! Hatte man dann doch etwas bekommen, nahm das eine Geschäft nur diese Flaschen zurück, das andere eben nur jene. Auch die Öffnungszeiten waren recht unterschiedlich! Es lebe Herr Trittin, dessen politischer Verdienst es bleiben möge, dass man heute jederzeit und überall Pfandflaschen abgeben kann!

Unser Urlaub in Steinbach-Hallenberg verschlug uns ins wohlbekannte Thüringen, das Mutterland der so geliebten Bratwurst und der Klöße, der Roster, wo es kein Dorffest gibt ohne ein Schild »Rost brennt«. Sicher existierten hier private Fleischer, die herrliche Würste erzeugten. Jedoch waren es zu wenig für den Ort und erst recht zu wenig für den Urlauberbetrieb. Die Einwohnerschaft verhundertfachte sich in der Saison. In der dortigen Hauptstraße lag ein sogenanntes Delikat-Geschäft für Lebensmittel. Dahin gelangten etwa ein bis zwei mal in der Woche jene Bratwürste, die man im großem Betrieb der Kreisstadt Schmalkalden produziert hatte. Vor jenem Geschäft lauerte schon morgens eine Schlange von etwa 30 bis 70 Personen. Ankamen etwa 3000 Würste. Der Erste nahm zwanzig, der Zweite vierzig! Schnell waren sie alle! Der Rest konnte sehen, ob er anderenorts noch etwas für den Grill oder die Pfanne bekam!

Da wir nun im Urlaub waren, wurde auch die Umgebung erkundet. Carsten war knapp fünf Jahre alt und sehr gut zu Fuß, sodass wir jeden Vormittag und Nachmittag Wanderungen in die Thüringer Berge unternehmen konnten. Noch heute wundere ich mich, dass es ihm nie zu viel war und er die unterwegs reichlich fließenden Bemerkungen seines Vaters über Historia, Flora und Fauna wacker ertragen hat! So begannen ein paar schöne Tage. Leider war das Angebot der zentralen Verpflegung nicht sehr abwechslungsreich. Morgens und am Abend gab es fettige Wurst oder Hackepeter mit Zwiebeln. Es haben doch tatsächlich manche Gäste acht bis zehn Scheiben Brot mit diesem Belag verputzt. Leider sah man kaum Gurken- oder Tomatensalat, das wurde nur vorn in der Gaststube angeboten. Auch für die zahlreichen Kinder gab es nicht viel anderes. Mittags stand regionale Küche auf der Speisekarte, meist Fleisch mit Klößen und reichlich Soße! Das hat mich als bekennender Kloßliebhaber sehr gefreut!

Um nicht abhängig zu sein von dieser Verpflegung, haben wir oft etwas zum Abendbrot organisiert, wenngleich das Einkaufen nicht gerade Freude bereitete. Manchmal wich man aus auf andere Gaststätten, die aber auch nicht mit großen Angeboten aufwarten konnten. Es ergab sich im Garten das ein oder andere Gespräch mit den Wirtsleuten und diesem oder jenem Einwohner. Zuerst musste man den Einwand, »ach ihr Berliner, ihr habt ja alles«, relativieren. Dann habe ich ihnen klar gemacht, dass sie sich vor Ort selbst kümmern müssten, um ihre Probleme, insbesondere die Thüringer Versorgungslage. »Seid doch bitte erst zufrieden, wenn ihr auch das habt, was die Berliner haben!« Das sahen die Thüringer bald ein. Sie hatten schließlich weniger Probleme, in dem kleinen Ort gab es keine Ausreisewilligen, man half sich untereinander und die Urlauber sorgten für ordentliche Einkünfte.

So haben wir oft abends gesessen und diskutiert. Am Ende saß ich meist mit 10 bis 15 Leuten zusammen, wobei mir schon klar war, dass die Kunde von diesen Reden früher oder später auch nach Berlin gelangen würde.

Im September 1989

Ein Ereignis machte mir den September 1989 besonders wertvoll. Nach langem Drängen und Hinarbeiten hatte man mir mit Hilfe des Rettungsamtes einen Studienplatz für das Studium der Diplom-Krankenpflege besorgt. Es handelte sich um ein Studium mit Fern- und Direktcharakter. Da ich wusste, wohin ich wollte, hatte ich mir eine gewisse Lebensplanung zurechtgelegt. Heute würde sich das ein Karriereplan nennen. Ich wollte in die Lehre der Notfallmedizin und Ausbildung für Studenten im universitären Rahmen gehen. Dazu wäre die Diplomarbeit durch eine sich anschließende Promotionsarbeit zu bereichern gewesen. In der DDR hießen diese Schritte Promotion A und B. Der Dr. sc. med. wäre das nächste Ziel gewesen, nach ihm die Ernennung zum Dozenten nach einigen Erfahrungsjahren und Erfolgen bei der Ausbildung die Aussicht auf eine Honorarprofessur. Das hatte man nicht in der Hand, das lief durch das Ministerium für Hoch- und Fachschulwesen.

Also, frisch in die Charité und das Studium aufgenommen, die Familie freute sich, einen alten Studenten als Vater zu haben. Die ersten fünf oder sechs Monate liefen gut. Doch die gesellschaftlichen Veränderungen der nächsten Monate ließen das Projekt kaum mehr zu. Nebenbei war eine solche Aufgabe nicht länger zu schultern. Schweren Herzens, denn das war mein lang gehegter Wunsch, entfernte ich mich von dieser Planungen.

Im Verlauf des Sommers war Honecker sehr krank geworden und hatte sogar seinen Aufenthalt in Rumänien abgebrochen. Die Ideologen verstärkten dennoch ihren Einfluss. Hatte man doch erkannt, dass es sich langsam formierende Kräfte gab, die eine DDR des üblichen Zuschnittes nicht mehr tolerieren wollten. Die Bevölkerung wurde mit den Erfolgen und Leistungen des Sozialismus stärker denn je bombardiert. Dabei übersah man völlig, dass die tägliche Lebenswirklichkeit im Verbrauch und im Fehlen bestimmter Dinge eine gänzlich andere war. Es kam zu den verrücktesten agitatorischen Ideen. Einmal hieß es, eine friedvoll in ihrem Haus im Grenzgebiet sitzende Familie sei aus dem Westen, von der Grenze her, beschossen worden. Die gesamte DDR lachte erst recht herzhaft, als kolportiert wurde, ein Mitropa-Koch sei aus Budapest nach Wien entführt worden. Entführt von finsteren Mächten der BRD! Besonders in der Berliner S-Bahn zwischen Schönhauser Allee und Prenzlauer Berg herrschte höchste Heiterkeit. Mit Hilfe von KO-Tropfen! Mit dieser getürkten Meldung hatte sich der Staat übernommen. Als zwei Männer die heftig lachende Bevölkerung zurechtweisen wollten, rückten die Berliner ihnen auf die Pelle!

An der Stargarder Straße/Ecke Pappelallee gab es damals einen sehr bekannten Laden für An- und Verkauf. Dort konnte man Schuhe, Technik und Kleidung fast aus dem Westpaket kaufen. Der Laden besaß eines Tages sogar Sticker, die er wohl aus Polen bezogen hatte, mit dem Bild von Gorbatschow. Die haben wir sofort gekauft und an den Revers der Jacken angebracht. Danach konnte man sehr gut sehen, wie viel sympathische Menschen in Prenzlauer Berg lebten. Die wenigen unsympathischen aber auch! Was haben uns die Leute manchmal beschimpft! Diese Anstecker, waren schon ein deutliches Zeichen dargestellter Renitenz. Wir haben sie heute noch. Michail Gorbatschow, wenngleich sicher auch noch fest in seiner sowjetischen kommunistischen Haut sitzend, war der Held dieser Tage. Besonders weil unser Politbüro mit ihm wenig am Hut hatte. Man ging sogar so weit, zu behaupten, man müsse eine Wohnung nicht zwanghaft renovieren, wenn es der Nachbar auch tut. Die Zeit mit und nach Gorbatschow ist für die alte Sowjetunion sehr schwer gewesen.

Wie schon erwartet, habe ich dann im September eine freundliche »Einladung« zu einem Gespräch in der Bezirksverwaltung der Staatssicherheit für Berlin, einem riesigen Gebäudekomplex, erhalten. Das war nichts Ungewöhnliches. Wir hatten schon längere Zeit das Gefühl, vom Boden aus observiert oder zumindest belauscht zu werden. Dafür gab es einige merkwürdige Indizien. Da auch in unserer Wohnung sehr offene Reden stattfanden, verwunderte mich das nicht weiter. Und die alte Dame im Haus, die das sogenannte »Hausbuch« verwaltete, bestätigte uns, den Bodenschlüssel an jemand herausgegeben zu haben. Ein Hausbuch war eine Art Melderegister, in dem sich jeder einzutragen hatte, der mehr als drei Tage zu Besuch bei einem Mieter war, besonders Besucher aus der Bundesrepublik. Und der oder die »Hausbuchbeauftragte« hatte das Buch dann in Abständen der Meldebehörde, das war in dem Fall die Polizei, vorzuzeigen. Mein Besuch und das Gespräch bei der »Stasi« dauerten nicht sehr lang. Wie erwartet, hatte ein tüchtiger Mitarbeiter auch im Garten in Steinbach-Hallenberg dabeigesessen, zugehört und gemerkt, worüber und mit welchem Ziel geredet wurde. Hauptredner war, wie nicht anders zu erwarten, der »agitatorisch und feindlich-negativ argumentierende Herr v. O. «. Mit der Vermahnung, solches nicht mehr zu tun, und mit der Aussicht auf unter Umständen schärfere Maßnahmen wurde ich anschließend entlassen.

DIE ERSTEN LICHTER

Ende September machte sich das Gefühl breit, irgendetwas würde passieren. Man konnte diese Spannung beinahe anfassen! Sie lag unbeschreibbar in der Luft. Die Propagandaaktionen der SED-Bezirks-und Kreisleitungen hatten wenig Erfolg gebracht. Die Welle der Menschen, die aus der DDR verschwanden, wuchs höher und wurde mächtiger. Die Grenzöffnungen in Ungarn ließen hoffen. Es wurde mehr nach Prag gereist als vorher. Dort füllte sich bald der Garten der Deutschen Botschaft mit Flüchtlingen, die, egal ob alt oder jung, mit oder ohne Kinder, endlich die DDR verlassen wollten. Die Folgen bekam die Wirtschaft zu spüren, auch im Gesundheitswesen fehlten Menschen an allen Enden. Besonders das nutzte die Propaganda und warf den Schwestern und Ärzten, die weggegangen waren, vor, ihre Patienten zu verraten. Die Stimmung glich in etwa der vor dem Bau der Mauer. Die DDR drohte auszubluten, besonders durch die innere Emigration vieler Bürger. Die trug ebenso dazu bei, dass viele Bekannte und Mitarbeiter resignierten. Wir selbst hatten in Berlin die endgültige Entscheidung getroffen, nicht wegzugehen. Das hätte denen vielleicht gepasst! Es waren rein logistische und ökonomische Erwägungen, die wir anstellten. Erstens besaßen wir kaum Verwandte im Westen, von ein paar Freunden aus Kongresszeiten konnte man auch keine ewige Hilfe erwarten. In einer Turnhalle oder in einem überfüllten Lager wollten wir nicht leben. Wohin wären dann unsere Habseligkeiten gekommen? Die Bücher und die Sammlungen? Etwa in die Klauen des Antiquitätenhändlers Schalck-Golodkowski? Denn Ausreise hieß, in den seltensten Fällen per Spedition zu gehen, meist eben durch Grenzübertritt mit minimalster Gepäckbelastung! Nein, wir wollten bleiben und bei einer immer möglicher werdenden Veränderung mithelfen! Als dann die Züge aus Prag kamen und es in Dresden und Plauen zu den prügelnden Polizisten und verletzenden Zwischenfällen kam, begann in manchen Köpfen eine Bewegung. So fingen wir an, mit vielen anderen, an den früh dunklen Herbstabenden in Wassergläsern Kerzen zu entzünden, die man dann auf die Balkonsimse setzte. Täglich wurden es mehr. Der Protest mit Lichtern nahm seinen Anfang!

DIE MAHNWACHEN

Anfang Oktober zogen junge Menschen in die Gethsemanekirche ein und begannen mit Mahnwachen. Der Begriff war uns aus dem Westfernsehen irgendwie bekannt, mehr aber auch nicht. Mit Isomatten, Luftmatratzen und Kerzen begannen diese Leute, leise und friedlich gegen das System zu protestieren. Das war nicht einfach. Sie wuschen sich im Keller, besaßen nicht viel, keine Heizmöglichkeiten oder andere Dinge. Zum Glück war der Telefonanschluss der Gemeinde da, sodass man Meldungen weitergeben konnte. Der GKR hatte die Aktion, wenngleich nicht ohne Bedenken, unterstützt. Man wusste ja nichts über Toleranz seitens des Staates. Man wusste nicht, ob Stasi oder Volkspolizei nicht doch das Gelände und die Kirche stürmen würden. Unser Berliner Bischof Forck und die Pfarrer waren ins Geschehen wissend von Anfang an eingebunden. Es dauerte nicht lange, da hing das später sehr bekannt gewordene Plakat mit der Aufschrift »Wachet und Betet« am Turm. Am Treppenaufgang zur Kirche wurden fast Tag und Nacht Kerzen angezündet. Nach einer Weile hatten wir Wachsberge auf den Mauern und Treppen wie an einer Wallfahrtsstätte.

Jeden Tag bin ich zu den Leuten gegangen und habe sie gebeten, mit den Kerzen und ihrem Gepäck vorsichtig zu sein. Denn die staatlichen Stellen warteten nur darauf, dass irgendetwas wie Feuer oder ähnlich Ungemaches sich ausbreiten könnte. Dann hätten sie die Kirche gnadenlos baupolizeilich gesperrt. Brigitte und ich sowie unsere Kinder begannen dann nach und nach, sich nach dem Dienst in der Kirche nützlich zu machen. Damit hatten wir uns also auch klar für den Protest positioniert. Gegen vier Uhr am Nachmittag begannen die Menschen zu strömen, es gab Ansprachen, Fürbitte-Andachten und vieles mehr. Wir hatten uns angewöhnt, unsere Einkäufe hinter dem Altar abzulegen. Da lagen dann oftmals Kartoffeln, Wurst und auch dieser oder jener Hund.

Der Zulauf zur Kirche wuchs. Natürlich konnten wir nicht mit solchen Zahlen aufwarten wie zum Beispiel Leipzig, Dresden oder Plauen. Man darf doch nicht vergessen, dass Tausende Genossinnen und Genossen in den Ministerien Ost-Berlins, der Hauptstadt der DDR, arbeiteten. Die Zentralen von NVA und MfS lagen in und bei Berlin. Wer zu dieser Zeit einmal im Neubau des Ministeriums für Staatssicherheit draußen in Friedrichsfelde war, bekam einen Eindruck von der Masse an Personal und der steten Präsenz dieser Organe. Ja, sie hießen auch in der politischen Propagandasprache der DDR »die bewaffneten Organe« oder »Schild und Schwert der Partei«!

Besonders in der Woche vor den offiziellen Feiern zum 40. Geburtstag der DDR herrschte gewaltige Unruhe in Berlin. Es waren Gäste aus allen sozialistischen Ländern gekommen, darunter auch Michail Gorbatschow. Die Unruhe zeigte sich besonders auf Seiten der Administration deutlich, denn es waren große Ansammlungen von Menschen zu erwarten. Eigentlich sollten sie alle Losungen zeigen und dem Politbüro zu jubeln. Aber die Zeiten schienen vorbei. Das Misstrauen gegen die Führung war deutlich. Da auch unsere »Führer« wie in der Sowjetunion alte Leute waren, die Jahrzehnte unser Schicksal bestimmten, galt folgender sowjetischer Witz auch für die DDR: »Tags im Kreml, nachts am Tropf«.

Diese alten Leute und ihre Sympathisanten wollten nun den 40-jährigen Jahrestag der DDR feiern. Gewaltige Geldmengen, viel Arbeitskraft und Arbeitszeit waren speziell dafür vorbereitet und eingesetzt worden. Überall hingen in den größten Formaten die Jubelsprüche an den Wänden. Es wurden ellenlange Ordens- und Auszeichnungslisten vorbereitet. Für den Tag vor der großen Feier im Gebäude des Staatsrates der DDR am damaligen Marx-Engels-Platz war ein Fackelzug der Freien Deutschen Jugend vorgesehen. Abgesehen davon, dass die Jugend schon erkannt hatte, dass ihre Freiheit arg beschnitten war, sollten Fahnenblöcke und rauchende Fackeln vor der Ehrentribüne den alten Mitgliedern des Politbüros Erinnerungen an die frühe Jugend geben. Es mag sein, dass sie sich nach dem schrecklichen Krieg eine neue Welt wünschten. Es mag sein, dass in den ersten Jahren alle Bemühungen redlich waren, die Jugend für einen anderen, demokratischen Staat zu formen. Doch dies ging gründlich daneben.

In all dem Bemühen, die Schrecken einer Diktatur zu verarbeiten, hatten sich neue diktatorische Formen herausgebildet, die in der DDR ab 1949 Heimstatt fanden. Ich erinnere mich an einen Bronzeguss an der Schönhauser Allee. Auf, ich glaube, drei Tafeln, zeigte ein Künstler, gegossen in Bronze in den 1980er-Jahren, wie man sich konspirativ von 1933 bis 1945 zu verhalten hatte. Da wurden Flugblätter heimlich gedruckt, man schaute nach Spitzeln vor dem Fenster. Wir selbst und viele unserer Freunde standen solchen Marschgebärden hochgradig misstrauisch gegenüber. Das Ganze erinnerte fatal, trotz aller Unterschiede, an die demonstrativen Aufzüge einer anderen, in Schande untergegangenen Diktatur auf deutschem Boden. Die wöchentlichen Aufmärsche des Wachregimentes »Feliks Dzierzcynski« unter den Linden bot die besten Traditionen deutschen militärischen Gehabes. Das klingende Schellenbaumspiel und der zackige Stechschritt begeisterte sogar die Gäste aus dem Westen. Zu den Fahnenblöcken, den riesigen Kultbildern der sozialistischen führenden »Lichtgestalten«, zog es uns jedoch nicht. Wir waren allein deswegen jahrelang nicht mehr bei den sogenannten Mai-Demonstrationen anwesend gewesen.

Am Abend des Fackelzuges der Jugend hatte ich Dienst im SMH-Stützpunkt in Lichtenberg, im Oskar-Ziethen-Krankenhaus. Anfangs geschah wenig Auffälliges. In der zweiten Nachthälfte aber mussten wir zu einem Unfall in der Frankfurter Allee ausrücken. Mit hoher Geschwindigkeit war ein Lada gegen einen Lichtmast gefahren. Die beiden jungen Insassen waren äußerst schwer verletzt. Nach komplizierter Erstversorgung brachten wir sie in die Charité. Bei der Feststellung der Personalien wurden die üblichen, an kleinen Ketten im Inneren der Jacken befestigten Mitarbeiterausweise des MfS gefunden. Die Unfallursache, die letztlich zum Tod der beiden führte, war Übermüdung nach mehr als 48 Stunden durchgängigem Dienst. Uns wurde durch diensthabende nachgeordnete Stasi-Offiziere das übliche Stillschweigen über den Unfallhergang abgenommen.

Die Staatssicherheit war also schon vor der Jahresfeier enorm beansprucht. Im Normalfall wäre auf der nächtlichen Straße kaum etwas passiert.

DAS WOCHENENDE VOM 7. UND 8. OKTOBER 1989

Es waren tief beeindruckende Stunden, diese zwei Oktobertage, der 7. und 8. im Jahre 1989 – Samstag und Sonntag.

Nach dem Dienst in der SMH Lichtenberg fuhr ich nach Hause. Aus den veröffentlichten Programmen ergab sich, dass Gorbatschow schon am Vormittag in die Stadt kommen könnte. Bereits am Vortag war er durch die Schönhauser Allee gefahren. Franka und ihre Schulklasse waren an die Fahrstrecke gegangen, um Gorbatschow zu sehen und »Hallo Gorbi« zu rufen. Brigitte war vor dem Dienst ebenfalls da. Tausende hatten sich, allerdings freiwillig in diesem Fall, an die Protokollstrecke begeben. Stricke sperrten die Straße, bewacht von, wie berichtet wurde, sehr verunsicherten und schwitzenden Polizisten. Denn der Berliner nahm kein Blatt mehr vor den Mund. In diesen Tagen brachen Ärger und Kritik laut und deutlich aus den Leuten heraus. Der langsam nahende Wagen mit dem sich fröhlich zeigenden und winkenden Michail Gorbatschow, wurde lauthals bejubelt und begrüßt. Die folgenden Limousinen mit vorgezogenen Vorhängen, hinter denen man unsere Staatsführung vermuten konnte, blieben allerdings ohne Beachtung oder Beifall.

So nahm ich Franka, Alexander und Carsten am Sonnabend auf die Schönhauser Allee mit, um eventuell Gorbi zu sehen. Und in der Tat, auf unserer Seite erschien eine gemächlich fahrende Kolonne. In deren Mittelpunkt das Auto mit Gorbatschow, der freundlich zu uns herüber winkte. Nach der Passage seines Wagens bedeutete ich den Kindern, dass den Insassen der weiteren Autos kein Beifall gebühren könne. Sofort nach meiner Ansage schob sich ein Typ an mich heran, üblichen Spitzel-Aussehens, der wissen wollte, wie ich das eben gemeint hätte. Im Abgang sagte ich, es wäre so gemeint gewesen, wie er es gerade gehört habe. Das verblüffte ihn in dieser Direktheit. Er zog sich zurück in den Schatten des Torbogens, in dem er gelauert hatte.

Am Nachmittag des siebenten Oktobers hatten wir Freunde zu Gast, nicht weit herkommend, aus der Lychener Straße. Unser Freund K., seine Frau A. und das eben geborene Kind hatten uns besucht. Der Grund war unter anderem eine kleine Reparatur an einer Tisch-Wäscheschleuder gewesen. Wir wussten, dass im Palast der Republik nun die großen Feiern begonnen hatten, auch wenn es uns wenig interessierte. Als wir gegen 19 Uhr Essen auftrugen, stürzte unser Sohn Alexander mit dem Ausdruck höchster Erregung in die Küche. Wir sollten sofort nach vorn kommen, auf der Straße höre man großes Geschrei, die Kirche, so drückte er sich fassungslos aus, »würde zusammenbrechen«! Sofort stürzten auch wir Großen nach vorn, auf den Balkon mit Blick über die Schönhauser Allee. Schon auf den letzten Metern hörte man anschwellende Rufe in der Art »Auf die Straße, auf die Straße, schließt euch an«! Dazu läuteten die Glocken von Gethsemane. Fassungslos sahen wir nach unten. Auf unserer Seite standen zwei Wasserwerfer, die tröpfelnd Wasser verloren. Davor nach rechts eine Kette üblicher Polizeilastwagen von Typ LO 70. Unter dem Magistratsschirm marschierten junge Leute in reißfesten Jacken. Daneben bis hin zur Stargarder Straße eine Kette von Bussen, mit denen man wohl Polizei und Stasi aus den Kasernen um Berlin herangekarrt hatte. Die Stargarder Straße war abgesperrt. Dahinter in Richtung Kirche standen Menschenmassen, mit Kerzen in den Händen und dem Ruf »Keine Gewalt«. Wie es sonst im Kiez aussah, wussten wir nicht. Man machte sich keine Vorstellung. Spät am Abend erfuhren wir im RBB und im damals sehr beliebten Radio Sender 100,6 Näheres.

Die U-Bahn hielt nicht an der Schönhauser Allee oder dem damaligen Bahnhof Dimitroffstraße. Jedoch gaben die Zugführer aus Sympathie immer wieder Signale, die von der Menge beantwortet wurden. Nach einer halben Stunde erklärte ich der Familie, ich müsse jetzt in die Kirche gehen. Ungutes schien im Schwange. Ich wollte raten und helfen, wenn nötig. Als ich die Haustür aufschloss, trat ein Offizier der VP auf mich zu, der von mir zu wissen schien. Er fuhr mich an, ich hatte noch gar nichts gesagt. »Olszewski, wenn sie jetzt das Haus verlassen, geht es nicht in die Kirche, sondern rechts auf den Lastwagen!« Das habe ich mir gründlich überlegt. Oben die Familie, die Kinder. Im Falle einer Verhaftung und bedingt durch die in solchen Fällen sofort ausbrechende Rechtsunsicherheit in der DDR konnte man nicht sagen, wie lange man festgenommen werden würde. Stillschweigend, aber wütend zugleich, kehrte ich zurück nach oben. Von da haben wir über Stunden abwechselnd das Toben auf der Straße beobachtet. Menschen wurden willkürlich mitgenommen, getreten, geprügelt. Der Einsatz einer SMH wurde notwendig. Alexander, damals knapp zehn, wollte immer einen Hammer auf die Wasserwerfer fallen lassen. Dann, so meinte er, würden sie aufplatzen und auslaufen! In jener Nacht sah ich bei unserer Polizei Dinge, die ich nur aus dem Westfernsehen kannte – Schlagstöcke,

Helme mit Visier und Schutzschilde und die besagten Wasserwerfer. Dazu bellende Hunde, Geschrei von den Balkonen wie »Arbeiterverräter« und andere freundliche Rufe an die Adresse der Polizei.

Zunächst wussten wir gar nicht, woher dieser Menschenzug kam. Es gab kein Telefon. Gegen Mitternacht wurde es etwas ruhiger. Unsere Freunde versuchten mit dem Säugling in die Lychener Straße zu kommen. Dabei, so sagten sie später, stießen sie im Bereich der Milastraße auf Ketten junger Wehrpflichtiger und Polizisten, die sehr ängstlich drein sahen. Nach gewisser Unsicherheit und Diskussion wurden C. und A. doch durchgelassen. Im gesamten Bereich um die Schönhauser Alle und den angrenzenden Alleen hatte man Stasi, Bereitschaftspolizei und NVA zusammengezogen. Stunden später sah man die ersten Bilder von den Vorgängen um den Palast, wo die Demonstranten, wohl zum äußersten Verdruss von Honecker und Co. nach »Gorbi« riefen. Der selbst konnte zu dem Zeitpunkt nicht eingreifen. Aber der Ruf nach ihm wurde zu einer Art Legitimation der Demonstrationszüge der nächsten Wochen.

In dieser Nacht habe ich bei unzähligen Zigaretten lange auf dem Balkon verharrt. Gegen zwei Uhr dreißig, so erinnere ich mich heute, kam ein Lada an unsere Kreuzung. Die Offiziere der Volkspolizei wurden herangerufen und nach wenigen Minuten kam der Befehl zur Beendigung der Aktion. Nach einer Stunde erinnerte fast nichts mehr an die gewaltige Auseinandersetzung zwischen dem Geburtstag feiernden Staat und seiner, dieses nicht mehr ertragend wollenden Bevölkerung.

SONNTAG, DER 8. OKTOBER 1989

Zeitig war ich wieder auf den Beinen. Zur Sicherheit, denn man wusste über alle Umstände nicht viel, ging ich allein zur Kirche. Die Familie ließ ich zu Hause. Der Gang über die Straße bescherte zunächst nur ein paar der an den üblichen Stellen postierten Mitarbeiter des MfS. Oder waren es doch mehr?

Um die Kirche war Polizei aufgezogen, die bisweilen provokant an den Eingängen herumstand und diese versperrte. Zu Beginn des Gottesdienstes war die Kirche sehr gut gefüllt. Es herrschte eine lähmende Stimmung. Die sich im Anschluss an die Predigt durch die Fragen vieler Besucher erklärte, die ans Mikrofon traten und nach verschwundenen Menschen fragten. Von Vätern und Müttern, Großmüttern und Großvätern, Töchtern, Söhnen und Enkeln fehlte seit letzter Nacht jede Spur. Sie waren verhaftet worden. Während einige noch ihren Namen riefen, konnten die meisten keine Nachricht für ihre Angehörigen hinterlassen. Polizeiwagen sollen sie abtransportiert haben! Wohin, warum, wie lange? Wann würden sie wiederkommen? All diese Fragen blieben zunächst unbeantwortet. Im Hintergrund bemühte sich die Kirche um Klärung. Sowohl Evangelische als auch katholische Geistliche waren damit befasst. Schließlich gab es keine Oppositionsparteien, die solche Fragen hätten stellen können.

In der Gethsemane-Kirche wurden nun fortwährend Fürbitten und Gottesdienste organisiert. Man betete für die Verhafteten und sammelte Geld für deren juristischen Beistand. Unser kleiner Carsten stand abends mit seinem Sammelkorb an einem der Ausgänge. Er sammle für die Verhafteten, gab er auf Fragen zur Antwort und das mit gerade mal fünf Jahren! Die einfachsten Menschen spendeten. Zum Beispiel die Mitarbeiter eines Kohlenhändlers. Die brachten abends ihre Trinkgelder, die sogenannte Schütte, in die Kirche. Die Leute begannen, ihren Beitrag für die Gewerkschaften einzubehalten und der Kirche zu geben. Wut und Kritik an der Administration wuchsen rasend schnell. Jedoch habe ich in diesen verrückten Tagen niemals jemanden erlebt, der zur rohen Gewalt an Polizisten und Funktionären aufgerufen hat. Zumindest in meinem Umfeld nicht! Im Übrigen blieb Egon Krenz der Einzige aus dem Politbüro, der lange Zeit danach, à la Beate Klarsfeld und Kiesinger, von einer ehemaligen DDR-Bürgerin in Wiesbaden eine Ohrfeige erhielt.

Die große Masse der Menschen war wütend geworden. Sie neigten aber nicht zur Gewalttätigkeit, wenngleich der Duktus der DDR-Parteilinie und der Presse war, alle Protestierer mit den Attributen der klassenfeindlichen Aufrührerei, gesteuert aus dem Westen, auszustatten. Viele waren verunsichert, weil keiner wusste, was kommen würde. Die Angst fand ihre Nahrung! Das galt insbesondere für die Mitglieder der führenden Partei.

An jenem Sonntag haben wir die Kirche den ganzen Tag und die ganze Nacht offen gehalten. Wobei vor allem die abendlichen Stunden unter dem Stern der Ungewissheit standen. Es war eine Wiederholung zu erwarten. Ideologisch befleißigte sich die Führung, diesen Abend der Westpresse und ihrer Kommentatoren anzulasten. Es erschienen Artikel, in denen Werktätige die Stabilität der DDR priesen, ihr Vertrauen in die Staatsführung ausdrückten und sich von den angeblich »vom Westen gesteuerten wenigen Randalierern« in der Freude über den 40. Jahrestag der DDR-Gründung gestört fühlten.

An jenem besagten Sonntag hatten wir die Kirche geöffnet. Gegen Abend kam es wieder zu Demonstrationen heftiger Art. Der gleiche Aufmarsch des Staates wie zuvor. Die gleichermaßen wütenden Demonstranten auf der anderen Seite. Es wurde abermals miteinander gerungen. »Keine Gewalt«-Rufe erschollen, dazu die durch Megaphone gerufenen Aufforderungen der Polizei, die Straße zu räumen. An jenem Abend erschienen auf den Straßen auch Autos, an die man in der Front Schilde konstruiert hatte, um Menschen von den Straßen zu schieben, wie Schnee. Das erinnerte mich an einen amerikanischen visionären Film der 1970er-Jahre. Wir wussten auch noch nicht, dass die Polizei hinter der Kirche die Brücke über die S-Bahn gesperrt hatte. Es herrschte ein derart großes Polizeiaufgebot, wie man es noch nicht erlebt hatte. Trotzdem konnten wir uns des Eindruckes nicht verwehren, dass es das letzte Aufgebot des Staates gegen seine Bürger sein könnte.

Für den späten Abend war ein staatliches Höhen- und Jubelfeuerwerk vorgesehen. Gegen 22 Uhr sah man aus Richtung Friedrichshain die ersten Raketen steigen. Just in diesem Moment lief unten auf unserer Straße der Polizeieinsatz am erbittertsten. Heftig waren Polizei und Demonstranten aneinander geraten. Zusätzlich begannen die Glocken unserer Kirche zu läuten. Die Menschen waren aufgerufen, in die Kirche einzukehren. So kam zusammen, was eigentlich nicht zusammenkommen sollte. Einmal das Feuerwerk, gedacht zum Jubiläum der DDR und zur Freude der Feiernden, und die dröhnenden Glocken, die mahnen wollten, Menschenwürde nicht durch Knüppel zu zerschlagen. Gegen Mitternacht sah ich vom Balkon aus, wie auf der abgesperrten Schönhauser Allee eine Kolonne von Regierungsautos vorfuhr, kurz hielt und dann wieder in Richtung Osten verschwand. Später wurde kolportiert, im Inneren des ersten Wagens habe Mielke, der damalige Minister für Staatssicherheit gesessen. Er soll seinen Leuten möglicherweise gesagt haben: »Haut sie doch zusammen, die Schweine«!

Der Sonntag endete verworren, Demonstranten und Polizei belauerten sich. Viel später erfuhren wir, dass Wasserwerfer der Polizei von der Straße aus sogar durchs Fenster in Wohnungen gespritzt haben. Türen waren eingetreten worden, sobald Bewohner sich protestierend vom Balkon aus gegen die staatlichen Maßnahmen ausließen.

Einige Zeit später wurde bekannt, wohin man die vermissten Verhafteten gebracht hatte. Garagen von Polizeirevieren und andere Örtlichkeiten mussten diese Menschen aufnehmen. Mit an den Wänden gestützten Händen sollen sie bei gespreizten Beinen oft stundenlang ausgeharrt haben. Bis nach Blankenburg und Rummelsburg wurden die Verhafteten aus den Innenbezirken gebracht. So eine Verfahrensweise hatte es bis dato in der DDR nie gegeben. Daraus konnte man ablesen, wie sehr sich der Staat vorbereitet hatte.

Es gab keine Möglichkeit, Rechtsbeistände zu beordern. Offiziere der VP, Staatsanwälte und Kriminalpolizisten leiteten die ersten Verhöre. Nach langen Stunden wurden die ersten Inhaftierten wieder entlassen, nachdem es kaum Wasser oder Verpflegung gab, ebenso wenig wie die Möglichkeit, die Familien telefonisch zu erreichen.

AM 9. OKTOBER

Wer am Morgen des 9. Oktober 1989 in Ostberlin unterwegs war, konnte den Eindruck gewinnen, die Hauptstadt der DDR schlafe ihren Rausch vom Feiern aus. Wo in den Nächten die zum Teil blutigen Auseinandersetzungen zu sehen waren, war es ruhig. Man sah keine Zusammenrottung von Polizisten oder Stasi-Männern mehr. Die Gethsemane-Kirche war frei zu erreichen, keine Straße, kein Platz waren noch Sperrgebiete fürs Militär. Eine ganz eigenartige Atmosphäre lag über der Stadt.

Ich hatte in der Charité zu tun, Vorlesungen waren für uns angesetzt. In der Mittagspause suchte ich die Mensa auf. Zu gern hätte ich gewusst, wie zum Beispiel die Studenten die Tage vom Wochenende beobachtet hatten. Wissen wollte ich, welche Bewegung nun von der Studentenschaft ausgehen würde. Aber nach dem alten Berliner Motto »Ruhe ist die erste Bürgerpflicht« stellte ich fest, dass all diese Studenten keine Dissidenten oder oppositionelle Mitbürger waren. Der Studentenschaft fehlte der nötige Biss.

Die Zeitungen klagten über »Ruhestörer«, die anderen das Fest verdorben hätten. Es gab zunächst auch keine Aufläufe oder Demonstrationen staatlicher Kraft. Es wirkte so, als wäre am Wochenende nichts passiert. Das entsetzte und entmutigte mich. Wir in unseren Kreisen fragten uns natürlich, wie die Vorkommnisse vom Wochenende zu bewerten wären und der Staat sich nun positionieren würde. Erst am Abend, als wir mit den Fürbitten in Gethsemane begannen, löste sich die Spannung. Es erschienen so gewaltige Menschenmassen, wie wir sie noch nicht gesehen hatten. Da musste regelrecht geordnet werden, um alle hineinzubekommen. Spontan traten Menschen an das Altarmikrofon, um der Menge einen Eindruck von ihrer Wut, ihrer Angst und ihren Verletzungen, seelisch oder körperlich, zu verschaffen. Es setzte auch »Buh«-Rufe. Heute glaube ich, wir fühlten uns mitunter ein wenig isoliert. Das, was später in Plauen, Leipzig, Dresden und anderswo so gewaltig aufwuchs, als Empörung und Opposition, davon erlebten wir in Berlin nur die Hälfte.

Nach 20 Uhr hatte jemand allerdings Kontakt nach Leipzig aufgenommen und erfahren, dass dort siebzigtausend Menschen auf die Straße gegangen waren, wir zählten gerade einmal viertausend Menschen. Da brach ein Jubel in der Kirche aus, der fast das Dach hob und bei dessen Erinnerung ich heute noch Gänsehaut bekomme. Wir wussten, das war der Durchbruch der Leipziger Montagsdemonstrationen, hervorgegangen aus Fürbitte-Andachten der dortigen Nikolaikirche. So eine Menschenmenge ließ sich von Polizei und Stasi nicht mehr kanalisieren oder disziplinieren. Ein Durchbruch war da! Doch wohin, mit wem, unter welchen Zeichen? Unter welcher Führung? Es stellten sich Fragen über Fragen.

Die sehr Ängstlichen, die eine sogenannte »chinesische Lösung« vermutet hatten, traten beiseite. Die die vor den Russen und der Roten Armee Angst hatten, lagen mit ihrer Prognose falsch. Die Sowjetunion konnte bereits zu jenem Zeitpunkt selbst von der DDR-Führung vorgetragene Wünsche zur Zerschlagung der Aufstände mithilfe der russischen Truppen wie 1953 nicht mehr erfüllen. Der sozialistische Block, die Satellitenstaaten Moskaus waren im Herbst 1989 in schlechtester wirtschaftlicher und innenpolitischer Verfassung. Das, was Gorbatschow in seinem Land vorsichtig änderte, wurde aufgenommen und von der DDR aus weitergetragen in den Block der Warschauer Staaten. Alle folgten sie nach, mit zum Teil sehr eigenwilligen Formen der Veränderung und des Widerstandes. In Rumänien sah man gar den Tod eines Diktators und seiner Frau!

Die folgenden Wochen sollten uns kaum zur Ruhe kommen lassen, der Sog der Veränderungen entfaltete unaufhaltsam seine Wirkung.

Nur wenige Tage nach dem 9. Oktober gab es in unserer Gemeinde die sogenannten »Gedächtnisprotokolle«. Darin konnte man nachlesen, wie Inhaftierte ihre Zeit im Polizeigewahrsam schilderten. Darauf fußend, wurden Klagen erhoben und staatliche Stellen von Menschen angezeigt, die so etwas nie für möglich gehalten hätten. Man griff anklagend zum ersten Mal nach den Dienern des Staates. Ein zarter Aufbruch begann auch in der Presse. Man las plötzlich über im Wohlleben befindliche Funktionäre, über Häuser, Villen und Anwesen, die sie bewohnten. Es krabbelte so viel unter der Decke hervor, dass man es kaum fassen konnte. Der Name einer Wohnsiedlung, Wandlitz bei Bernau, wurde bekannt. Dort saßen sie alle zusammen, in ihren Häusern, ließen sich von einer Mitarbeiterschaft von ca. 600 Menschen versorgen, und hatten einander gar nicht lieb. Was waren wir doch für ein selbstsüchtigen und sehr gut lebenden Partei- und Staatsdienern ausgeliefertes Volk gewesen. Was hatten wir glauben müssen, wie viel Lügen wurden aufgedeckt, wie viel Potemkinsche Dörfer hatten wir übersehen. Es war bisweilen wie im Märchen. Das Volk entdeckte den nackten Kaiser, doch es verbeugte sich nicht mehr. Zu viele Enttäuschte gab es im Lande, auch in der alles beherrschenden und führenden Partei. Mancher Genosse erkannte in jenem Herbst die Summe seiner Lebensirrtümer in grellem Schlaglicht. Zu viele waren hinterher gelaufen, hatten geglaubt, was man ihnen vorsetzte, ohne es zu prüfen.

Auch in Prag, Budapest und Warschau fing es an zu gären.

EINE EINLADUNG

Im Frühjahr 1989 erhielt ich eine Einladung zu einer Kongressreise in den Westen. Das kam so: Auf einem der zahlreichen Kongresse hatte ich immer wieder versucht, Kontakt zum Vorstand westdeutscher Schwestern- oder Krankenpflegeverbände herzustellen. Das gelang nicht oft, waren die Interessenslagen doch meist zu verschieden. Einen sehr guten und nicht ängstlichen Ansprechpartner hatte ich jedoch in Prof. Schuster gefunden, der sich als Internist mit Notfallthemen auseinandersetzte. Er sagte mir zu, einen entsprechenden Kontakt herzustellen. Es meldete sich die Deutsche Gesellschaft für Fachkrankenpflege. Deren Vorstand war sehr daran gelegen, mit entsprechenden Mitarbeitern der DDR auf Augenhöhe eine Verbindung aufzubauen. Es dauerte nicht lange und die ersten Briefe und Kontakte waren da. Über den Tränenpalast kamen die Vertreter der Gesellschaft, wenn sie in Berlin, meist im Klinikum Steglitz, tagten, zu uns. Wir tauschten uns aus, soweit das möglich war. Da diese Gesellschaft regelmäßig größere Tagungen in Westberlin und in den anderen Bundesländern abhielt, blieb eine Einladung an mich nicht aus. Im Frühjahr des letzten DDR-Jahres war es so weit. An mich adressiert erreichte die Offerte das Rettungsamt Berlin. Dort erhielt ich sie natürlich nicht. Sie wanderte in das Ministerium für Gesundheitswesen und wurde abgelegt in der Abteilung für Internationale Beziehungen. Da lag sie dann bis zum Herbst. Kein Mensch hatte es für nötig gehalten, mich zu benachrichtigen. Die entsprechenden Informationen erhielt ich später nur vom Einladenden, der DGFK, selbst, die sich nach meinen Verbleib erkundigten. Denn ich war eingeladen – welche Ehre –, bei der Herbsttagung in Westberlin zu reden. Nun war der Herbst schon herangekommen und die politischen Vorzeichen hatten sich geändert. So bin ich in das Ministerium für Gesundheitswesen der DDR gegangen. Das wurde, wie alle Ministerien auch, noch von der Volkspolizei bewacht. Doch war man am Empfangstresen aber schon freundlicher als acht Wochen zuvor. Besser gesagt, es herrschte Verunsicherung. Nachdem ich mein Begehr vorgetragen hatte, wurde ins Haus telefoniert. Die entsprechende Abteilung war schnell gefunden. Ende Oktober war es schon, sodass man die Veränderungen auch bei den Mitarbeitern spürte. Dem Verantwortlichen erklärte ich nun, dass ich ganz und gar nicht einverstanden sei mit seiner Vorgehensweise. Wie er denn dazu käme, mir über eine solche Einladung seit April keine Nachricht zukommen zu lassen! Zum Kongress nach Westberlin würde ich nun auf alle Fälle fahren. Und wenn es über Prag, Budapest oder Frankfurt am Main sein sollte. Er könne mir aber auch schnell einen Pass besorgen, das sollte er doch können. Etwas verwirrt ließ ich ihn zurück. Ich war fest entschlossen, Mitte November im Klinikum Steglitz aufzutreten.

DER MAUERFALL

Der Oktober verging mit weiteren Vorfällen und Entlassungen. Am 18. Oktober erklärte Honecker seinen Rückzug, sehr unfreiwillig und natürlich ohne irgendwelche Eingeständnisse von Schuld. Sein Nachfolger Krentz stammte aus dem gleichen jahrelangen Parteiberitt, man hatte wenig Hoffnung auf Veränderungen. Selbst die eigenen Genossen haben ihm wohl schnell misstraut. Nach Honecker gab es weitere Rücktritte, der Fall Wandlitz sorgte für Schlagzeilen. Kaum zu glauben, unter welchen Voraussetzungen die sogenannten »Arbeiterführer« zu dieser Zeit in ihrem Ghetto im Wald lebten. Aber es war schon interessant, wieder Zeitungen zu lesen, die sich eines gewissen Realismus bedienten und ebenso wie das Fernsehen von der Hofberichterstattung abgerückt waren. Ende Oktober strömten eines Abends Menschen in unsere Kirche und meinten, sie wollten eine große Demonstration von Künstlern der DDR in Berlin organisieren. Daraus wurde jener machtvolle Aufzug vom 4. November, der eine riesige Menschenmenge um den Alexanderplatz scharrte. Damals war es sehr wichtig für die Organisatoren, dass die Demonstranten sich weitab vom Brandenburger Tor aufhielten, von der Mauer überhaupt. Zu jener Zeit gab es viele Versuche seitens der DDR-Administration, sich mit einer neuen Reiseregelung in den Westen zu befassen.

Der 9. November rückte heran. Brigitte, die Kinder und ich waren wie immer in der Kirche gewesen, die mittlerweile zum Anlaufpunkt ganz unterschiedlicher Menschen geworden war, die an den Wänden und in Drucksachen ihre Meinungen äußerten. Trotzdem war man bedacht, Ordnung zu halten und den Ort als Gotteshaus zu bewahren.

Am Abend des neunten November kamen wir gegen 21 Uhr nach Hause. Die Kleidung wurde gereinigt, was durch den vermehrten Gebrauch von Kerzen stets nötig war. Im Fernsehen sahen und hörten wir, wie Schabowski sich in seiner später so berühmt gewordenen Presserklärung an die Öffentlichkeit wendete. Seine Auslassungen über die Ausreise an allen Grenzübergängen haben wir durchaus zur Kenntnis genommen. Eine Flucht in den Westen kam für uns jedoch nicht infrage. Also sahen wir noch dies und jenes an und gingen dann etwas erschöpft zu Bett. Was sich in der Nacht, fast in unserer Nähe abspielen sollte, davon bekamen wir nichts mit. Es konnte ja niemand anrufen, einen Stein an die Fenster werfen oder unten klingeln, da es ja keine Klingel gab und die Haustür fest verschlossen war.

Erst am Morgen des 10. November hörten wir, wie schon seit Wochen, den Sender 100,6. Danach stürzten wir zum Fernseher, in der Tat, die Grenzen hatten sich geöffnet. Berlin und die beiden deutschen Staaten feierten, noch fassungslos über den Zustand. Nach all diesen Meldungen habe ich sehr früh die

Kinder geweckt. Franka war ja schon neun, Alexander acht Jahre alt. Ich eröffnete ihnen, von nun an sei alles anders, als es bisher in den Geschichtsbüchern gestanden habe. Da in der DDR am Samstag noch Schulunterricht war, habe ich ihnen verkündet, morgen sei für sie Schulfrei und wir würden Onkel Michael in Westberlin besuchen! Diese ungläubigen Gesichter!

Der Tag verlief anschließend wie üblich. Wir hatten zwei Verlegungen zu organisieren, von der Charité in den Bezirk Potsdam. Überall standen erregte und fröhliche Menschen. An den Polizeibehörden, auch Pass- und Meldestellen genannt, stauten sie sich, um Visa für ihren Übertritt nach Berlin-West zu erhalten. Es war ergreifend, wie sich alt gewordene Berliner freuten, ihre seit Jugendzeiten nicht mehr besuchten Orte in Westberlin wiederzusehen. In Brigittes Dienststelle hat die leitende Ärztin sogar höchstselbst die Ausweise der Mitarbeiter eingesammelt, zur Polizei gebracht und anschließend die mit einem Visum nun frisch gezierten Personalausweise wieder ausgeteilt. Dazu gab es Sekt. Die Menschen waren froh, wenngleich sich Unsicherheit breitmachte, wie lange diese Situation anhalten würde. Verschiedene Gerüchte machten die Runde. Es wurde gemeldet, dass die Tore der sowjetischen Kasernen geschlossen seien. Man schien von russischer Seite kaum Interesse zu haben, dem Politbüro beizustehen.

Am Nachmittag hatten wir Besuch aus dem Bezirk Magdeburg. Gemeinsam beschlossen wir, abends doch einmal zum Grenzübergang Bornholmer Straße zu gehen, um zu sehen, was dort vor sich geht. Das taten wir gegen 22 Uhr auch, Brigitte wollte aber nicht mitgehen. Am Übergang angekommen, waren wir doch verblüfft. Massenweise Leute strömten nach Westberlin, die Sperrbalken standen weit offen und ein Grenzoffizier lud uns mit ausholender Gebärde ein, zu passieren. Also gingen wir langsam und staunend über diese Brücke, die ummantelt war von Mauern und Stacheldraht, gesichert von schussbereiten Posten. Bis gestern! Auf der anderen Seite warteten viele Menschen, die in Westberlin wohnten. Man klopfte uns auf die Schulter. Da ich telefonieren wollte, fragte ich, ob mit Geld oder Marken gezahlt werden müsse. Da fassten etliche in die Taschen und ich bemerkte den schweren Zufluss bundesdeutschen Münzgeldes in meiner Anoraktasche. Weiter hinten standen Busse. Wir sollten mitfahren, zum Beispiel zum Leopoldplatz. Der sagte mir gar nichts. Trotzdem stiegen wir in einen gut gepolsterten Reisebus, der uns tatsächlich zum Leopoldplatz in Wedding brachte. Die Straßen waren hell erleuchtet, offene Lokale und mancher Obststand luden zum Besuch ein, neue Tageszeitungen wurden ausgerufen.

Ich wollte meinen Freund M. in Hermsdorf anrufen. Eine alte Frau aus Taiwan, die schon lange in Wedding wohnte, unterwies mich im Gebrauch des Westberliner Telefons. Die Verbindung kam zustande und wir verabredeten uns für Sonnabend am U-Bahnhof Alt-Tegel – welch böhmisches Dorf für uns. Danach fuhren wir mit Tausenden anderer Besucher zum Bahnhof Zoo, von dort wieder zurück nach Prenzlauer Berg. Gegen 3 Uhr morgens habe ich Brigitte geweckt und ihr die geschenkten Münzen als Klumpen im Wert von 13,50 Mark West auf die Bettdecke geworfen. Was für eine unglaubliche Nacht!

UNSER ERSTER BESUCH IM WESTEN

An jenem Samstag, so hatte ich es den Kindern versprochen, gingen wir nach Westberlin. Woran seit 1961 nicht mehr zu denken war, von Ost nach West reisen, war nun möglich. Diese Idee hatten aber auch Millionen Mitbürger aus der gesamten DDR. Wir waren bekanntermaßen in Prenzlauer Berg zu Hause, gingen also über Seitenstraßen zum Grenzübergang Bornholmer Straße. Wir waren dadurch zwar nahe am Übergang angekommen, aber die gesamte Bornholmer, eine wirklich breite alte Berliner Straße, war ausgemauert mit Menschen. Ich habe etwa hundert in der Breite gezählt, danach zwanzig solcher Reihen, dann aber aufgegeben. Nun standen wir mitten im drückenden, nach West drängenden Menschengeschiebe. Die Übergangsstelle war geöffnet, aber es sollten ja Visa gestempelt und Ausweise besehen werden. Das ging ohne böse Emotionen, sondern in schönster Harmonie und deutscher Gründlichkeit vor sich. Der Druck im Pulk aber nahm zu, sodass ich Carsten auf die Schulter nehmen musste, Brigitte keine Bodenhaftung mehr besaß und einfach fortgetragen wurde, wie wir alle, in Richtung Brücke. Auf der Brücke angekommen, wurde es luftiger. Auf Westberliner Seite erinnere ich mich an große LKW von *Jacobs* Kaffee und *Sarotti*-Schokolade, die unentwegt Gaben in die anströmende Menge warfen. Das einzusammeln, habe ich aber untersagt. Das hatten wir nicht nötig. Mit Hilfe von Bussen und der U-Bahn gelangten wir auf den Kudamm. Alles voller freudiger, ihr Glück und den Umstand nicht fassen könnender Menschen. Wohlgemerkt aus Ost und West. Selten hat es so ein fröhliches und strahlendes Gedränge gegeben. Auf dem Weg ins Innere Westberlins kamen wir an Banken und Sparkassen vorbei, an denen das nun allen DDR-Bürgern zustehende »Begrüßungsgeld« der Bundesrepublik Deutschland ausbezahlt wurde. Bis dahin erhielt man das nur als Rentner oder Besuchsreisender in den Westen. Wir wollten uns dort erstmal nicht einreihen. Da kam aus einer Seitenstraße des Kudammes ein Bankdirektor auf die Menschen zu und lud ein, in seinem etwas versteckt gelegenen Bankhaus das Geld zu empfangen. Wir zeigten die Ausweise vor und in zehn Minuten waren wir fünf, im Besitz von 500 D-Mark, jener frei konvertierbaren, in der Wirtschaftswelt wunderbar starken, lang ersehnten Währung! Brigitte verwaltet das Geld und gab es nur aus, wenn es wirklich nötig wurde. Denn noch wusste niemand, wie lange es reichen musste und wie es überhaupt weitergehen würde! Den Kindern haben wir trotzdem ein Essen bei Mc Donalds spendiert, wonach sie sehr verlangten, da sie die Reklame aus dem Fernsehen kannten. Ich selbst ging in eine Buchhandlung! Kinder, ein Geschäft mit Büchern bisher unerreichbar gewesener Schriftsteller und Titel! Was für ein Fest! Brigitte genehmigte mir zunächst eine Adenauer-Biografie, die ich schon immer haben wollte. Dann fuhren wir weiter bis nach Tegel und zu unseren Freunden. Nach Mitternacht kehrten wir, erschlagen von Eindrücken, Lichtern, Kaufmöglichkeiten und Menschenmassen, in unseren wie still verloren liegenden Kiez zurück.

In den nächsten Tagen und Wochen wurden weitere zum Teil provisorische Übergänge in die Mauer geschlagen, wie in der Bernauer Straße. Dadurch konnten mehr Menschen von hüben nach drüben gelangen. Und es ging mir monatelang so, dass einen beim Passieren von ehemaligen Grenzübergängen per Bus oder Bahn immer noch eine Art »Gänsehautgefühl« übermannte. Es dauerte schon eine Zeit, bis Berlin begann, aus den Wundsekreten der nun offenen Mauer eine zusammenhängende Stadt zu bilden und zu bauen.

DOCH ZUM KONGRESS

Meine Hartnäckigkeit, einer Kongresseinladung nach Steglitz zu folgen, mit oder ohne Hilfe des Ministeriums für Gesundheitswesen, hatte der Genosse Schabowski auf seine Weise beendet. Berlin war nun offen. Man hatte trotzdem für Brigitte und mich ein Hotelzimmer gebucht, wohin wir nach Passage der Mauer an der Bernauer Straße gelangten. Die Tagungsräume lagen im Klinikum Steglitz. Man bewegte sich immer noch ein wenig wie im Traum. Um uns herum spülte das Verkehrsleben Westberlins. Das Klinikum empfing uns freundlich und nahm uns kollegial auf. Man zeigte uns alles, die fachlichen Wissenstände waren gleich, aber die Medizintechnik war moderner und besser. Entsetzt sahen wir, was uns vorenthalten worden war durch die schlechte Wirtschaftslage der DDR. Hinter dem Klinikum stand Christoph, der Rettungshubschrauber. Da sind wir sofort hin und haben uns vom Piloten und den Kollegen jedes Detail erklären lassen. Hatten wir doch Rettungshubschrauber bisher nur im Fernsehen gesehen. Zu dieser Zeit lagerten noch die Alliierten in Berlin. Es verwunderte deshalb nicht, dass der Pilot Amerikaner war, sehr erfahren am Himmel über West-Berlin.

Am nächsten Tag hielt ich meinen Vortrag über »Die Organisation des Rettungswesens in der DDR« in einem gefüllten Hörsaal. Das hat mir persönlich große Freude bereitet, den Kollegen zu zeigen, dass auch wir in der DDR eine echte Notfallmedizin betrieben. Trotz des bekannten ungünstigen materiell-technischen Hintergrundes mangelte es uns nicht an Wissen, Engagement und Erfolg. Die Kollegen hörten sehr interessiert zu. Besonders unsere Organisationsformen waren für sie erstaunlich. Viele kannten die Medizin der DDR kaum, ebenso wie uns der Westen in gewissem Sinn unerschlossen war.

An diesen Kongresstagen gab es ebenfalls Ausstellungen von Firmen und medizinischen Verlagen. Was für ergiebige Tage! Nebenbei bemerkt, erhielt man auch ein stattliches Vortragshonorar, dass unseren Bestand an Westmark nicht unerheblich vergrößerte. Zum Ende des Kongresses gab es Gerüchte über die Öffnung des Brandenburger Tores – das aber blieb noch zu.

WAHNSINN!

Das war in jenen Wochen der Ausruf des Tages! Wahnsinn war das Wiedersehen der Deutschen nach 28 Jahren, Wahnsinn war die Beendigung der jahrzehntelang im Personalbestand gleichbleibenden DDR-Führung! Wahnsinn waren alle Perspektiven! Ja, aber welche waren denn das? Es gab Leute, die glaubten, eine Regierung Modrow könne unsere Probleme lösen. Aber weder Krentz noch Modrow, der jahrelang zu den Parteikadern der inneren Führung gehörte, konnten uns überzeugen. Die sich etablierenden politischen Kreise, wie die neue DDR-SPD, Neues Forum oder gar die sich ein wenig ändernde SED hatten alle miteinander keine Konzepte, die überzeugten.

Es bildeten sich neue Gruppierungen. An jedem nur möglichen Ort wurde um einen Neuanfang gerungen. Doch die Situation stagnierte. Das Trauma des Ministeriums für Staatssicherheit endete mit einem einzigen öffentlichen Auftritt des ehemals so gefürchteten und verhassten Ministers Mielke vor der Volkskammer. Man rieb sich die Augen, dass man sich vor einem so infantil sprechenden, sich nicht artikulierend könnendem Mann hatte so lange fürchten können!

In Gethsemane fragte mich Ende November 1989 ein englisches Team, was denn mit der DDR und der BRD werden würde. Ich bedeutete, dass es wohl einige Zeit dauern werde, bis Europa eine Antwort bekommen würde. Begnügt euch und lebt mit zwei deutschen Staaten! Ob es einen Weg in eine sogenannte bessere DDR gäbe? Mit dem alten Personal und den alten Parteien wohl kaum, wer sollte einen solchen Weg bauen? Dazu hätte man freie Wahlen, freie Presse, souveränes innen- und außenpolitisches Auftreten gebraucht. Das war derzeit nicht zu leisten. Man musste und sollte auch Politik »können«. Das tat von uns zunächst keiner. Von den wirtschaftlichen Hintergründen der langsam in sich zerfallenden DDR mochte man gar nicht reden. Der November brachte auch keine Lösungen. Ein bisschen Macht war zerbrochen, die Mauer war auf, aber es fehlte an den sichernden politischen Leitplanken. Eine gewisse Zielsetzung für kommende politische Entscheidungen gab es nach dem Besuch von Bundeskanzler Kohl in Dresden. Die Aussage, uns in einem vereinten Deutschland zu sehen, wurde von den Bürgern schnell angenommen. Aus dem Slogan des friedlichen Herbstes »Wir sind das Volk« erwuchs der Ruf »Wir sind ein Volk«, der bald landauf und landab zu hören war.

BALD NUN IST WEIHNACHTSZEIT

Der Advent war herangekommen. Auch im Rettungsamt waren Veränderungen spürbar. In einer großen Betriebsversammlung wurde der Direktor des Rettungsamtes aus dem Amt entfernt. Dem Bezirksarzt hatte man bekundet, würde er nicht mitziehen, könnte im Amt gestreikt werden. Auch wir haben uns daran gemacht, über die Zukunft nachzudenken. Durch die Öffnung der Grenze war die Alleinversorgung mit Rettungsdienst und Krankentransport nicht ewig zu halten. Das Monopol des Rettungsamtes würde bald fallen. Die großen Westberliner Transportunternehmen für Kranke standen ante portas! Wie sollten wir neue Technik finanzieren, wie die vielen hundert Mitarbeiter bezahlen? Verantwortlichkeiten höherer Ebenen gab es kaum noch. Keiner wusste, was wie kommen sollte. Unsere bestens ausgebildeten Kollegen in den SMH-Stützpunkten hielten sich auch keinesfalls für Feuerwehrleute. Die Möglichkeit, zukünftig in diesem Bereich tätig zu sein, behagte ihnen wenig. Außerdem war ein großer Teil der Mitarbeiter schon älter und würde den physischen Belastungen kaum standhalten.

Über diesen ganzen Problemen hatten Brigitte und ich fast die Anschaffung eines Weihnachtsbaumes vergessen! Den haben wir dann durch die Beschaffung zweier dünner großer, zu einem Baum vereinten Bäume doch noch bekommen! Zum Weihnachtseinkauf war ich dann das erste Mal bei *Kaisers* im Nachbarbezirk Wedding! Brigitte hatte nämlich, getreu ihrer zusammenhaltenden, sparsamen Art, die Ausgabe des Begrüßungsgeldes in die Festtagszeit verlegt. Was für eine Konsumpracht! Welche Warenpräsentation! Welche Verlockungen an allen Ecken und Enden! Das alles hat uns aber trotzdem nicht die Augen verkleistert, wenngleich besonders im Bereich der Weine sehr Gutes zu finden war und mich freudig erregte!

Der Weihnachtsgottesdienst war in jenem Jahr sehr bewegend, man konnte predigen, ohne Zensur, ohne Leute in den Bänken, die nicht mit beten durften! Die Aussichten auf das neue Jahr waren zwar gemischt, jedoch nicht ohne Hoffnung! Dem Heiligen Abend entsprechend zeigte sich die Kirche üppig voll, aber das war sie zum Heiligen Abend immer. Die gewaltigen Besucherzahlen vom Oktober und November wurden schon nicht mehr erreicht.

Gleich nach dem Fest war ich an einer großen Aktion beteiligt. In Rumänien hatten sich nach dem Erschießungstod des dortigen Diktators Ceausescu und seiner Frau Hunger- und Mangelzustände ausgebreitet. Durch mein Engagement in den letzten Monaten war eine Hilfsorganisation auf mich aufmerksam geworden und bat mich um Unterstützung. Das tat ich und stieg somit in die organisierte soziale Arbeit ein. Am Alex sammelte sich am nächsten Tag eine Traube von Menschen, Presse und Rundfunk, um eine Hilfsaktion für Rumänien zu starten. Es existierte sogar noch das sogenannte Solidaritätskomitee der DDR, dass sich mit Fragen der Ersthilfe bei humanitären Katastrophen befasste.

Durch die Zeitungen und den Berliner Rundfunk sollte für Sachspenden in Paketform geworben werden. Allerdings gab es keine Adresse für die Abgabe der Sachen. Staatliche Institutionen hielten sich bedeckt. Da habe ich spontan vorgeschlagen, zunächst ohne Absprache mit der Gemeinde, die Räume unseres Gemeindehauses Gethsemanestraße 9 anzubieten. Dort könnten ab dem nächsten Morgen Spenden abgegeben werden. Danach eilte ich zu Pastorin Eschner und bat sie, meinen Vorschlag mitzutragen. Das tat sie auch. Wir wussten ja nicht, welche Geister ich da auf den Plan gerufen hatte! Um 9 Uhr am nächsten Tag klingelten die ersten Spender, Zeitung und Rundfunk hatten die Nachricht verbreitet: »Spenden für Rumänien werden im Gemeindehaus der Gethsemane Kirche in Prenzlauer Berg angenommen«. Binnen einer Stunde hatte sich schon der erste Raum gefüllt. Da Weihnachtsferien waren, bat ich meine Kinder um Mithilfe. Sie eilten mit Filzstiften und Bindfäden herbei, um die Pakete zu beschriften. Leider mussten wir auch feststellen, dass sich so manche Zeitgenossen überflüssiger, beim Empfänger aber kaum gewollter Dinge entledigte. Über das Radio mussten wir mehrmals durchsagen lassen, es mögen bitte nur Wintersachen, Dauerlebensmittel, warme Kindersachen und vielleicht auch noch Spielzeug in sauber deklarierten Kartons gebracht werden. Wir haben anschließend versucht, die einlaufenden Spenden zu sortieren. In der Tat kamen auch Gaben von Kaffee (ganze Einkaufstüten voll), Salamiwurst, Mehl, Zucker und anderes, was dringend benötigt wurde.

Die ersten zwei Tage füllten wir sämtliche Zimmer im Gemeindehaus. Der Paketberg wuchs stetig. Danach legte ich eine Paketreihe im Kirchenschiff an. In die Bredouille kam ich, weil man für das Weihnachtsoratorium proben und eine freie Theatergruppe in der Kirche spielen wollte. Nach aufreibenden Telefonaten sagte man die Abholung der Gaben zu. Es erschien ein riesiger Transporter. Es waren etliche Spenden zusammengekommen, ich habe heute keine Zahl mehr parat, aber die Bereitschaft der Berliner, für Rumänien zu geben, war gewaltig. Bevor das Auto eintraf, erschien eine Gruppe australischer Touristen. Sie hatten von uns gehört und wollten ebenfalls helfen. Sie waren das erste Mal in Berlin zu Besuch. Die kamen mir zum Verladen gerade recht. Wir bildeten nun eine gewaltige Menschenkette aus helfenden Händen. Innerhalb von zwei Stunden hatte sich das riesige Paketlager aus den Gemeinderäumen in den Lkw transformiert. Völlig erschöpft und schwitzend – es war alles gut gegangen – beendeten wir diese Tage. Wir hatten gelernt, dass Hilfe wichtig ist und Freude bereitet, aber bis ins Detail organisiert sein sollte.

Über die Spendenaktion war rasch der Jahreswechsel herangekommen. 1990 hatte sich vor der Tür eingefunden! Da stand es nun und ich hatte den Eindruck, es sei unentschlossen. Drohte es mit Veränderungen, würde es friedvoll bleiben im Lande, würde es allen gelingen, mit den Veränderungen zurechtzukommen und in Lohn und Brot zu bleiben? Bange Ungewissheit machte sich breit. Man konnte um die Antworten nicht würfeln, ein Los ziehen oder die Karten befragen. Ein richtiges Parlament gab es nicht, die runden Tische ruderten verzweifelt auf den Gewässern ihrer Probleme. Gott allein wusste um uns. Ihm hatten wir bisher vertraut, so sollte es auch bleiben, beteten wir im Jahresendgottesdienst.

In trübem Licht wachten wir am 1. Januar 1990 auf. Ich wusste nicht, was ich noch erleben würde, bis heute, wo ich an diesen Zeilen sitze. Aber, es geschahen erstaunliche Dinge, für das Land, in Berlin, beruflich, politisch und in der Familie. Darüber berichten werde ich mit großer Freude in einem dritten Buch. Es könnte den Titel tragen »Wie ich in eine neue Welt kam«. Liebe Leserinnen, liebe Leser, lassen Sie sich überraschen!

BESONDERE SMH-ERLEBNISSE

DER TURMSTURZ

Es gab, so wird es auch heute noch sein, Einsätze, bei denen Bestürzung und Lachen dicht beieinander lagen. An einem späten Samstagabend, gegen Mitternacht, wurden wir von der Klinik in Jena in ein weiter entferntes Dorf gebeten. Es hieß, jemand sei von irgendwo heruntergestürzt.

Die Fahrt führte durch das Mühltal, durch Isserstedt in die Umgebung, Richtung Apolda. Am Unfallort, einem alten Gutshof, herrschte tiefe Dunkelheit. Keine Schreie, kein Patient. Nur zwei alte Frauen standen auf dem Hof. Sie wiesen uns zu einen alten, einem Bergfried ähnlichen Turm. Dort sei jemand von der Treppe gefallen, schworen sie. Aber am Turm sah und hörte man nichts. Nebenan lag eine kleine Hütte, deren Dach in etwa 2,80 Meter Höhe endete. Bei näherem Hinsehen, entdeckten wir Blut, es tropfte vom Gesims. Nun war die Höhe aber zu groß, um das Dach näher besehen zu können. Und eine Leiter besaßen wir nicht. Hilfe war benötigt. Am Gutshaus hatte ich einen Feuerwehrmelder entdeckt! Schnell schlug ich die Scheibe ein und drückte den Knopf. Auf dem Dach begann die Sirene zu kreischen. Schlagartig leuchteten in den benachbarten Häusern Lichter auf, nur Minuten später erschienen, aus dem Bett oder vom Fernseher getrieben, die Kameraden der Freiwilligen Dorffeuerwehr! Im Laufen zogen sie ihre Monturen an. Nach kurzer Instruktion – wir brauchten Licht, Leitern und Bretter – packten sie alle mit an. Am Schuppen entstand ein kleines Gerüst, das uns aufs Dach half. Nun offenbarte sich die Herkunft der Bluttropfen: Von der völlig baufälligen Treppe, die sich um den alten Turm wand, war ein junger Mann gestürzt und mit dem Kopf später mit dem gesamten Körper auf den Schornsteinabzug des Schuppens aufgeschlagen. Er schien bewusstlos, die erste Untersuchung ergab den starken Verdacht aus hohen Blutalkohol. Vom Schultergürtel bis in die Mitte des Schädels zog sich eine riesige Platzwunde, die imponierend stark bluteten. Er wurde vom Dach geborgen und im SMH-Wagen untersucht. Und siehe, es wurde alles zunächst für recht gut befunden; es gab keine Ausfälle.

Die große Wunde verschlossen wir in der Klinik mit 32 Nähten, nachdem wir zuvor Schädelfrakturen und andere Blessuren an den Extremitäten ausgeschlossen hatten. Die Nähte, und das war beachtlich, wurden ohne lokale Betäubung gesetzt. Warum? Der Blutalkoholgehalt des Turmspringers reichte völlig aus. Er rührte sich nicht. Am nächsten Tag habe ich ihn auf Station befragt. Der Hergang war ein studentisches Bergfest. Da war der Alkohol reichlich geflossen! Im Zuge einer Wette hatte er sich zur Turmbesteigung drängen lassen, während alle anderen kniffen. Also stieg er allein auf und stürzte allein ab! Erinnerungen an den Tathergang besaß er keine, vom Nähen hatte er auch nichts mitbekommen, sondern sich lediglich über den Kopfverband gewundert. Im Übrigen waren alle Mittrinkenden nach dem Unfall aus Feigheit verschwunden. Sie hatten jedoch vorher noch schnell bei den alten Frauen geklopft, die uns alarmiert hatten!

MENSCH IM GLEISBETT DER REICHSBAHN

Ein solcher Notruf lässt Schlimmes erahnen! Im Grunde ähnelte diese Situation der vorigen Geschichte. Ebenfalls am Wochenende hatte sich ein junger Mann, Lehrling noch, nach einer Tanzveranstaltung im Dorf zu Fuß auf den Heimweg gemacht. Um die Strecke abzukürzen, hatte er sich kurzerhand für den Weg entlang der Bahnschienen entschieden. Genauer gesagt war er irgendwo zwischen Stadtroda und Jena irgendwo auf die Böschung geklettert und auf die Gleise der Bahnstrecke Jena-Gera gestiegen. Sein Alkoholpegel muss erheblich gewesen sein. So schritt er also fürbass, wenngleich es sich auf Bahngleisen nicht gerade gut voranschreiten lässt. In der Ohren trug er Kopfhörer, sicher auch mit entsprechendem Dezibelpegel und wankte in Richtung Heimat. Die einzige in dieser Nacht verkehrende Lokomotive hatte ihn dann doch entdeckt und konnte gerade noch rechtzeitig den Bremsvorgang einleiten. Der Abstand zwischen Wanderer und Lok betrug allerdings nur einen knappen halben Meter. Durch die laute Musik hatte der junge Mann das Signalhorn der Lok nicht gehört, er muss aber im letzten Moment umgeschwenkt sein, sodass seine Jacke vom Haken der Lok erfasst und er mitgerissen wurde. Und so bedurfte es doch noch etwa 20 Meter, bis die vorwärts fahrende Lok unseren Patienten rückwärts über die Schwellen schob. Er verlor Schuhe und Strümpfe. Stellen Sie sich vor, wie die Füße, insbesondere die Sohlen und Fersen ausgesehen haben müssen. Allerdings reichte wenig Narkosemittel, um die Wunden zu nähen und zu versorgen. Der Alkoholpegel des Verletzten war übermächtig! Am nächsten Tag herrschte der übliche »Filmriss«, ein Gedächtnisverlust, sodass er sich seine dick verbundenen Füße nicht erklären konnte!

SCHNEE UND FROST ÜBER DEM LAND

Sehr viele Menschen, und nicht nur die aus dem Rettungswesen, erinnern sich gewiss an den schweren und folgenreichen Winter von 1978/1979. Großmutter, die mit Alexander schwanger war, ich und unsere Tochter Franka haben ihn in Jena erlebt. Gerade waren die Schwiegereltern aus Stavenhagen zu Besuch gekommen. Alexander kam im Februar 1979 zur Welt, als sich diese klirrende

Kälte langsam dem Ende neigte. Was war passiert? Zum Jahresende hin ergoss sich von Norden und Osten kommend eine Kälte- und Schneefront über die östlichen Teile Deutschlands. In der DDR waren besonders die nördlichen Bezirke betroffen, wie Rostock, Schwerin und Neubrandenburg. In der Bundesrepublik schneiten Schleswig-Holstein und Niedersachsen flächendeckend ein. Am Silvestertag schließlich waren Schneefall und Kälte bis nach Jena vorgedrungen. Brigittes Eltern, die Weihnachten und den Jahreswechsel mit uns Dreien verbringen wollten, wohnten bei uns auf dem Schwesternflur der Chirurgischen Klinik. Oberschwester Gerda hatte ihnen ein Zimmer zugewiesen.

In der späteren Betrachtung war dieser Umstand sehr gut. Denn in der Klinik gab es durchgehend Warmwasser, Heizung und Strom, was später draußen in der Stadt und im Bezirk Gera nicht mehr so war. Ein Durchkommen nach Norden, nach Stavenhagen, war unmöglich geworden. Am Silvestertag hatte mein Schwiegervater, der ein stets hilfsbereiter Mann war, den Berg vor der Poliklinik, vom Abbe-Platz her zu befahren, bereits mehrmals von Schnee befreit. Am Nachmittag zeigte sich zunehmender, kaum noch zu beherrschender Flockenfall und zunehmende Kälte. Gegen Mitternacht setzte die allgemeine Katastrophe ein.

Wir waren mit dem Rettungswagen im Westviertel, am Magdelstieg aufwärts unterwegs. Plötzlich umgab uns Dunkelheit. Es begann ein längere Zeit anhaltender Stromausfall, für zwei oder drei Tage, glaube ich. Die anzufahrenden Unfallorte waren zwar silvesterlich geschmückt, aber jetzt brannten nur noch Kerzen. Wir mussten mit Akkulampen arbeiten.

Die Silvesternacht verging letztlich rasch, zumal ich wusste, dass es der Familie in der Klinik an nichts mangelte. Auch der schwangeren Brigitte ging es gut. Am Morgen des Neujahrstages bildeten sich Krisenstäbe. An die Existenz von Funktelefonen war nicht zu denken. Die amtlichen Sprechfunke aber, von DRK, Feuerwehr usw., die funktionierten. Mein Chef war, so mussten wir annehmen, in seinem Ferienhaus in Goldlauter bei Suhl völlig abgeschnitten – die Straßen waren unpassierbar. Mit der Kreisärztin haben wir die ersten Schritte geplant. Da wir damals nur über unzureichende Kleidung verfügten, musste warme Winterkleidung über den Stab organisiert werden. Und so fuhr ich am ersten Abend in ein Sportgeschäft, wo wir in verschiedenen Größen sehr teure gefütterte Anoraks, Skihosen, Westen und Stiefel für das Personal besorgten. Wir suchten aus und nahmen mit. In der Klinik wurden anschließend große SMH-Aufnäher an dieser Kleidung befestigt. Die Schwestern und Ärzte besaßen nun auch moderne warme Sachen. Ohne die Katastrophe wären sie gar nicht an diese herangekommen.

Die ungünstige Lage dauerte derweil fort. Den Heizkraftwerken mangelte es an Kohle. Der Strom fehlte, weshalb in Jenas Neubaugebieten auch die

Umwälzpumpen der Heizungen stehen blieben. Aufzüge fielen aus. Der OB von Jena und die erste Dame der SED-Kreisleitung riefen die Parole aus, es dürfe niemand, auch kein Rentner, erfrieren. Es gab enorm viel zu tun. Wir von der SMH hatten eine Schlüsselrolle zu besetzen, waren Tag und Nacht ansprechbar und im Einsatz. Gut, dass ich von der Station aus modern kommunizieren konnte, per Telefon, Direkt- oder Konferenzschaltung. Es musste für Mütter und Säuglinge ein Nahrungs- und Wickeldienst im Warmen organisiert werden. Denn, wie man sich vorstellen kann, die nicht mehr beheizten Neubauten von Jena-Neulobeda, in denen Tausende wohnten, kühlten sehr schnell aus. In einem Teil half man sich mit Gas vom Herd, aber das war weder gesund noch ungefährlich.

Mein Chef kehrte einige Tage später unter großen Mühen nach Jena zurück. In den Geschäften von HO und Konsum waren binnen Kurzem Kerzen, Reis, Nudeln und manch anderes ausverkauft. Nachschub ließ auf sich warten. Schließlich musste die Rote Armee, die damals in Jena-Zwätzen stationiert war, zur Hilfe herangezogen werden. Auf die Bitte beim Posten am Tor »Kamerad, Kommandant und Dolmetscher bitte«, wurde man zu den Verantwortlichen gebracht. Wir benötigten Unterstützung bei einer nahenden komplizierten Geburt bei ungünstiger Lage des Kindes. Der Ereignisort lag in Bucha, im sogenannten Gebirge. Bei den Straßenverhältnissen kamen wir dort mit dem Barkas nicht mehr hin. Die Kameraden der Roten Armee waren einfallsreich: Sie schweißten an das Kanonenrohr ihres sowjetischen Panzers ein dickes Stahlblech an, im Ort senkte sie die Kanone und der Panzer fuhr als Räumfahrzeug. Ich erinnere mich, dass alles gut gegangen ist.

Das winterliche Chaos hielt noch zwei bis drei Wochen an. Erst dann konnte Schwiegervater im 311er Wartburg die Heimreise antreten, unterwegs gab es noch genügend hohe Schneewälle. Von diesem winterlichen Kollaps hat sich die DDR nur sehr langsam erholt. Der Rausschmiss des Ministers für Kohle und Energie im März war allenfalls kosmetische Nachbehandlung. Der Kälte wegen konnte nicht genug Kohle herangeschafft werden. Trotz des Einsatzes einer halben Armee ließ sich der Winter nur schleppend bezwingen. Leider besitze ich selbst keine Papiere mehr, die diese schweren Wochen belegen könnten. Meine Schwestern und unsere SMH-Ärzte haben in diesen Tagen Großes geleistet. Alle waren fortwährend bereit, bestehende Personallücken zu schließen.

KINDSTOD

Den Tod von Säuglingen und Kleinkindern erleben oder feststellen zu müssen, ist furchtbar. Zum Glück habe ich selbst nur wenigen Situationen beigewohnt. Wie furchtbar ist es, wenn man erkennen muss, dass ein Kind tot ist und die Eltern oder Großeltern es nicht akzeptieren. »Aber, es schläft doch nur fest«, »es ging dem Kind immer gut«, »es kann doch nicht tot sein«! Erklären Eltern, Großeltern, Freunde und Verwandte immer wieder von Neuem und wagen nicht, das Unbegreifbare real zu fassen.

Auf der ITS in Suhl, im alten kleinen Krankenhaus, brachten uns Großeltern ein in warme Tücher gehülltes Kind, es sollte doch bitte angesehen werden. Das Leid der Angehörigen war unermesslich, als ihnen die Todeswahrheit überbracht wurde. Sie hatten das Enkelkind für die verreisten Kinder gehütet. In einem Bauernhaus in Thüringen war an einem Samstagabend ein Mädchen durch einen defekten Gasboiler zu Tode gekommen. Die Familie diskutierte heftigst die Schuldfrage! Die Emotionen kochten hoch! Durch das Gas sah das Kind rosig und eben nicht krank oder gar tot aus! »Wieso haben Sie nichts gemacht?« Das Begreifen des Todes ist für Helfer schon schwer genug, für Laien und sorgende Eltern oder Familien noch mehr.

In Jena mussten wir einem jungen Studentenehepaar sagen, dass ihr Kind tot sei. Trotz aller Bemühungen ließ sich die Todesursache nicht feststellen. Nach den damaligen Gesetzen wurden solche Fälle als unnatürlicher Kindstod eingestuft. Es musste, das fiel uns hier besonders schwer, die Kripo hinzugezogen werden. Zum Glück gelang es, die beiden Mitarbeiter zu behutsamem Vorgehen gegenüber den Eltern einzuschwören.

EIN BESONDERER KINDSTOD

Ich erinnere mich an einen besonders aufwühlenden Einsatz an einem späten Sonntagnachmittag. Die Bewohner eines Hauses hatten an den Heizungsrohren dumpfe Schläge, wohl von Werkzeug, vernommen. Nach einiger Zeit war es still geworden, dann fing eine Frau an zu schreien. Die Nachbarn alarmierten uns. Die Polizei war auch schon vor Ort. In der Wohnung, die einen durchaus sauberen und gepflegten Eindruck machte, trafen wir auf eine jüngere Frau, die sich am Boden wälzte. Der VP-Obermeister hatte die Situation schon erkannt und bat uns ins Nebenzimmer. Da lag an der Heizung ein Säugling, der Schädel zerschmettert. Das hatte die Mutter getan. Laut den Ausweispapieren befand sie sich, in psychiatrischer Behandlung. Das hieß für uns, sie in diesen akuten Erregungszustand in das nächste Bezirkskrankenhaus für Psychiatrie zu bringen. Das lag in Hildburghausen. Wir trafen die notwendigen Vorbereitungen. Ledergurte und dergleichen wurden bereitgelegt. Ich zog mehrere Spritzen mit Faustan auf. Nun brauchtes wir noch einen sicheren großlumigen Zugang. Aber die Frau schrie, kratzte, trat um sich, und sie war nur schwer zu fassen. Also schlug ich vor, mich, als das Schwergewicht, auf sie zu setzen, die Polizei sollte die Arme festhalten, der Arzt ein entsprechendes Gefäß für die Kanüle suchen. Auf drei ging es dann los, wir konnten sie fixieren. Es gelang die Gurte anzulegen und das Medikament zu injizieren. Aber sie hatte sich mit beiden Händen in meine Unterarme gekrallt! Noch lange Zeit danach haben mich diese kleinen Narben an den Einsatz erinnert. Weiter ging es nach Hildburghausen, wo wir in der Nacht eintrafen und die Schwestern in der Frauenabteilung Angst hatten, wir würden die Station und die Patientinnen gänzlich wecken. Was leider wegen des erneuten Geschreis der Patientin auch geschah. Unsere Patientin wurde in einem Nebenzimmer eines großen Krankensaales, dort standen wohl zwanzig Betten, mit Gurten und Eisenketten fixiert. Wir fuhren anschließend schnell nach Hause, ich mit schmerzenden Unterarmen, die ich schon mit Alkohol etwas gesäubert hatte. Denn, der Fachmann weiß, ein Menschenbiss ist gefährlich!

DIE NEUGIERIGEN VON ZEISS

Das alte Hochhaus von Zeiss, am Abbe-Platz gelegen, hatte auch Fenster zur Chirurgischen Klinik hin. Hier residierte zu meiner Jenaer Zeit der sehr bekannte Generaldirektor Biermann, den man auch »den lieben Gott von Jena« nannte. Er war ein Mann der SED, mit besten Verbindungen nach Berlin und ins Zentralkomitee hinein. Darüber hinaus besaß er mehr betriebswirtschaftlichen Verstand als manch anderer in führenden Positionen.

Ich erinnere mich an einen schweren Massenunfall auf der Autobahn. Es gab so viele Opfer, dass Krankenwagen und SMH in langer Reihe vor der Chirurgischen Poliklinik vorfuhren. Wir nahmen uns der Verletzten an und begannen mit der Arbeit. Von den Fenstern der Poliklinik konnte man in Richtung Zeiss-Hochhaus sehen. Durch einen zufälligen Blick in die Höhe entdeckte ich doch in einem Stockwerk eine stattliche Anzahl von Zeiss-Mitarbeitern, die zu uns in die Behandlungsräume schauten. Zum Teil hatten sie sogar Feldstecher bei sich. Das missfiel mir sehr. Zumal ich nicht wusste, ob sie das nicht schon öfter getan hatten. Nachdem der Ansturm vorbei war, rief ich unversehens bei Zeiss an und ließ mir das Büro des Generaldirektors geben. Eine Referentin nahm meinen Anruf sehr freundlich und kompetent entgegen. Sie versprach, wegen der Abwesenheit des Generaldirektors, einen Rückruf zu gegebener Zeit. Der kam nach etwa zwei Stunden. Die Dame teilte mir kurz und schmerzlos mit: Das Anliegen sei Hr. Biermann vorgetragen worden. Er habe die Schaulustigen feststellen lasen und sie abgemahnt. Die Feldstecher wurden eingezogen. Das Beobachten von Patienten in der Poliklinik wurde gründlich untersagt. Es werde nicht mehr vorkommen, so seine Botschaft, dass wir uns beobachtet fühlen müssten! So blieb es dann auch.

Carl Zeiss besaß seine gewisse Sonderstellung in Jena. Die Umsätze waren gut. Von älteren Angestellten wusste ich, dass diese nicht in den Betrieb, sondern ins »Geschäft« flossen. Biermann hatte den Laden gut im Griff und war ein Arbeitstier gewesen. Ältere Mitarbeiter von Zeiss gingen immer in das »Geschäft«!

HOSE MIT SCHNEE GEFÜLLT

Man muss wissen, dass das medizinische Personal in den 1970er-Jahren nur mangelhaft mit »Dienstkleidung« ausgestattet war. Die oft gewaschenen Kittel, Hemden und Hosen wurden irgendwann brüchig. Manchmal fehlten Knöpfe oder die Kleidung riss einfach. Zudem war es nicht leicht, immer frische oder gar neue Kleidung zu bekommen. Manchmal lag es an der Wäscherei, dann wieder an der Nähstube. Oder es war die Vorsteherin der Kleiderkammer, die die Wünsche des Personals nicht verstehen durfte oder wollte. Man half sich bisweilen mit Sicherheitsnadeln oder elastischen Binden als »Gürtel«.

Eines Tages im Winter, es war sehr kalt und Schnee überzog das Land, mussten wir zu einem Verkehrsunfall ausrücken. Hinter Zella-Mehlis lag, zum Glück auf seinen Rädern, etwa 50 Meter von der Straße entfernt, ein Trabant. Er hatte sich überschlagen, wobei das Autodach abhanden gekommen war. Die Insassen saßen nun etwas desorientiert in ihrem Wagen. Eine Person mussten wir auf die Trage legen. Beim Anheben derselben riss mir die, die Hose haltende Sicherheitsnadel, zwei Knöpfe wurden auch noch weg gesprengt. Im Tragen habe ich noch versucht, das einsetzende Rutschen der Hose aufzuhalten. Vergeblich! Den Schaulustigen am Straßenrand näherte sich nun der SMH-Pfleger, mit Patient und Trage, dessen Hose bis in die Kniekehle gerutscht war! Unterwegs habe ich noch ein bis zwei Kilo Schnee mit der Hose aufgenommen.

Es wurde eine sehr nasse und kalte Heimfahrt bis in die Suhler Klinik! Für den Spott der lieben Mitarbeiter und das sich über die Stationen fortpflanzende homerische Gelächter brauchte ich nicht zu sorgen!

DER VERLASSENE HELFER

Zu einem schweren Unfall zwischen einem Kies-LKW und einem PKW hatte man uns gerufen. Der Ereignisort lag hinter Kahla auf einer viel befahrenen Straße. Nach einigen Minuten Fahrt angekommen, mussten wir beim Fahrer des Lastwagens, ich weiß nicht mehr wieso, einen traumatischen Abriss des Oberschenkels feststellen. Die Polizei hatte schon versucht, den Oberschenkel abzubinden, um die Blutungen zu minimieren. Wir nutzten alles verfügbare Material an scharfen und stumpfen Klemmen sowie einen Esmarch-Schlauch. Dazu mehrere großlumige intravenöse Zugänge – das ganze Programm. Das dauerte eine Zeit. Selbige lief jedoch unerbittlich gegen den Patienten und uns. Nachdem der Mann im Rettungswagen lag, habe ich die Polizei kurz vor dem Einsteigen gebeten, uns eine Sondersignal-Eskorte zu stellen. Im selben Moment setzt sich mein Wagen in Bewegung. Der Fahrer hatte mich wohl im Wagen sitzend vermutet und nicht mehr gesehen. Die SMH raste in Richtung Jena davon. Mit blutiger Kleidung und blutigen Handschuhen sah ich verdutzt in die sich entfernenden Rücklichter. Es musste gehandelt werden! So nahm ich den nächsten haltenden PKW mit Fahrer, und verpflichtete ihn, mich so rasch wie möglich dem SMH-Wagen hinterherzufahren. Das klappte, die Polizei nahm ebenfalls die Verfolgung auf und nach kurzem Stopp in Kahla saß ich wieder an meinem angestammten Platz bei Arzt und Patient! Sie hatten mich tatsächlich vergessen!

Der Vorgang hat dann bei der nächsten Dienstbesprechung eine wesentliche Rolle gespielt. Einen Helfer lässt man doch bitte nicht an der Straße zurück!

EINE AUFFÄLLIGE FAMILIE

An einem herrlichen Mainachmittag fuhren wir bei Sonnenschein aus Suhl heraus in Richtung Schleusingen. In einem Dorf war es zu einer Ohnmacht unklarer Genese gekommen. Durch den Wald ging es, die Sonne schien durch die Bäume, der Tag war geradezu idyllisch. Hinter Schleusingen mussten wir noch weiter zum Ereignisdorf fahren. Das lag etwas abgesenkt. Von der Straße aus sahen wir schon die Häuser. Bereits bei der Ankunft standen um ein Haus sehr viele Menschen. Der Ereignisort! Angekommen, fragten wir nach dem Patienten. Man zeigte uns ein kleines Mädchen, dass »sehr müde« sein sollte. Warum und wieso, ob ein Trauma vorlag oder eine Erkrankung, alle drucksten herum. Also nahmen wir das Kind mit, um es den Pädiatern vorzustellen. Unterwegs beobachtete ich das still auf der Trage liegende Kind. Wenige Meter vor dem Suhler Klinikum bekam es plötzlich Atemprobleme. Die konnten wir zum Glück beherrschen. Während der Übergabe an die Kinderärzte kam erneut ein Anruf, wir sollten bitte abermals in das Dorf fahren, ein weiteres Kind sei umgefallen! Also wieder zurück, erster Blick, das gleiche Haus, die gleiche Familie. Nun aber wurde hart nachgefragt, ob die Kinder etwas Falsches gegessen hätten oder Ähnliches. Aus dem Herumdrucksen schälte sich eine Antwort heraus. Die betroffenen Kinder wie auch manch andere hatten Tabletten in einer Mülltonne gefunden und als Bonbons angesehen. Diese wurden probiert, in der Menge doch unterschiedlich. Man zeigte uns die Verpackungen. Es handelte sich um ein Beruhigungsdragee namens Sinophenin. Wie diese in die Mülltonne gelangt waren, wurde nicht bekannt. Vorsorglich luden wir noch drei weitere Kinder ein und brachten sie zum Kinderarzt. Zum Glück ging alles gut aus. Monate später, im Herbst, rief man uns wieder in besagten Ort. Ein Treppensturz!

Ich hatte bereits bei der Anfahrt das unbestimmte Gefühl, erneut auf die doch etwas auffällige Familie, zu treffen. Tatsächlich sahen wir bereits vom Berg aus wieder vor dem Haus winkende Menschen. Beim Gestürzten handelte es ich um den Großvater, der sich bei Malerarbeiten eine Fraktur des Oberschenkels zugezogen hatte. Nach der Erstversorgung, ging es zum nächsten Krankenhaus. Unterwegs fragte ich ihn, ob es den Mädchen vom Sommer wieder gut ginge? Ja, meinte er, das seien doch Enkel und Nachbarskinder gewesen. Nun wollte ich wissen, wer denn die Dragees in der Mülltonne entsorgt habe, das sei schließlich nicht ungefährlich. Als ob der Großvater um Absolution bäte, schaute er mich an und gestand, das seien doch seine alten Medikamente gewesen! Ein weiteres Mal waren wir nicht im bekannten Dorf.

Die drei Köpfe

Der Umgang mit Patienten aus der Psychiatrie war uns vertraut, wenn auch nicht ohne Überraschungen. An einem frühen Sommermorgen fuhren wir zu einer Familie. Diese war gut situiert, gebildet und lebte in einer gut gehaltenen Wohnung. Angeblich hatte die Mutter der Kinder, so der anrufende Schwiegervater, heftig halluziniert. Nach entsprechender Untersuchung an der Patientin, sie besaß bereits eine psychiatrische Anamnese, gab es jedoch keinen Anhaltspunkt für Verwirrtheit mehr. Geistig und zeitlich wie räumlich orientiert, beantwortete die Lehrerin alle Fragen. Kein Erregungszustand, alles ruhig und sachlich. Trotzdem wurde die Empfehlung ausgesprochen, sich am Vormittag in der Psychiatrieambulanz vorzustellen. Das wurde uns zugesagt. Beim Herausgehen aus dem Wohnzimmer bat mich die Patientin, der Chef war schon im Treppenhaus, die drei Köpfe da oben auf dem Schrank mitzunehmen. Sie würden sie stören. Also holte ich den Chef zurück und unterrichtete ihn. Dann nahmen wir deutlich sichtbar drei mal etwas Fiktives vom Schrank. Anschließend ging die Patientin ruhig und gefasst mit uns, sodass wir sie in die Klinik für Psychiatrie bringen konnten. Sie bekundete dem Aufnahmearzt sogleich, dass die Köpfe auch da seien! Darauf entfernten wir uns sehr schnell.

Vogelnest mit Motorrad

Wenn man von der Autobahn von Weimar kommend abfährt, liegt rechts das schöne Leutratal. Dorthin wurden wir zu einem Verkehrsunfall gerufen, bei dem eine Beiwagenmaschine verunglückt war. Um zum Ereignisort zu kommen, mussten wir eine kleine Straße neben der Autobahn nehmen. Erst sehr spät bemerkten wir den Unfallort. Eine riesige, gut drei Meter hoch gewachsene Hecke unterhalb der Autobahnböschung. Wir mussten uns der Autobahn von Osten her nähern. Auf schmaler Straße ging es voran. Zunächst sahen wir vor der buschigen Hecke lediglich einen Traktoristen. Über ihm, in der Krone der riesigen Hecke sitzend, zeterte und lärmte ein Ehepaar. Zunächst konnte man nur die Leder-Motorradkappen sehen. Nach und nach senkte sich das Pärchen durch sein nicht unerhebliches Gewicht ruckweise in die Hecke herunter. Dabei kam allmählich unter und mit ihnen ein altes Beiwagengespann der Motorrad-Marke AWO zum Vorschein. Der Lärm der beiden Verunfallten ließ Bewusstlosigkeit ausschließen. Nach und nach haben wir sie dann endgültig zu Boden gebracht. Notfallmedizinisch bestand nicht allzu viel Handlungsbedarf. Wenngleich das Beiwagengespann erhebliche Schäden davongetragen hatte. Wir nahmen Mann und Frau in die Klinik mit. Unsere Aufgabe bestand nun darin, das sich um die Ursachen des Unfalles heftig streitende Paar zu beruhigen. Was war passiert? Er oder sie hatten die Maschine vom Lenker oder mithilfe des Beiwagens verrissen. So flogen sie direkt von der Autobahn in die Krone jener Hecke. Nebenbei bemerkt, war der Vater eines ehemaligen Suhler Chirurgen, mit dem wir im Kreiskrankenhaus zusammenarbeiteten, im Fahrzeugwerk Suhl an der Entwicklung jener AWO-Motorräder beteiligt gewesen.

Das kaputte Trassenauto

Wer in den 1980er-Jahren in der DDR lebte, hatte von der sogenannten »Trasse« gehört. Oder man kannte jemand, der dort tätig gewesen war. Es handelte sich um eine Erdgastrasse, die von Sibirien in Richtung Westen verlegt wurde.

Es ging, ähnlich wie auch heute, um die Versorgung Europas. Dort konnten auch DDR-Bürger zu sehr guten Konditionen eine Zeit lang tätig werden. Die Arbeit an der riesigen Baustelle Trasse war deshalb sehr gesucht. Die Lebensumstände waren trotz aller pekuniären Verlockungen einfach. Zumeist gelang es den sehr jungen Arbeitern, sich ein ordentliches Kapital anzusparen, da sie vor Ort in Sibirien nicht viel ausgeben konnten.

Einem aus solchem Ertrag gekauften neuen Wartburg 353 begegnete ich auf der Autobahn. Und zwar unter Umständen, denen man nicht alle Tage begegnet. Denn in der Regel wird man doch erst nach stattgefundenem Unfall gerufen. In diesem Fall hatten wir einen Verletzten bereits behandelt, auf der am bekannten Schorbaer Berg hinaufführenden rechten Autobahnspur. Bekanntlich schauen Autofahrer stets neugierig, wenn sie einen Rettungswagen sehen. Nun passierte es: Im dem Moment, in dem ich um unseren Wagen herumging, sah ich auf der nach Jena abführenden Autobahnseite einen Wartburg, der plötzlich nach rechts abhob! Das Auto stieg ein wenig in die Höhe, blieb gerade und sackte dann hinter den Büschen ab. Sofort nahmen wir unser Rettungsgepäck und überquerten vorsichtig die Autobahn. Der Wartburg lag in einem natürlichen Graben, kaum beschädigt, aber wiederum so eingekeilt, dass sich die Türen nicht öffnen ließen. Hinten saßen zwei schreiende ältere Leute, vorn sah uns ganz erschrocken der junge Fahrer an. Wie gesagt, die Türen klemmten, weil sich der PKW im Graben verkeilt hatte. Also blieb zunächst nur die Option, die Frontscheibe zu entfernen und von dort aus nach den Insassen zu sehen. Das gelang gut, wir holten alle heil heraus, niemandem war etwas passiert. Lediglich der Schock über den ungewollten Flug bestand fort. Der Fahrer jedoch herrschte uns plötzlich heftig an, wir hätten sein Auto kaputt gemacht, für das er an der Trasse soviel Entbehrungen hatte hinnehmen müssen! Er begriff nicht, wie gut sie alle drei davongekommen waren, trotz des meterweiten Fluges! Wir wie auch seine Eltern waren dann doch der Meinung, dass eine Kühlerbeule und eine geöffnete Windschutzscheibe das kleinere Übel gewesen seien. Die Beule hatte ich mit meinen Füßen verursacht, als ich die Eltern herausholte. Und wer mich kennt, kann sich das verbeulte Autoblech unter meinem Gewicht sicher gut vorstellen!

EINE BESONDERE VERLEGUNG NACH ERFURT

Hin und wieder habe ich während meiner SMH-Jahre feststellen müssen, dass Notfallmedizin nichts für laue Charaktere ist. Manche Ärzte, die mit uns Dienst taten, waren hervorragende Fachleute. Aber manchmal benahmen sie sich eben wie Hunde, die man zur Jagd tragen musste! In solchen Fällen habe ich nicht lange überlegen müssen, sondern derart bestimmt vorgetragen, dass meine Entscheidungen letztlich mitgetragen wurden.

So ein Vorfall war der Herzstillstand eines Kindes aus S. hinter Suhl. Dieser trug sich wie folgt zu: In Suhl war es üblich geworden, dass die kleinen Patienten des kinderchirurgischen Programms postoperativ mit dem Rettungswagen von der Chirurgie in die auf dem Döllberg befindliche Kinderklinik gefahren wurden. Im Wagen lagerte eine Ausrüstung, ein Arzt der Anästhesie und eine Schwester oder der Pfleger begleitete das Kind. So auch an jenem Vormittag. Ich hörte über Funk längere Zeit heftigen Sprechverkehr zwischen dem Krankenhaus in S. und anderen. Mein Einwand, wir sollten in der Leitstelle fragen, was los sei, wurde mit gewissem Desinteresse aufgenommen, man sei schließlich nicht alarmiert und es ginge uns daher nichts an. Sofort intervenierte ich heftig. Nach kurzer Aufklärung durch die Leitstelle wendeten wir die SMH nach S.

Folgendes war vorgefallen: Ein etwa 10-jähriger Junge war in der Kinderkardiologie Erfurt behandelt worden, der eigene Onkel aber wollte das Kind selbst in S. therapieren. Nach Medikamentenumstellung war der Junge an besagtem Vormittag zu Hause umgefallen – Atem- und Herzstillstand. Der ansässige Medizinalassistent, ein tüchtiger Narkosefachmann, übernahm sofort die kardiopulmonale Reanimation. Das Kind gelangte ins örtliche Krankenhaus. Im Vorraum des OP hatte man eine Art provisorischen Schockraum errichtet, so etwas gab es sonst nicht. Die Klinik war für normales Programm eingerichtet. Bei unserem Eintreffen passierten wir die völlig verzweifelten Eltern, die auf einer Flurbank saßen. Später erst ist mir bewusst geworden, dass mir der Anblick der um ihr Kind heftig Weinenden einen enormen Motivationsschub gegeben hat.

Der Status des Kindes war nicht besonders gut. Zwar war durch das Intubieren wieder eine Spontanatmung möglich, das Herz selber laut EKG schwer geschädigt, arrhytmisch und jederzeit bereit stillzustehen. Nun wurde beraten. Als Therapieort schied S. weiterhin aus. Das Bezirkskrankenhaus in Meiningen verfügte nur unzureichend über Kenntnisse in der Kinderkardiologie. Es konnte auch nicht mit einem Schrittmacher für die kleinen Patienten aufwarten. Suhl kam auch nicht in Frage. Erfurt blieb übrig, mit der besten Ausstattung und der umfänglichsten Erfahrung für ganz junge kardiologische Patienten.

Plötzlich erreichte uns die Meldung, die Anästhesie in Zella-Mehlis besäße eine retrosternale Sonde in kleinerem Maßstab, mit der man das Herz anregen könnte, sollte es ausfallen. Es gab nun ein hin und her bezüglich organisatorischer Fragen. Da trat ich auf den Plan, telefonierte mit der Bezirksdirektion der VP in Suhl und ließ mir den Offizier vom Dienst geben. Dem habe ich kurz erläutert, er möge ein Blaulicht-VP-Auto ins Krankenhaus Zella-Mehlis schicken, und dort eine Person samt Gerät aufnehmen und so schnell wie möglich nach S. kommen. Es ginge um das Leben eines Kindes! Ohne Nachfragen wurde meiner Bitte entsprochen. Nach einer halben Stunde war alles vor Ort. Durch Therapie und Sauerstoffgabe verbesserte sich der Zustand des Kindes. Klar war aber nun, dass es doch nach Erfurt verlegt werden musste. Ich habe abermals in Suhl angerufen. Nun war die Transportlage anders: sehr lang die Fahrt, mit dem Zweitakter Barkas, von S. nach Erfurt, durch Suhl und Zella-Mehlis, hinauf nach Oberhof, durch die Täler zur Autobahn hinein nach Erfurt zur Medizinischen Akademie in der Nordhäuser Straße. Zudem war es noch ein wenig winterlich. Der Offizier in Suhl sagte mir Hilfe zu. Wobei ich darauf bestand, wir müssten ohne Anhalt von S. nach Erfurt durchfahren können. Er bestätigte seine Zusage, um dem Kind zu helfen.

Nach der Zusage haben wir uns für die Überwachung des Kindes auf der langen Fahrt gerüstet. Eine EKG-Ableitung gab es vermittels eines ungarischen Monitor-Produktes, das wir fast alle im Wagen besaßen: großlumige Zugänge für die

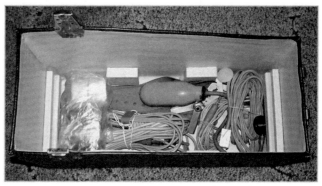

EKG-Zubehör

Infusion, gute Lagerung, Zuführung von Sauerstoff. Den Begriff des künstlichen Komas kannten wir noch nicht. Wir haben das Kind dennoch sehr gut sediert und konnten jederzeit intubieren.

Nach wenigen Minuten wurde es draußen vor dem Krankenhaus laut. Mit Blaulicht und Sirenen erschienen zwei Polizeiwagen der Marke Lada, dazu zwei begleitende Polizeimotorräder, ebenfalls mit Blaulicht und Signal versehen. In diese Kolonne setzten wir uns mit der SMH und dem kleinen Patienten. Selbst in den zu durchfahrenden Ortschaften standen sperrende Polizeiposten, die Autobahn bis Erfurt hielt man ebenfalls halbseitig frei für uns. Im Übrigen war die Straßensituation und die Autobahnführung der 1970er-Jahre eine völlig andere als heute.

So fuhren wir durch bis Erfurt, das Kind zeigte zunächst kaum weitere Beeinträchtigungen. Wir kümmerten uns um Puls und Blutdruck, die Infusionen und die Atmung. Am Stadtrand von Erfurt standen wieder Eskorten, die Ampeln in der Domstadt waren für uns auf grüne Welle gestellt, der Verkehr wurde

EKG-Gerät für unterwegs   *Notfallelektrode*

zurückgehalten. Wir rollten in der Tat direkt bis vor die Station der medizinischen Akademie. Dann wurde der kleine, dort bekannte, Patient wieder aufgenommen. Ich konnte es mir nicht nehmen lassen, ging hinaus auf den Vorplatz zu den Polizisten der Eskorte und habe mich bei ihnen, was nicht üblich war, im Namen des Kindes und der Eltern bedankt. Fröhlich, wenn auch mit roten Köpfen, zogen sie ab. Gegen 17 Uhr waren wir wieder in Suhl, erschöpft, aber froh. Der Tag hatte mit diesem Funkspruch gegen 10 Uhr begonnen. Er war lang geworden. Aber er zeigte mir wieder sehr deutlich: Notfallmedizin ist nichts für laue Charaktere!

AM BAHNDAMM

Es war der erste Einsatz in Eisenach, am Bahndamm, der Eisenach durchzieht und auf welchem schon Willy Brandt seinerzeit nach Erfurt fuhr. Es hatte sich dort, so lautete die Anforderung der Leitstelle, ein Verkehrsunfall ereignet. Das Rettungsfahrzeug, die DMH 2, kam zum Krankenhaus. Da es noch keine Dienstpläne oder gar Bereitschaften gab, wurde aufgeregt nach einem Chirurg und einem Pfleger gesucht. Also stiegen wir ein und fuhren zum Ereignisort. Unter Blaulicht und mit Sondersignal! Umgeben von mindestens fünfzig Menschen, lag ein älterer Mann neben einem Auto. So etwas hatten wir noch nie gemacht, geschweige denn gesehen oder geübt. Also nahmen wir unter den Augen der Zuschauer den Patienten in den Wagen, um näher festzustellen, was eigentlich mit ihm sei. Es wurde eine Infusion angelegt. Dazu reichte ich mit zitternden Händen eine Kanüle an. Auch Richtung Mühlhäuser Straße, ins Stammhaus zurück. Die Menschentraube hat sich dann rasch zerstreut. Noch hoch erregt und schwitzend haben wir den staunenden Kollegen erzählt, was wir geleistet haben.

UNTER DER STRASSENBAHN

Damals fuhr zwischen dem Bahnhof Eisenach und dem Krankenhaus eine sehr in die Jahre gekommene Straßenbahn. Eigentlich war es ein Wagen, in den man vorn und hinten einsteigen konnte. Er war sehr betagt. Zum Preis von 20 Pfennigen war man als Fahrgast dabei. Zwischen dem Marktplatz und dem Nikolaitor fuhr die Bahn durch die sehr belebte, beliebte und geschäftige Einkaufsstraße jener Jahre, der Karlstraße. Dort waren auf den Bürgersteigen und auf der sehr schmalen Straße stets Massen von Menschen unterwegs. Mitunter habe ich schon als Passant gedacht, dass es dort doch recht gefährlich sei. In der Tat, an einem Tag geriet eine Fußgängerin unter die Straßenbahn. Wir nahten vom Markt her mit dem Rettungswagen. Die Polizei musste Platz für uns schaffen. Eingeklemmt sahen wir einen Teil der Frau noch herausragen. An eine Anhebung des Straßenbahnwagens war nicht zu denken. Es wurde eine Infusion gelegt, soviel ließ sich machen. Eine Sauerstoffgabe war mit dem sogenannten Grubenrettungsgerät gerade so möglich. Der Kreislauf ließ sich vorerst einigermaßen stabilisieren. Als sogenannten Plasmaexpander verwendeten wir Infukoll 6 Prozent. Damit ließ sich die Masse der Körperflüssigkeit ausdehnen, das Blut konnte Sauerstoff transportieren. Es muss aber doch innere Blutungen gegeben haben, später wurden Becken- und Oberschenkelfrakturen diagnostiziert. Irgendwie gelang es, die Frau unter dem Wagen der Straßenbahn hervorzuziehen, im Rettungswagen kam es dann rasch zum Kollaps, trotz aller medikamentösen Maßnahmen. Schnell ging es in die Chirurgie. Weder Ultraschall noch CT gab es damals. Nach der Darstellung der Frakturen ging die Patientin auf die Wachstation, wurde später auch noch operiert. Wenn ich mich richtig erinnere, hat die Frau nach diesem schweren Trauma noch etwa eine Woche gelebt. Der Wagen der Straßenbahn ist erst am nächsten Tage aus dem Gleis genommen worden.

MERKWÜRDIGE BESUCHERIN BEIM KINDERARZT

In meiner Jenaer Zeit wurden wir einmal in die gute »Stube« Jenas bemüht. Das ist der Markt mit dem Hanfried, dem Schnapphahn am Rathaus, dem Brunnen und dem schönen Wochenmarkt. Gegenüber dem Brünnlein lag die Praxis eines sehr gesuchten Jenenser Pädiaters. Schon bei der Anfahrt sah man, dass das Haus mit der darin befindlichen Praxis von einer Menschenmenge regelrecht abgeriegelt war. Aus offenen Fenstern hörte man Geschrei. Wir durchbrachen mehr oder weniger freundlich den hemmenden Kordon, um zur Sprechstunde zu kommen. Oben angelangt, sah man Mütter mit ihren

Kindern auf den Armen auf Bänken und Stühlen stehen. Sie hatten Angst! Mitten im Wartezimmer stand eine kleine, schreiende Frau. Was sie rief, war egal. Sie hatte die regulären Besucher des Kinderarztes derart verschreckt, dass sie sich in die Höhe gerettet hatten. Mehrere kleine Patienten mit Müttern waren ins Ordinationszimmer geflüchtet. Wir nahmen uns der Frau an, die auch bereitwillig mitging. Es war eine bekannte Patientin der Psychiatrie, deren Schub gerade akut geworden war. So gelang es ihr letztlich, mit dieser erschreckenden Aktion, Einlass bei »Binswanger« zu erhalten. Mit dem Namen dieses sehr verdienten Jenaer Arztes belegte man seinerzeit noch die entsprechende Klinik.

UNTER DEN GLASÖFEN

Einige Zeit nach Beginn des neu organisierten Rettungswesens in Jena fand ein Einsatz statt, der lange nicht in Vergessenheit geraten sollte. Einsatzort war das berühmte Glaswerk von Jena, wo das begehrte Glas nach Jenaer Art produziert wurde. Gemeinsam mit einem noch jungen Facharzt für Innere Medizin fuhren wir dorthin. Zunächst wurden wir in die große Halle geführt, in der in Schamottsteinöfen Glas gekocht wurde. Es herrschte eine unglaubliche Hitze. Durch die Wände der Öfen sah man die kochenden Glasmassen, ich weiß nicht, wie heiß es da drinnen und bei uns in der Halle war. Der Ereignisort aber lag unter der Halle. Die ruhte auf gewaltigen Betonpfeilern. Der Boden war dick mit Sand belegt. Über uns tobte das Glas in den Öfen. Unten war es nicht ganz so heiß. Der Grund unseres Einsatzes offenbarte sich bald. Wir fanden die total verkohlte Leiche eines Mitarbeiters. Das Alter konnte zunächst nicht festgestellt werden. Später hieß es, es handele sich um einen Lehrling. Ich weiß heute nicht mehr, warum oder wie sich der junge Mann diese hochgradige Verbrennung zugezogen hatte. Was ich weiß, ist, dass sich der Körper in die von allen Gerichtsmedizinern so beschriebene und in der Tat auch so zu sehende «Fechterstellung» verformt hatte. Nun war der Weg frei für die Gerichtsmediziner und die Kriminalpolizei. Heute glaube ich noch zu wissen, dass der junge Mann dort unten etwas reparieren sollte. Dazu war er auch nicht allein eingeteilt. Seinen Kollegen fand man später fröhlich Bier trinkend in einer Kneipe. Nach diesem Einsatz haben wir tief Luft geholt und festgestellt, nach solcher Arbeit könne man nicht mehr »Sie« zueinander sagen. Der, den ich seither duzte, ist, nun da ich dies schreibe, wenige Wochen vor seiner Pensionierung angekommen.

ABBILDUNGSVERZEICHNIS

Cover: Abbildung links unten, Abbildung Mitte und Abbildung Mitte unten: Frank von Olszewski; Abbildung rechts unten: Heiko Mehner

Mehner, Heiko: 21, 25, 36, 44, 45, 46, 47, 53, 77, 95, 98, 99, 100, 114, 116, 143, 156, 203, 204

Olszewski, Frank von: 57, 71, 72, 74, 84, 89, 137, 158

INHALT

DANKSAGUNG

Besonders möchte ich meiner Frau Brigitte und unseren Kindern Franka, Alexander und Carsten danken. Sie stehen mir stets zur Seite und unterstützen mich nach Kräften. Ebenso danke ich allen, die mir etwas beibrachten, mich berieten, förderten und forderten, ausbildeten und auch manchmal zu ertragen hatten. Ohne ihre ständige Zuwendung wäre ein solcher Lebensbericht nicht möglich gewesen. Mein Dank gilt weiterhin einem behutsam ratenden, Verbesserungen vorschlagenden und stets zuhörenden Lektorat.

Ostern 2012
Frank von Olszewski

Frank von Olszewski

WIE ICH IN DIE WELT KAM

Erinnerungen eines Älteren

Leben ist ohne Wurzeln nicht denkbar.
Wurzeln halten fest.
Wurzeln zu erkunden, ist unerlässlich.

Doch was, wenn die eigene Geschichte im Dunkeln liegt und kaum mehr erhellt werden kann?

Frank von Olszewski weiß um ebenjene Bürde, wenn Herkunftsfragen unbeantwortet bleiben müssen und Erinnerungen immer mehr verblassen. Seinen Vater hat er nie kennengelernt, galt er doch bereits zu seiner Geburt im Jahre 1945 als verschollen. Angetrieben von dieser Geschichte hat er sich nun zur Aufgabe gemacht, ein Zeichen gegen das Vergessen zu setzen, offenen Fragen seiner Kinder und Enkelkinder vorzubeugen und für sie wie auch für die vielen »Enkel« im Sinne von Menschen, die ebenso an der Vergangenheit interessiert sind, festzuhalten, was ihn und sein bisheriges Leben geprägt hat.

»Wie ich in die Welt kam« schickt den Leser im ersten Teil auf eine Reise in die Zeit von 1945 bis 1970, von Olszewskis geliebter Heimatstadt Altenburg nach Eisenach, von der Brüderkirche auf die Wartburg. Diesen »Erinnerungen eines Älteren« lauscht man nur zu gern. Begleiten Sie ihn bei seinen ersten Schritten in die Welt der Nachkriegsjahre, folgen Sie ihm in seine Schulzeit vor dem prägenden politischen Hintergrund der damaligen DDR, werden Sie zum Besucher einer seiner Schlossführungen und seien Sie gespannt darauf, wie er sich von der Museologie über die Theologie schlussendlich zum Gesundheitswesen hinwendet.

178 Seiten, Softcover
Format 122 x 199 mm
ISBN 978-3-940085-33-7
Ladenpreis 12.90 EUR

Verlag Neue Literatur 2011